MINERVA
はじめて学ぶ
保育

名須川知子/大方美香
|監修|

子育て支援

伊藤　篤
|編著|

ミネルヴァ書房

監修者のことば

　本シリーズは、保育者を志す人たちが保育を学ぶときにはじめて手に取ることを想定したテキストになります。保育や幼児教育、その関連領域に関わる新進気鋭の研究者や実践者の参画を得て、このテキストはつくられました。

　2015年に「子ども・子育て支援新制度」がスタートし、今春には新しい「保育所保育指針」「幼稚園教育要領」「幼保連携型認定こども園教育・保育要領」が施行されます。新「保育所保育指針」においては0〜2歳児の保育の充実や、保育所における幼児教育の重要性が提示され、「幼稚園教育要領」では、3歳児からの教育の充実、「幼保連携型認定こども園 教育・保育要領」では、0歳児からの3つの視点と、3歳児からの5つの領域の連続性が示されています。また、指針・要領共通で、小学校からの学びの基盤としての「幼児期に育みたい資質・能力」が10項目の形で提示されました。

　つまり、これから保育者を目指す人たちは、今後は保育所・幼稚園・認定こども園が共通の枠組みで、高い専門性をもって、子どもの健やかな育ちや豊かな学びを支えていく時代となる、ということを理解しておかなくてはなりません。

　また、新指針・要領においては、保育における全体的な計画の作成や評価のあり方、また、小学校への接続についても充実を図る必要性が示されました。保育者は、乳幼児の自発的な遊びのなかでの学びをとらえ、一人ひとりの子どもの成長発達に合わせて、小学校へつなぎ支えていく役割であることが、ますます求められています。

　保育をめぐる現在の動向は日々変化しており、まさに激動の時期といえます。最新の動向を常に学ぼうという姿勢が、これからの保育者にはますます必要となるでしょう。そこで本シリーズでは、保育者が知っておくべき最新の動向については豊富に、これから学ぼうとする人にもわかりやすく解説しています。一方で、昔から変わらず重要とされている基礎的な事項についても押さえられるように配慮してあります。また、テキストを読んだあとで、さらに学習を進めたい人のための参考図書も掲載しています。

　みなさんが卒業し、実際に保育者になってからも、迷いがあったときや学びの振り返りとして、このテキストを手元において読まれることを期待しています。

2018年3月

名須川知子

大方　美香

はじめに

　本書は「MINERVA はじめて学ぶ保育」シリーズのうちの 1 巻であり、「子育て支援」について幅広く学習できるように編集されています。子どもが豊かに育てば、保護者は自分の子育てに誇りを感じられるでしょうし、保護者の子育てが安定していれば子どもは健やかに育っていけるでしょう。その意味では、「子育ち」と「子育て」とは密接に影響し合う双方向的な関係にあります。「子育て支援は子育ち・子育て支援である」と識者が指摘するのも頷けます。

　「幼稚園教育要領」に子育て支援に該当する内容が盛り込まれたのは、1998（平成 10）年の告示時（2000〔平成 12〕年より施行）であり、「保育所保育指針」に子育て支援に該当する内容が盛り込まれたのは 1999（平成 11）年の通知時（2000〔平成 12〕年より施行）です。子育ての揺らぎ・迷いと子どもの育ちの不安定さとが、社会的に認知され始めたのが 1990 年前後でしたので、その約 10 年後に、地域の子育て家庭に対する支援が幼児教育・乳幼児保育施設の役割として位置づけられたことになります。また、こうした幼児教育・乳幼児保育施設だけでなく、地域の子育て支援は、それ以外の多様な主体がさまざまな事業等を通して展開してきています。

　そこで、本書の第 1 章（レッスン 1 ～ 3）では、なぜ子育て支援が必要となってきたのか、その背景を学ぶとともに、子育て支援の制度・施策の展開と最新の子育て支援の仕組みである「子ども子育て支援新制度」について学びます。次に、第 2 章（レッスン 4 ～ 7）では、福祉・教育施設が担っている子育て支援を、保育所、幼稚園、認定こども園、児童養護施設に焦点を当てて学びます。さらに、第 3 章（レッスン 8 ～ 10）では、そうした施設以外の地域で展開されている子育て支援事業として、地域子育て支援拠点事業、放課後子ども総合プラン、その他の取り組み（ファミリーサポートセンター事業、子育てサークル・サロン、児童館やプレーパークなどの取り組み）を取り上げます。

　以上のような日本における子育て支援は、海外の子どもの発達や子育て家庭を支える制度・施策を参考にしたものもありますし、海外の取り組みのなかには、今後日本が参考とすべき内容を備えたものも数多くあります。そこで、第 4 章（レッスン 11 ～ 15）では、アジア（韓国・台湾・中国）、オセアニア（オーストラリア・ニュージーランド）、北米（カナダ）、北欧（スウェーデン）、西欧（フランス）を取り上げ、各国において展開されている子育て支援の制度・施策についてくわしく学びます。さらに、本書の最後（第 5 章）では、子育て家庭の中でも個別的な支援として重視される相談・助言に着目し、その展開過程をソーシャルワークやカウンセリングの理論・技法という観点から学ぶ（レッスン 16）とともに、相談・助言の実際を具体的な事例を通して学ぶ（レッスン 17）ことができます。

　本書を通して、読者のみなさんが、子育て支援の必要性を十分に理解した上で、子育て支援を多面的に実践することに魅力を感じていただければ、それは私たち執筆者にとって大きな喜びです。

2018 年 3 月

編著者　伊藤　篤

目次

はじめに

第1章　子育て支援の必要性と制度

レッスン1　子育て支援が求められる社会背景 ・・・・・・・・・・・・・・・・・・・・・・・・・・・ 2
　　　　　① 子育てをめぐる社会環境の変化…2　② 少子化という社会現象…6
　　　　　③ 子育てをめぐる諸課題…9

レッスン2　子育て支援に関する制度・施策の展開 ・・・・・・・・・・・・・・・・・・・・16
　　　　　① わが国における子育て支援の制度・施策の歩み…16　② 少子化の進行と子育
　　　　　て支援…21

レッスン3　子ども・子育て支援新制度とは ・・・・・・・・・・・・・・・・・・・・・・・・・・・30
　　　　　① 子ども・子育て支援新制度の根拠法…30　② 子ども・子育て支援新制度の概
　　　　　要…32

第2章　福祉・教育施設を核とした子育て支援

レッスン4　保育所が行う子育て支援 ・・・・・・・・・・・・・・・・・・・・・・・・・・・・・・・・42
　　　　　① 保育所における子育て支援の位置づけ…42　② 保育所における子育て支援と
　　　　　児童福祉との関連性…42　③ 保育所における子育て支援の役割…44　④ 保育所
　　　　　における子育て支援の実際…45　⑤ 保育所における家庭支援の特徴…47
　　　　　⑥ 乳児保育を子育て支援から考える…49

レッスン5　幼稚園が行う子育て支援 ・・・・・・・・・・・・・・・・・・・・・・・・・・・・・・・・51
　　　　　① 幼稚園における子育ての支援の位置づけ…51　② 預かり保育の課題・目的と
　　　　　留意点…57　③ 専門性と協力体制を生かした積極的な地域の子育て支援…60

レッスン6　認定こども園が行う子育て支援 ・・・・・・・・・・・・・・・・・・・・・・・・・66
　　　　　① 認定こども園とは…66　② 幼保連携型認定こども園教育・保育要領について
　　　　　…69　③ 認定こども園の役割と課題…71　④ 認定こども園における保育教諭の
　　　　　これから…78

レッスン7　児童養護施設が行う子育て支援 ・・・・・・・・・・・・・・・・・・・・・・・・・80
　　　　　① 児童養護施設の大きな役割──社会的養護…80　② 子どもへのマルトリート
　　　　　メントと児童養護施設…82　③ 児童養護施設の新たな役割──地域子育て支援
　　　　　…84

第3章　地域で展開される子育て支援

レッスン8　地域子育て支援拠点事業・・・・・・・・・・・・・・・・・・・・・・・・・・・・・・・90
　　① 親子の居場所——「常設のひろば」という発想…90　② 地域子育て支援拠点
　　事業の変遷…91　③ 地域子育て支援拠点どうしの連携…97　④ これからの地域
　　子育て支援拠点事業…100

レッスン9　放課後子ども総合プラン・・・・・・・・・・・・・・・・・・・・・・・・・・・・・102
　　①「放課後子ども総合プラン」の概要…102　② 国全体の取り組み…103　③ 市
　　町村および都道府県の取り組み…105　④ 放課後子供教室の概要…109　⑤ 放課
　　後児童クラブの概要…110　⑥ 放課後児童クラブの育成支援の内容…111

レッスン10　地域で展開される多様な支援活動・・・・・・・・・・・・・・・・・・・・・・114
　　① ファミリー・サポート・センター（子育て援助活動支援）事業…114　② 子
　　育てサークル・サロンの活動…117　③ 児童館における子育て支援の活動…120
　　④ プレーパーク（冒険遊び場）の活動…124

第4章　海外に学ぶ子育て支援

レッスン11　アジアにおける子育て支援・・・・・・・・・・・・・・・・・・・・・・・・・・130
　　① 中国の子育て支援…130　② 韓国の子育て支援…132　③ 台湾の子育て支援
　　…135　④ 外国にルーツをもつ多文化な家庭での子育て…137　⑤ 5つの調査に
　　おける子育て情報環境…139　⑥ 多文化な子育て支援への提案…142

レッスン12　オセアニアにおける子育て支援・・・・・・・・・・・・・・・・・・・・・・146
　　① オーストラリアの子育て支援…146　② ニュージーランドの子育て支援…150

レッスン13　北米における子育て支援・・・・・・・・・・・・・・・・・・・・・・・・・・・156
　　① 多文化主義国家であるカナダ…156　② カナダにおける子育て家庭支援の展
　　開…158　③ カナダにおける子育ての現状…161　④ 子育て家庭支援の取り組
　　み——ファミリーリソースセンター…163　⑤ 子育て家庭支援の取り組み——
　　ネイバーフッドハウス…165　⑥ 子育て家庭支援の取り組み——ノーバディズ
　　パーフェクトプログラム…168

レッスン14　北欧における子育て支援・・・・・・・・・・・・・・・・・・・・・・・・・・・172
　　① はじめに——スウェーデンの社会と家族…172　② 乳幼児期の教育とケア
　　（ECEC）…175　③ 個別支援ニーズをもつ親子への支援…178　④ ワークライフ
　　バランスの充実…181　⑤ 終わりに…184

レッスン15　西欧における子育て支援・・・・・・・・・・・・・・・・・・・・・・・・・・・186
　　① はじめに…186　② ワークライフバランスを実現する支援…187　③ 子育て
　　費用を軽減するための支援…189　④ 子どもの保育と教育を保障する支援…192
　　⑤ 終わりに…199

第5章　子育て家庭に対する支援のあり方

レッスン16　子育て家庭に対する支援の展開 ・・・・・・・・・・・・・・・・・・・・・204
　　① はじめに…204　② 支援のニーズに対する気づき・理解とアセスメント…204
　　③ 支援の計画・介入・評価および記録・カンファレンス…207　④ 相談・助言
　　のための基本的態度と基本的技術…215

レッスン17　子育て家庭に対する支援の実際 ・・・・・・・・・・・・・・・・・・・・・・221
　　① はじめに…221　② 障害のある子どもおよび家庭に対する支援の実際…222
　　③ 特別な配慮を要する子どもおよび家庭に対する支援の実際…227

さくいん…232

第1章

子育て支援の必要性と制度

本章では、「子育て支援」の必要性とそれを支える制度について学びます。第二次世界大戦後、子育てをめぐる社会情勢が変化したことにより、子育て支援の必要性が高まることになりました。また、現代の子育てに関わる諸問題と、それを解消するために2015（平成27）年に開始された「子ども・子育て支援新制度」についても理解を深めましょう。

レッスン1　子育て支援が求められる社会背景

レッスン2　子育て支援に関する制度・施策の展開

レッスン3　子ども・子育て支援新制度とは

レッスン1

子育て支援が求められる社会背景

本レッスンでは、主に産業構造の変化によってもたらされた子育てをめぐる社会環境や生活環境の変化について学びます。また、少子化の現状やその背景、子育てをめぐる諸課題をとおして、子育て支援が求められる社会背景への理解を深めます。

➕ 補足
都市部への人口移動
地方から都市部への人口移動は、現在も緩やかに続いている。総務省「住民基本台帳」によると、三大都市圏（東京圏・名古屋圏・関西圏）の人口は11年連続で全国人口の半数を超える。

➕ 補足
3歳児神話の反証研究
働く母親の急増がきっかけとなり、専業主婦と母親以外に育てられた子ども約1,300人を18年間にわたって追跡・比較した結果、発達差が見られないというアメリカでの研究がある（日本子ども学会編 菅原ますみ・松本聡子訳『保育の質と子どもの発達アメリカ国立小児保健・人間発達研究所の長期追跡研究から』赤ちゃんとママ社、2009年）。

👤 人物
藤本浩之輔
ふじもとこうのすけ
子ども社会学を提唱し、文化の受け手としてだけでなく、文化を創造する存在としての子どもという視点から研究した。

仙田 満
せんだみつる
日本の建築家であり、子どもの遊び場空間づくりの第一人者。遊環構造理論に基づき、園庭や園舎の建築を数多く手がける。

1. 子育てをめぐる社会環境の変化

1 産業構造の変化がもたらしたもの

　戦後、私たちを取り巻く社会環境は大きな変化を遂げました。特に、産業構造の変化は、私たちの生活に直接的な影響を与えたといえます。図表1-1の産業別就業者構成割合をみると、1950年代以降の高度経済成長期を経て、約半数を占めていた農林漁業従事者の割合が減り、**サービス業の従事者の割合が増えている**ことがわかります。こうした第1次産業から第2次産業・第3次産業への移行という構造の変化は、重工業の拠点が多い東京・名古屋・大阪の三大都市圏への大規模な人口移動につながりました。その結果、住宅開発や生活インフラ、交通網の整備などは都市部を中心に早急に進められました。

　こうした産業構造の変化は、特に都市部に暮らす人々の生活に変化を与えたといえます。たとえば、農耕社会（第1次産業）では、家庭生活と労働生活は同じ場で繰り広げられましたが、工業社会（第2次・第3次産業）になると、家庭から工場などの職場に通うといったように、家庭と労働の生活の場が切り離されることになりました。子どもがいる世帯においては、この職住分離の労働を中心とした生活を可能としたものが、夫婦による**性別役割分業**でした。高度経済成長期から1980年代の日本の社会政策は、企業などに勤める男性が安定的に雇用され、家事や育児、介護といった**ケア労働**は女性の仕事であることが前提になっていました。今でこそ、共働き世帯が多数を占めるようになってきましたが、1970年代から1980年代は、「3歳児神話」という「子どもは3歳までは、常時家庭において母親の手で育てないと、子どものその後の成長に悪影響を及ぼす」との考え方も根強く、結婚後に専業主婦となる女性が一般的でした。

こうした大人の生活環境の変化は、子どもが遊ぶ環境や遊びそのものにも影響を与えました。**藤本浩之輔***や**仙田満***は、都市化が子どもの遊び場環境を悪化させたことについて警鐘を鳴らし[†1]、特に仙田は、子どもの遊びの原空間を「自然スペース」「オープンスペース」「アナーキースペース」「アジトスペース」「遊具スペース」「道スペース」の6項目に分類し、それらの中心となる「自然スペース」が、都市化によって失われつつあることを指摘しました[†2]。都市空間の整備全体が大人の都合で実施され始めた結果、子どもの遊び場環境は縮小を余儀なくされ、そのなかで、子どもの遊びそのものも変化をしていきました。深谷は、子どもの遊びが「戸外で、集団で、身近な道具を利用して、持続的

▶出典
†1 藤本浩之輔『子どもの遊び空間』日本放送出版協会NHKブックス、1974年

▶出典
†2 仙田満『子どもとあそび——環境建築家の眼』岩波書店、1992年、205頁

図表1-1 産業別就業者構成割合の推移

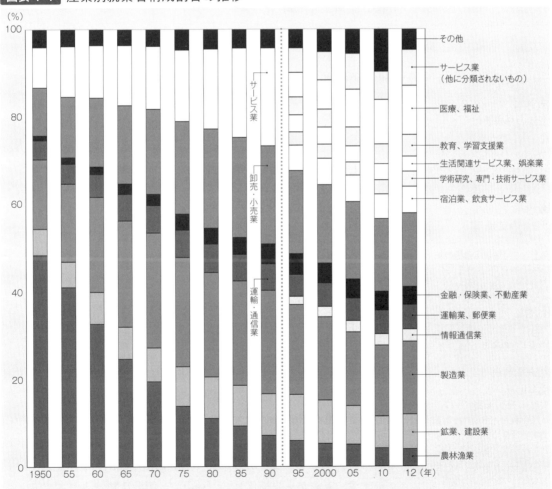

資料出所：総務省統計局「国勢調査（1950～2010年）」、「労働力調査（2012年）」をもとに厚生労働省労働政策担当参事官室にて作成
（注）1）1995年、2000年及び2005年は、総務省統計局による抽出詳細集計に基づく推計、集計である。1990年までとは産業の表章が異なっており、接合は行えない。
2）1995年以降の運輸業には郵便業を含み、金融・保険業、不動産業には物品賃貸業を含む。また、飲食店、宿泊業は宿泊業、飲食サービス業としている。
3）1990年までの卸売・小売業には飲食店を含む。
4）2010年は「労働者派遣事業所の派遣社員」を派遣先の産業に分類していることから、派遣元である「サービス業（他に分類されないもの）」に分類している他の年との比較には注意を要する。

出典：厚生労働省「平成25年版労働経済の分析」2013年、82頁をもとに作成

第1章　子育て支援の必要性と制度

▶**出典**
†3　深谷昌志・深谷和子編著『子ども世界の遊びと流行』大日本図書、1990年、152頁

▶**出典**
†4　文部科学省「子どもを取り巻く環境の変化を踏まえた今後の幼児教育の在り方について――子どもの最善の利益のために幼児教育を考える」中央教育審議会答申、2005年

✚**補足**
家族の小規模化
1953年の平均世帯人員は5.00人、2016年のそれは2.47人となっており、半減している。

✚**補足**
「子」の定義
「夫婦と未婚の子のみの世帯」、「ひとり親と未婚の子のみの世帯」における「子」とは18歳未満の者をいう。

✚**補足**
ここで示す「児童」とは18歳未満の者をいう。

✖**用語解説**
標準世帯
総理府（現：総務省）による家計調査（1969年）では、標準世帯を「夫婦と子ども2人の4人で構成される世帯のうち、有業者が世帯主1人だけの世帯」と定義している。今でも、税金や年金の試算・制度設計は、標準世帯をもとにしており、実態と合わなくなってきている。

集中的に遊ぶ子ども型の『遊び』から、室内で、一人で、商品に依存して、軽く熱中せずに遊ぶ大人型の『遊び』へと転換をとげたのだと思われる」と述べ、子どもの健康な心身の発達への影響を懸念しました[†3]。

　この懸念は、現在になって顕在化してきたと思われます。文部科学省は、幼児の育ちに関し、他者との関わりが苦手であること、運動能力が低下していること、自制心や耐性、規範意識が十分に育っていないことなどを指摘しています[†4]。農耕社会から工業社会へ、そして現在は情報社会へと移行するなかで、私たちの生活そのもの、養育環境、子どもの育ちなどが、大きく変化を遂げ、そこにはらむ諸問題も多様化しています。

■2▶ 家族形態の変化

　産業構造の変化による工業化や都市化の進行は、家族形態にも大きな影響を与えました。どのような家族形態の変化が生じたかを知るために、1986（昭和61）年から2016（平成28）年までの世帯構造別、世帯類型別世帯数および平均世帯人員の年次推移をみてみましょう（図表1-2）。

　まず、世帯総数は、1986年の3,754万4,000世帯から2016年の4,994万5,000世帯と増加傾向がみられます。これには、**単独世帯の増加が強く関係しています**。平均世帯人員をみると、1986年に3.22人であったものが、2016年には2.47人となっており、家族が小規模になってきたことがわかります。

　次に、世帯構造の構成割合の年次推移を、1986年と2016年で比較してみましょう。単独世帯は、18.2％から26.9％と8.7ポイント上昇しています。夫婦のみの世帯は、14.4％から23.7％と9.3ポイント上昇しています。一方で、夫婦と未婚の子のみの世帯は、41.4％から29.5％と11.9ポイント下降し、三世代世帯は、15.3％から5.9％と9.4ポイント下降しています。

　以上からいえることは、1世帯当たりの平均世帯人員が減少し、**家族が小規模化している**と同時に、**単独世帯や夫婦のみの世帯が増え**、子どものいる世帯が減少したということです。子ども（児童）のいる世帯の減少については、厚生労働省「平成28年国民生活基礎調査の概況」によれば、1986年の46.2％から2015年の23.5％と22.7ポイントも下降しています。家族が小規模化していく中で、**標準世帯**[*]として掲げられた「会社員の夫と専業主婦の妻、子ども2人」というモデル世帯は過去のものとなり、今では多様な家族形態が現れてきています。

レッスン1　子育て支援が求められる社会背景

3　地域における人と人とのつながりの希薄化

　職住一致の家庭が大多数であった時代は、主たる労働を担うのは夫や妻であり、子育てを祖父母やきょうだいが手伝っていました。また、子育て経験者が、若い親からの相談を受けたり、働き手となる者に代わって病気の子どもの面倒をみたりするなど、地域の近隣住民どうしの強いつながりもありました。こうした相互扶助関係は、出産や子育てを初めて経験する親にとって、大変心強く、子育ての不安を軽減させる役割を果たしていました。さらに、このような日常生活のなかで、子育てに関する知識や経験が次の世代へと継承されていきました。

図表1-2 世帯構成別、世帯類型別世帯数及び平均世帯人員の年次推移

年次	総数	世帯構造							世帯類型				平均世帯人員
		単独世帯	夫婦のみの世帯	夫婦と未婚の子のみの世帯	ひとり親と未婚の子のみの世帯	三世代世帯	その他の世帯		高齢者世帯	母子世帯	父子世帯	その他の世帯	
推計数（単位：千世帯）													（人）
昭和61年	37,544	6,826	5,401	15,525	1,908	5,757	2,127		2,362	600	115	34,468	3.22
平成元年	39,417	7,866	6,322	15,478	1,985	5,599	2,166		3,057	554	100	35,707	3.10
4	41,210	8,974	7,071	15,247	1,998	5,390	2,529		3,688	480	86	36,957	2.99
7	40,770	9,213	7,488	14,398	2,112	5,082	2,478		4,390	483	84	35,812	2.91
10	44,496	10,627	8,781	14,951	2,364	5,125	2,648		5,614	502	78	38,302	2.81
13	45,664	11,017	9,403	14,872	2,618	4,844	2,909		6,654	587	80	38,343	2.75
16	46,323	10,817	10,161	15,125	2,774	4,512	2,934		7,874	627	90	37,732	2.72
19	48,023	11,983	10,636	15,015	3,006	4,045	3,337		9,009	717	100	38,197	2.63
22	48,638	12,386	10,994	14,922	3,180	3,835	3,320		10,207	708	77	37,646	2.59
25	50,112	13,285	11,644	14,899	3,621	3,329	3,334		11,614	821	91	37,586	2.51
26	50,431	13,662	11,748	14,546	3,576	3,464	3,435		12,214	732	101	37,384	2.49
27	50,361	13,517	11,872	14,820	3,624	3,264	3,265		12,714	793	78	36,777	2.49
28	49,945	13,434	11,850	14,744	3,640	2,947	3,330		13,271	712	91	35,871	2.47
構成割合（単位：％）													
昭和61年	100.0	18.2	14.4	41.4	5.1	15.3	5.7		6.3	1.6	0.3	91.8	-
平成元年	100.0	20.0	16.0	39.3	5.0	14.2	5.5		7.8	1.4	0.3	90.6	-
4	100.0	21.8	17.2	37.0	4.8	13.1	6.1		8.9	1.2	0.2	89.7	-
7	100.0	22.6	18.4	35.3	5.2	12.5	6.1		10.8	1.2	0.2	87.8	-
10	100.0	23.9	19.7	33.6	5.3	11.5	6.0		12.6	1.1	0.2	86.1	-
13	100.0	24.1	20.6	32.6	5.7	10.6	6.4		14.6	1.3	0.2	84.0	-
16	100.0	23.4	21.9	32.7	6.0	9.7	6.3		17.0	1.4	0.2	81.5	-
19	100.0	25.0	22.1	31.3	6.3	8.4	6.9		18.8	1.5	0.2	79.5	-
22	100.0	25.5	22.6	30.7	6.5	7.9	6.8		21.0	1.5	0.2	77.4	-
25	100.0	26.5	23.2	29.7	7.2	6.6	6.7		23.2	1.6	0.2	75.0	-
26	100.0	27.1	23.3	28.8	7.1	6.9	6.8		24.2	1.5	0.2	74.1	-
27	100.0	26.8	23.6	29.4	7.2	6.5	6.5		25.2	1.5	0.2	73.0	-
28	100.0	26.9	23.7	29.5	7.3	5.9	6.7		26.6	1.4	0.2	71.8	-

注：1）平成7年の数値は、兵庫県を除いたものである。
　　2）平成28年の数値は、熊本県を除いたものである。
出典：厚生労働省「平成28年国民生活基礎調査の概況」2017年、3頁

第1章　子育て支援の必要性と制度

しかし、職住分離による職場重視の生活や家族の小規模化によって、地域住民どうしが親睦を深める機会が減ったり、共通の利益をめざした共同的な自治活動に参加することなどが少なくなり、人と人とのつながりが次第に希薄になりました。内閣府による「平成19年版 国民生活白書」（2007［平成19］年、78頁）によると、「近所付き合いをどの程度しているか」という質問に対し、「親しくつき合っている」と回答した者が、1975（昭和50）年の52.8%から1997（平成9）年には42.3%へと減少しています。その後の調査で、質問内容が「隣近所の人とどのくらい行き来をしているか」に変わりましたが、「よく行き来している」と回答した者は、2000（平成12）年には13.9%、2007年には10.7%となり、**近隣関係の希薄化**を裏づけています。

近隣関係の希薄化は、子育てのネットワーク機能も弱体化させたといえます。身近に相談できる相手がいない、短時間であっても子どもを預かってもらえないという状況は、子育てを孤独で不安なものにさせています。また、まわりの人々・地域の人々とのさまざまな関係を築くことは、子どもの社会性を育むうえで重要な意味をもっています。公共性や道徳性、幼い者や弱者をいたわる心といったものは、家庭教育だけで身につくものではなく、本来的には地域のなかで育まれていくものです。

また、近年、近隣住民からの子どもの声がうるさいという申し出により、保育所や学校、自治体は、さまざまな対策に追われています。たとえば、都心部の保育所では、防音壁を設置したり、外遊びの時間をローテーション制にして短くしたりなどしています。さらに、近隣住民の理解を得られず、保育所建設を断念した自治体もありました。こうした問題は、ひと昔前まではみられなかったことです。地域社会から子どもの姿が減ったことによって、地域に住む多様な世代と子どもとの関わりが失われた結果であるともいえます。

2.　少子化という社会現象

1　少子化とは

1970年代から続く出生率の低下は、国や社会の存立基盤を脅かす問題であり、1990（平成2）年の「**1.57ショック***」によって、子育て支援は国家の緊急的課題となりました。

図表1-3を見ると、第1次ベビーブーム期（1947〜49年）の出生数は**約270万人**、第2次ベビーブーム期（1971〜74年）の出生数は

◆補足
近隣住民とのトラブル
2014年（平成26）年10月1日、東京都国分寺市の認可保育所近くの路上で、園児を迎えにきた保護者に手斧を見せ、地面に数回振り下ろすなどして脅迫したとして、近所の40代男性が暴力行為処罰法違反の疑いで逮捕された。同市には、約5年前から数回にわたって男から苦情の電話があり、犯行当日は保護者に対し「近所から苦情があったので、帰り道にうるさくしないように」というお知らせを配布した矢先の出来事だった。

❇用語解説
1.57ショック
1989年の合計特殊出生率（1.57）が「ひのえうま」（1966年）の1.58（過去最低値）を下回ったことが公表されたときの衝撃を指す。

◆補足
270万人は1949年の出生数、210万人は1973年の出生数である。

6

図表 1-3 出生数と合計特殊出生率の推移

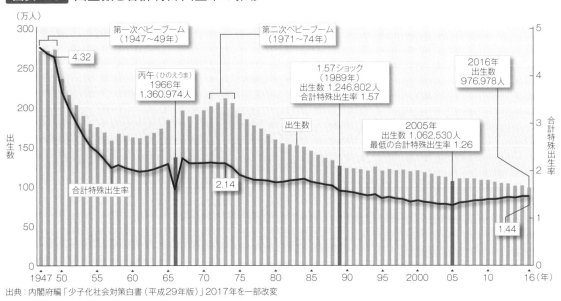

出典：内閣府編「少子化社会対策白書（平成29年版）」2017年を一部改変

約**205万人**でしたが、1975年以降、緩やかな減少傾向をたどっていることがわかります。2016（平成28）年では、出生数が**約98万人**となり、この40年の間に半減したといえます。

合計特殊出生率(図表1-3)は、第1次ベビーブーム期には4.3を超えていましたが、1950年以降に急激に低下したあと、第2次ベビーブーム期の2.1と推移し、1975年に2.0を下回ってからは再び低下傾向となりました。その後、1989（平成元）年には前述した1.57を記録し、さらに、2005（平成17）年には過去最低である1.26まで落ち込みました。近年、微増傾向が続いてきましたが、2014（平成26）年には1.42となり、9年ぶりに前年を下回りました。

少子化とは、人口学上の単なる出生力の低下だけではなく、**人口置換水準**を下回る出生力の低下を意味します。いったん、少子化の傾向をみせはじめると、親世代の人口が、それと同数の子ども世代による人口と置き換わりにくくなるため、人口は縮小再生産を繰り返し、長期的に減少が続くことになります。実際、わが国の出生数は、1974（昭和49）年から40年以上もの間、人口置換水準を下回りながら減少を続けています。将来の人口推計（2017年）では、2055年に、合計特殊出生率が1.06の場合、出生数は40万人になると予想されています。

※ 用語解説

合計特殊出生率
1人の女性が一生の間に産む子どもの数の近似的推定値であり、ある年の15歳から49歳までの女性の年齢別出生率の合計値。

※ 用語解説

人口置換水準
人口が増加も減少もしない均衡した状態を指し、合計特殊出生率で示される。現在の日本の人口置換水準は2.07である（国立社会保障・人口問題研究所2014 人口統計資料より）。

2 晩婚化・非婚化の進行

少子化の主な要因として、**晩婚化・非婚化の進行による未婚率の上昇**

第1章　子育て支援の必要性と制度

図表1-4	平均初婚年齢および平均出生時の母の平均年齢（単位：歳）				
年次	平均初婚年齢		平均出生時の母の平均年齢		
	夫	妻	第1子	第2子	第3子
1975	27.0	24.7	25.7	28.0	30.3
1980	27.8	25.2	26.4	28.7	30.6
1985	28.2	25.5	26.7	29.1	31.4
1990	28.4	25.9	27.0	29.5	31.8
1995	28.5	26.3	27.5	29.8	32.0
2000	28.8	27.0	28.0	30.4	32.3
2005	29.8	28.0	29.1	31.0	32.6
2010	30.5	28.8	29.9	31.8	33.2
2015	31.1	29.4	30.7	32.5	33.5
2016	31.1	29.4	30.7	32.6	33.6

出典：厚生労働省「平成28年人口動態統計（確定数）」2017年

※用語解説

生涯未婚率
45〜49歳の人々の未婚率と50〜54歳の人々の未婚率の単純平均から算出される「50歳まで一度も結婚したことがない人の割合」の推定値。

婚外子
婚姻関係にない男女間に生まれた子どものことである。

があげられます（図表1-4）。1980（昭和55）年の平均初婚年齢をみると、夫が27.8歳、妻が25.2歳、2016（平成28）年では夫が31.1歳、妻が29.4歳となっており、この36年の間に、夫は3.3歳、妻は4.2歳上昇しました（図表1-4）。これに応じて、平均出生時の母親の平均年齢も上昇し、2016年の第1子平均出生時の母の平均年齢は、30.7歳となっています。

　こうした晩婚化・晩産化が生じるなか、未婚率はどの程度進行しているのでしょうか（図表1-5）。25歳〜39歳までの年齢別未婚率および**生涯未婚率***の年次推移をみると、1970（昭和45）年から2015（平成27）年まで、どの年齢構成においても未婚率が上昇しています。特に、25〜29歳の女性の未婚率は、1970年の18.1%から2015年の61.3%となり、42.9ポイントの上昇をみせており、ほかの年齢構成の未婚率の推移を大きく上回っています。また、生涯未婚率も上昇しており、**婚外子***の出産が少ないわが国においては、こうした未婚率の上昇が出生率の低下に直結することになります。

図表1-5	25歳〜39歳までの年齢別未婚率及び生涯未婚率の年次推移（%）							
年次	25〜29歳		30〜34歳		35〜39歳		生涯未婚率	
	男性	女性	男性	女性	男性	女性	男性	女性
1970	46.50	18.10	11.70	7.20	4.70	5.80	1.70	3.34
1975	48.30	20.90	14.30	7.70	6.10	5.30	2.12	4.32
1980	55.10	24.00	21.50	9.10	8.50	5.50	2.60	4.45
1985	60.60	30.60	28.20	10.40	14.20	6.60	3.89	4.32
1990	64.40	40.20	32.60	13.90	19.00	7.50	5.57	4.33
1995	66.90	48.00	37.30	19.70	22.60	10.00	8.99	5.10
2000	69.30	54.00	42.90	26.60	25.70	13.80	12.57	5.82
2005	71.40	59.00	47.10	32.00	30.00	18.40	15.96	7.25
2010	71.80	60.30	47.30	34.50	35.60	23.10	20.14	10.61
2015	72.70	61.30	47.10	34.60	35.00	23.90	24.20	14.90

出典：総務省「平成27年国勢調査」2015年をもとに作成

レッスン1　子育て支援が求められる社会背景

　このように20代後半の女性を筆頭として、未婚率は上昇を続けていますが、結婚に対する意欲が低下しているというわけではありません。国立社会保障・人口問題研究所が2015年に実施した「第15回出生動向基本調査（独身者調査）」によると、「いずれ結婚するつもり」と考える18〜34歳の未婚者の割合は、男性85.7％、女性89.3％であり、ここ20年間をみても若干の低下はあるものの高い水準を維持しています。

　18〜34歳の未婚者が独身でいる理由は、男女ともに「適当な相手にめぐり会わない」と「まだ必要性を感じない」が上位にあがっていますが、その要因として、昔のように「結婚をして一人前」といった社会的圧力はなくなり、結婚や出産は**人生における選択肢の一つ**ととらえられるようになったことが考えられます。そのほかにも、長引く経済不況のなかで、若年者の所得が上がらないことや非正規雇用などの問題が、結婚をためらわせる要因であると考えられています。

　こうした晩婚化・非婚化に対し、若者の結婚支援を行う「婚活サポーター」を育成する事業や、各自治体による地域の特色を生かした婚活事業、人口が過疎化している農村部では、男女の交流の場をつくり、定住者増につなげようという企画も展開されています。今や子育て支援は、子どもがいる家庭への支援だけでなく、子どもを授かる以前の時期も含めた広範囲にわたる取り組みになっているといえるでしょう。

3．子育てをめぐる諸課題

1　共働き世帯の増加と子育ての現状

　1960年代までは、女性は結婚をしたら仕事を辞めて専業主婦になり、家事や育児を担うという考え方が一般的でしたが、1970年代半ばから、女性の労働力率が上昇し始め、**共働き世帯**は年々増加し続けました。共働き世帯と専業主婦世帯（男性雇用者と無業の妻から成る世帯）を比較すると（図表1-6）、1997（平成9）年には、共働き世帯が専業主婦世帯を上回る状況となり、2016（平成28）年には、共働き世帯が1,129万世帯、専業主婦世帯は664万世帯となっています。

　共働き世帯の増加の背景には、「雇用の分野における男女の均等な機会及び待遇の確保等に関する法律（男女雇用機会均等法）」の施行（1986［昭和61］年）や「育児休業制度」の施行（1992［平成4］年）といった労働環境の整備が行われたことや、女性の高学歴化によって人生の選択肢が増え、結婚・出産後も仕事を続けようとする女性が増えたことがあ

✦補足
女性の高学歴化と就業の関係
産業化社会においては、女性が高等教育を受けること（高学歴化）は、一般にその就業促進効果をもつが、日本では女性全体はもとより子育て女性にその効果がみられないという（西村純子『子育てと仕事の社会学──女性の働きかたは変わったか』弘文堂、2014年、148頁）。

9

第1章　子育て支援の必要性と制度

図表 1-6 専業主婦世帯数と共働き世帯数の推移

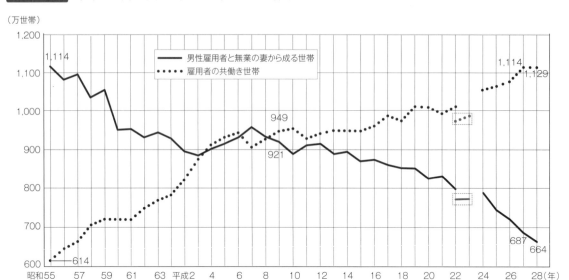

注：1．昭和55年から平成13年までは総務庁「労働力調査特別調査」（各年2月。ただし、昭和55年から57年は各年3月）、平成14年以降は総務省「労働力調査（詳細集計）」より作成。「労働力調査特別調査」と「労働力調査（詳細集計）」とでは、調査方法、調査月等が相違することから、時系列比較には注意を要する。
2．「男性雇用者と無業の妻から成る世帯」とは、夫が非農林業雇用者で、妻が非就業者（非労働力人口及び完全失業者）の世帯。
3．「雇用者の共働き世帯」とは、夫婦共に非農林業雇用者（非正規の職員・従業員を含む）の世帯。
4．平成22年及び23年の値（囲み表示）は、岩手県、宮城県及び福島県を除く全国の結果。
出典：内閣府男女共同参画局「平成29年版男女共同参画白書」2017年、75頁をもとに作成

※ **用語解説**
可処分所得
実収入から税金や社会保険料などの非消費支出を差し引いた、家計が自由に処分することができる所得のこと。

◆ **補足**
子ども1人を育てるための費用の算出方法
子どもを1人育てるための費用の算出方法は、子育て世帯から夫婦のみの世帯（DINKS）の生活費を引いたものであり、実際には、もっと多くの費用がかかると予想される（内閣府『平成17年版国民生活白書』2005年、132頁）。

るといわれます。その一方で、経済不況によって世帯所得収入が下がり、子育てにかかる費用（特に教育費）の負担を賄うために働く女性が増えたという意見もあります。

子育ての経済的負担に関しては、1993年の「厚生白書（平成5年版）」にて、夫婦と子ども2人世帯の場合、第2子が大学に入学する時点での子育てにかかる費用は、**可処分所得**＊の約70%と試算されています。また、2005年に発表された「国民生活白書」では、0～21歳までの子どもを1人育てるには1,302万円（光熱水費や食費などの基本的経費722万円、教育費528万円、住宅関係費53万円）が必要とされています。さらに、2015（平成27）年の「第15回出生動向基本調査」においても、夫婦が理想の子ども数をもたない理由として、どの年齢構成においても、「子育てや教育にお金がかかりすぎるから」という経済的負担が最も多く取り上げられています。

次に、共働き世帯における子育ての現状についてみていきましょう。2008（平成20）年の「平成18年社会生活基本調査」に掲載されている夫と妻の主な行動の種類別生活時間をみると（図表1-7）、夫の場合、1日の生活時間のうち最も多くの時間を占めているのが仕事であり、8時間45分となっています。妻も仕事が占める時間が4時間22分と最も

図表 1-7 主な行動の種類別生活時間
——週全体、末子が3歳未満の共働き世帯の夫・妻（夫婦と子供の世帯）——

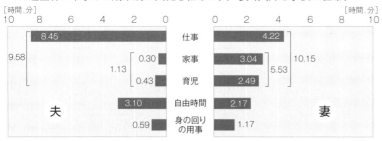

出典：総務省統計局「平成20年度統計トピックスNo.30」2008年をもとに作成

長いですが、家事・育児の時間を見ると、夫は1時間13分、妻は5時間53分です。乳幼児を抱える世帯では、女性が仕事を控えめにし、その分の時間が家事・育児に充てられているといえます。

また、夫の家事関連の行動者率を、共働き家庭と専業主婦家庭とで比較したデータ（総務省調べ）があります。1週間を通して、夫が家事、介護・看護、育児、買い物といった家事関連の行動をした夫の割合を示しています。これをみると、共働き家庭と専業主婦家庭の夫の家事関連の行動者率は、実際のところ、あまり違った点はみられません。

内閣府男女共同参画局が発行する「共同参画6月号（2014）」には、「6歳未満の子どもをもつ夫の『家事』及び『育児』の行動者率は、共働き世帯でも、約8割の男性が全く『家事』を行わず、約7割の男性が全く『育児』を行っていません（図表1-8）」と述べられ、諸外国と日本の夫の家事・育児時間を比較し、日本人男性の家事・育児への参加が少ないことが示されています。こうした解説や図表をみると、「日本人男性は、

図表 1-8 6歳未満の子どもをもつ夫の育児・家事関連の行動者率

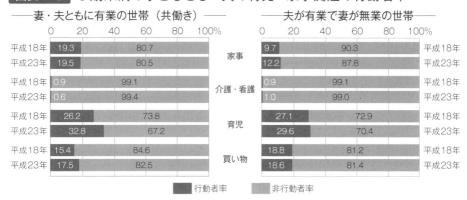

注：1. 総務省「平成18年、23年社会生活基本調査」より作成。
　　2. 数値は夫婦と子どもから成る世帯における6歳未満の子どもをもつ夫の1日当たりの家事関連の行動者率（週全体）。
　　　※行動者率…該当する種類の行動をした人の割合（％）
　　　※非行動者率…100%－行動者率で算出している。
出典：内閣府「仕事と生活の調和（ワーク・ライフ・バランス）レポート2013」2013年をもとに作成

第1章 子育て支援の必要性と制度

図表 1-9 育児休業取得率の推移(%)

年号	女	男	年号	女	男
1996	49.1	0.12	2010	83.7	1.38
1999	56.4	0.42	2011	87.8	2.63
2002	64.0	0.33	2012	83.6	1.89
2004	70.6	0.56	2013	83.0	2.03
2005	72.3	0.50	2014	86.6	2.30
2007	89.7	1.56	2015	81.5	2.65
2009	85.6	1.72	2016	81.8	3.16

出典：厚生労働省「平成28年度雇用均等基本調査の結果概要」2017年をもとに作成

家事・育児に非協力的なのか？」というイメージをもってしまいがちですが、このように短絡的に考えることは危険であると思います。その理由の一つとして、「男は仕事、女は家庭」といった**性別役割分業意識**は社会システムのなかに根強く残っており、男性は労働中心の生活を余儀なくされているとも考えられるからです。2007（平成19）年には、官民一体となって仕事と生活の調和の実現に取り組むため、「ワーク・ライフ・バランス憲章」および「仕事と生活の調和推進のための行動指針」が策定され、「イクメン」や「イクボス」という言葉とともに、**男性の育児参加**が推奨されました。最近では、20代を中心として男性の家事や育児の分担率は増加傾向にあります。

　もう一つ、**育児休業取得率**を取り上げておきましょう（図表1-9）。2016年の女性の育児休業取得率は81.8%、男性の育児休業取得率は3.16%であり、大きな差がみられます。政府は、男性の育児休業取得率の数値目標を「2020年度までに13%」としていますが、この実現に向けては、仕事と生活の調和に向けた個々人の意識改革とともに、子育てがしやすい労働環境の整備への一層の努力が必要だといえます。

2 子育てに対する負担と不安

　2015（平成27）年に厚生労働省が実施した「人口減少社会に関する意識調査」（0〜15歳の子どもが1人以上いる人を抽出；n=1,714）によると、子育てをしていて負担・不安に思う人の割合は、男性が26.0%、女性が26.7%という結果でした。具体的な負担・不安の内容（図表1-10）は、「子育ての出費がかさむ」（46.2%）が最も多く、次いで「将来予想される子どもにかかる経済的負担」（40.8%）、「子どもが病気のとき」（33.3%）であり、その他にも、子育ての精神的・身体的負担、子育てを取り巻く環境（地域、職場、人間関係）に関する負担や不安があげられます。

　これを性別・年齢階級別にみる（図表1-11）と、男性よりも女性のほうが負担や不安をより強く感じており、また、子育ての負担や不安に

◆ 補足

仕事と生活の調和が実現した社会
「ワーク・ライフ・バランス憲章」では、仕事と生活の調和が実現した社会を「国民一人ひとりがやりがいや充実感を感じながら働き、仕事上の責任を果たすとともに、家庭や地域生活などにおいても、子育て期、中高年期といった人生の各段階に応じて多様な生き方が選択・実現できる社会」と定義している。

男性の育児参加
男性の育児参加は、家族関係全体によい効果をもたらすという知見が数多くある（柏木1993、加藤・石井・牧野・土谷2002、堀口2006；章末参考文献欄を参照）。

図表 1-10 子育てに対する負担・不安の具体的内容（複数回答　n=626）

	項　目	％
1	子育ての出費がかさむ	46.2
2	将来予想される子どもにかかる経済的負担	40.8
3	子どもが病気のとき	33.3
4	自分の自由な時間が持てない	30.1
5	子育てによる精神的疲れが大きい	27.8
6	子育てによる身体の疲れが大きい	21.8
7	子どもを通じての親同士の付き合いや人間関係がわずらわしい	15.2
8	子育てに自信が持てない	14.7
9	夫婦で楽しむ時間がない	13.8
10	仕事が十分にできない	12.8
11	負担に思うことは時にない	11.3
12	配偶者が育児や家事に協力的でない	6.7
13	子育てについて相談する相手がいない	5.4
14	子育てが大変なことを職場の人が理解してくれない	5.3
15	子育てをする地域の環境が良くない	5.1
16	自分や配偶者の親や親戚の口出しが多い	3.7
17	その他	6.5

出典：厚生労働省政策統括官付政策評価官室委託　「人口減少社会に関する意識調査」2015年、11頁をもとに作成

図表 1-11 性別・年齢階級別の子育てに対する負担・不安の具体的内容

		該当数	子育てによる身体の疲れが大きい	子育てによる精神的疲れが大きい	子育てに自信が持てない	子育ての出費がかさむ	自分の自由な時間が持てない	夫婦で楽しむ時間がない	仕事が十分にできない	子育てが大変なことを職場の人が理解してくれない	子どもが病気のとき	将来予想される子どもにかかる経済的負担	配偶者が育児や家事に協力的でない	子育てをする地域の環境が良くない	子どもを通じての親同士の付き合いや人間関係がわずらわしい	子育てについて相談する相手がいない	自分や配偶者の親や親戚の口出しが多い	負担に思うことは特にない	その他
全体		626	137	174	92	290	189	87	80	33	209	256	42	32	95	34	23	71	41
		100.0	21.8	27.8	14.7	46.2	30.1	13.8	12.8	5.3	33.3	40.8	6.7	5.1	15.2	5.4	3.7	11.3	6.5
男性	15～29歳	22	9	6	4	7	5	7	3	2	6	3	2	1	3	2	2	2	2
		100.0	40.0	27.1	17.4	31.9	23.8	34.1	16.0	10.2	29.1	14.0	10.3	3.0	13.2	11.2	7.2	10.2	7.0
	30～39歳	100	15	17	10	48	32	22	7	4	40	35	1	4	6	5	4	15	4
		100.0	14.5	16.6	9.8	48.1	31.6	22.1	7.0	3.9	39.7	35.2	0.6	4.0	5.6	4.9	4.4	14.5	4.4
	40～49歳	114	13	15	9	47	17	15	5	3	29	43	3	3	9	2	1	21	11
		100.0	11.9	13.1	8.2	41.3	15.0	12.8	4.2	2.9	25.9	37.9	2.6	2.7	7.6	1.4	1.2	18.2	9.2
	50～59歳	46	3	2	3	16	5	2	2	1	8	16	0	0	3	0	0	8	7
		100.0	5.9	4.6	6.5	35.2	10.4	4.7	3.3	1.8	16.6	35.3	0.8	0.0	3.8	0.8	0.8	17.1	15.5
	60～79歳	29	3	6	0	6	3	2	1	1	5	5	0	0	3	4	0	6	6
		100.0	11.9	22.7	0.0	20.5	11.9	6.9	3.6	4.3	16.1	16.7	0.0	0.0	7.6	12.4	0.0	20.3	21.1
女性	15～29歳	52	22	27	12	27	32	17	12	7	19	26	9	8	9	2	5	3	2
		100.0	41.7	52.4	24.0	52.2	61.4	33.4	23.6	12.8	36.1	50.4	17.0	15.4	17.5	4.2	9.4	5.1	3.3
	30～39歳	128	40	51	36	74	61	16	29	9	57	72	20	8	36	10	6	5	2
		100.0	31.7	40.3	27.8	58.0	47.6	12.5	23.1	7.3	44.6	56.2	15.7	6.6	28.4	7.6	4.9	3.6	1.6
	40～49歳	94	23	38	13	57	24	5	15	1	36	47	4	7	22	7	2	5	2
		100.0	25.0	40.0	13.8	60.7	25.5	5.3	16.3	1.6	38.0	50.2	4.3	7.6	23.6	7.2	2.5	4.9	2.4
	50～59歳	26	4	5	3	5	4	0	3	2	8	6	3	1	7	3	2	6	0
		100.0	15.2	19.8	11.6	20.6	16.2	0.0	11.3	7.7	29.5	24.3	12.1	2.2	25.0	10.3	6.6	24.0	0.0
	60～79歳	17	4	7	2	2	6	0	2	2	2	2	0	0	0	0	0	2	5
		100.0	25.3	38.1	12.6	12.6	34.6	0.0	12.6	12.6	12.6	12.6	0.0	0.0	0.0	0.0	0.0	9.3	30.7

性別・年齢階級

出典：厚生労働省政策統括官付政策評価官室委託「人口減少社会に関する意識調査」2015年、76頁（枠線・点線は筆者が加筆）

関する具体的内容を選択している傾向が高いことがわかります。最も男女の割合に差がみられたものは「配偶者が育児や家事に協力的でない」であり、男性の14.3%（6名）に対し、女性は85.7%（36名）となっています。また、「子どもを通じての親同士の付き合いや人間関係がわずらわしい」や「仕事が十分にできない」「子育てをする地域の環境が良くない」「子育てによる精神的疲れが大きい」「子育てに自信が持てない」においても、男性の20%台に対し、女性は70%台となっています。その一方で、「負担に思うことは特にない」では、男性の73.2%（52人）に対し、女性は29.0%（21人）という結果がでています。

こうした結果をみると、女性の子育てにおける負担や不安は大変大きいことがわかります。また、子どもを在宅で育てている専業主婦は、子どもから離れる時間を確保することが難しく、孤立感や閉塞感を抱え込みがちになります。1998（平成10）年のデータ（図表1-12）になりますが、専業主婦は、共働き家庭の妻よりも育児不安や焦燥感、イライラ感が大きいという結果があります。

牧野は、育児不安を「育児行為のなかで一時的あるいは瞬間的に生じる疑問や心配ではなく、持続し蓄積された不安」と定義しており、母子密着型の子育てを危惧してきました[5]。育児不安が起こる背景について、堀口は、「孤立した子育てによって、一日中子どもと向き合わざるを得ない状況があること」「夫が長時間勤務で家庭を不在にし、母親が自分のための時間、子どもから離れる時間がもてないこと」「子育てに強い義務感や責任感を感じ、子育てが楽しめないこと」「子どもを持つ前に赤ん坊とふれあった経験や子育てを見る機会がなく、経験や知識が乏し

▶出典
[5] 牧野カツコ「乳幼児をもつ母親の生活と〈育児不安〉」家庭教育研究所紀要 3, 1982年、34-56頁

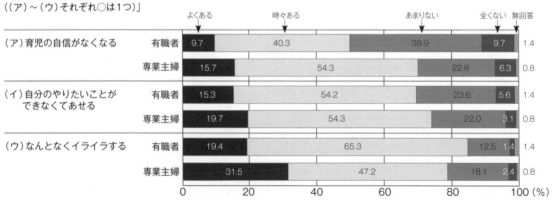

図表 1-12 専業主婦の母親に大きい育児不安

注：1. 回答者は第一子が小学校入学前の女性である。
　　2. 有職者はフルタイム、パートタイムを含んでいる。
出典：経済企画庁国民生活局「平成9年度国民生活選好度調査」1998年をもとに作成

レッスン1　子育て支援が求められる社会背景

いまま親となる状況があること」「本やメディアの育児情報に翻弄され、かえって不安が高まること」をあげています[†6]。

　子育て支援では、**仕事と育児の両立支援を支えるための保育サービスの充実**に目が向けられてきましたが、専業主婦が抱える育児不安についての認識はあまり広まらずにいました。現在では、働いている・働いていないに関わらず、保育サービスや地域の子育て支援事業を活用でき、子育てへの負担や不安を取り除き、子育ての孤立化を防ぐ取り組みが行われています。では、最後にイメージをしてください。

> ▶**出典**
> †6　堀口美智子「第2章　子育てをめぐる問題とその背景」松本園子・永田陽子・福川須美・堀口美智子『実践家族援助論』ななみ書房、2007年、36-37頁

　　母親が部屋のなかで子どもと向き合い、孤立感、閉塞感、焦燥感を抱いている。父親は労働中心の生活を送り、子どもの成長を肌で感じ取ることができない。そして、子どもは戸外から室内へと遊び場を移し、身体を思い切り使って仲間とともに元気よく遊ぶ空間がない。地域社会から子どもが減り、子育ての世代継承がなされず、さらに世代同士の理解を深める力が乏しい。

　このような輻輳した社会の諸課題が、子育てをめぐって存在しています。子育てのあり方を、雇用、教育、医療・福祉、住まい、まちづくりなどから包括的にとらえ直し、あらゆる分野の機関が連携し合って、こうした諸問題に取り組む必要があるのです。

演 習 課 題

①本レッスンでは、ひとり親家庭の現状について取り上げていませんが、ひとり親家庭の現状や求められる子育て支援についても自分で調べてみましょう。

②p.17の図表1-11「性別・年齢階級別の子育てに対する負担・不安の具体的内容」では、性別や年齢階級別によって違いが見られます。この図表をもとに、なぜそうした違いがみられるのか、友だちとディスカッションをしてみましょう。

③子育てへの負担や不安が大きくなり、一人で葛藤や戸惑いを抱え続けることが常態化してくると、子どもの虐待につながる恐れがあります。虐待の予防的支援として、子育て支援が取り組んでいることについて調べてみましょう。

レッスン2

子育て支援に関する制度・施策の展開

本レッスンでは、1990（平成2）年の「1.57ショック」以降のわが国における子育て支援の制度・施策の歩みを説明します。各時期において、どのような子育てをめぐる課題があったのか、また、それらの課題に対し、政府がどのような制度・施策を講じて乗り越えようとしたのかについて理解を深めます。

1. わが国における子育て支援の制度・施策の歩み

1 子育て支援の制度・施策のはじまり──「エンゼルプラン」の策定（1994［平成6］年）

わが国における本格的な子育て支援の取り組みは、1990（平成2）年の「1.57ショック」を契機として始まりました。**合計特殊出生率**の低下と子どもの数が減少傾向にあることを問題として認識した政府は、仕事と育児の両立支援など、子どもを生み育てやすい環境づくりに向けた対策の検討を始め、1994年に、当時の文部、厚生、労働、建設の4大臣合意のもとで「今後の子育て支援のための施策の基本的方向について（通称：**エンゼルプラン**）」を策定しました。「エンゼルプラン」では、子育て支援に関する制度・施策の推進にあたり、以下の3つの基本的視点、それを軸とした5つの基本的方向と7つの重点施策が示されました。

> **＜3つの基本的視点＞**
> ・子どもを生むか生まないかは個人の選択に委ねられるべき事柄であるが、「子どもを持ちたい人が持てない状況」を解消し、安心して子どもを生み育てることができるような環境を整えること。
> ・今後とも家庭における子育てが基本であるが、家庭における子育てを支えるため、国、地方公共団体、地域、企業、学校、社会教育施設、児童福祉施設、医療機関などあらゆる社会の構成メンバーが協力していくシステムを構築すること。
> ・子育て支援のための施策については、子どもの利益が最大限尊重されるよう配慮すること。

参照
1.57ショック
→レッスン1

参照
合計特殊出生率
→レッスン1

◆補足
エンゼルプランの実施期間
エンゼルプランの実施期間は1995〜1999年である。

レッスン2　子育て支援に関する制度・施策の展開

> **＜5つの基本的方向＞**
> ・子育てと仕事の両立支援の推進
> ・家庭における子育て支援
> ・子育てのための住宅および生活環境の整備
> ・ゆとりある教育の実現と健全育成の推進
> ・子育てコストの軽減

> **＜7つの重点施策＞**
> ・仕事と育児との両立のための雇用環境の整備
> ・多様な保育サービスの充実
> ・安心して子どもを生み育てることができる母子保健医療体制
> 　の充実
> ・住宅及び生活環境の整備
> ・ゆとりある学校教育の推進と学校外活動・家庭教育の充実
> ・子育てに伴う経済的負担の軽減
> ・子育て支援のための基盤整備

　「エンゼルプラン」の内容をみると、子育て支援とは、雇用、保育、教育、住宅、医療・福祉といったあらゆる面で、総合的に子育て環境を整備・推進していくことをめざすものであったとわかります。また、「エンゼルプラン」には、「子育てはとかく夫婦や家庭の問題ととられがちであるが、その様々な制約要因を除外していくことは、国や地方自治体はもとより、企業・職場や地域社会の役割でもある。そうした観点から子育て支援社会の構築を目指すことが要請されている」と述べられています。子育てが夫婦や家族だけの私事的問題ではなく、社会で子育てを担うという「**子育ての社会化**」という理念が、政府によってはじめて提起されたことの意義は大きいでしょう。

■2■ 保育施策の推進と子育て支援施策の多様化──「緊急保育対策等5か年事業」（1995［平成7］年度〜）と「新エンゼルプラン」の策定（1999［平成11］年）

　1994年の「エンゼルプラン」策定と同時に、当時の大蔵、厚生、自治の3大臣合意のもとで「当面の緊急保育対策等を推進するための基本的考え方（「**緊急保育対策等5か年事業**」：1995〜1999年度）が策定さ

17

第1章　子育て支援の必要性と制度

れました。これは、当時の女性の社会進出の増加などにともなう保育需要の多様化に対応したものです。ここでは、緊急に整備すべき6つの保育施策が示されました。

> ＜6つの保育施策＞
> ・低年齢児保育の促進
> ・多様な保育サービスの促進
> ・保育所の多機能化のための整備
> ・保育料の軽減
> ・子育てを地域ぐるみで支援する体制の整備
> ・母子保健医療体制の充実

　この「緊急保育対策等5か年事業」では、プランをより具体化するために、図表2-1に示すような各項目について、数値目標が設定されました。

　この事業の推進によって、低年齢児保育や延長保育、放課後児童クラブなどの多様な保育サービスの充実、さらに育児の孤立感や不安感を招くことにならないよう地域子育て支援センターの整備が進められました。この時期、厚生省の外郭団体である「こども未来財団」を通じて実施された駅型保育試行事業、保育所待機児童の解消手段としての家庭的保育制度（保育ママ）、病気の急性期から回復期にかけての子どもの保育を行う病児保育など、民間団体や保育の専門性をもつ個人による保育事業への参入にも注目が集まりました。特に、髙橋は、1994（平成6）～1998（平成10）年を「子育て支援形成期」と名づけ、「24時間保育をし

◆補足

駅型保育試行事業
駅型保育試行事業の運営は、長時間保育や一時保育、休日保育の実現、さらに通勤帰りに子どもを迎えに行けるというメリットから、その設置が大変注目されたが、認可外保育施設としての運営方法や多大な経費がかかることから、広く普及するに至らなかった。

図表2-1　緊急保育対策等5か年事業の実績値・目標値・事業計画達成率

各項目	1994年度計画段階の実績値	1999年度計画段階の目標値	1999年度実施後の実績値	事業計画達成率
低年齢児（0～2歳児）保育	45万人	60万人	56.4万人	94%
延長保育	2,230か所	7,000か所	5,125か所	73%
一時的保育	450か所	3,000か所	685か所	23%
乳幼児健康支援デイサービス	30か所	500か所	110か所	22%
放課後児童クラブ	4,520か所	9,000か所	8,392か所	93%
地域子育て支援センター	236か所	3,000か所	997か所	33%
多機能化保育所の整備	-	5か年累計1,500か所	5か年累計1,391か所	93%

出典：厚生省「『緊急保育対策等5か年事業』の概要」（1994年）厚生省児童家庭局企画課少子化対策企画室「緊急保育対策等5か年事業の実績」をもとに作成

ている保育所」「ベビーシッターや時間外保育」「多様化する保育サービ
ス」を取り上げている記事が多くなったと述べています[1]。

その後、1999（平成11）年に「少子化対策推進基本方針」が発表され、
大蔵、文部、厚生、労働、建設、自治の6大臣合意のもとで「重点的に
推進すべき少子化対策の具体的実施計画について（通称：**新エンゼルプ
ラン**）」が策定されました。「新エンゼルプラン」は、従来の「エンゼル
プラン」と「緊急保育対策等5か年事業」を見直して策定されたもので
す。ここでは、重点的に推進すべき少子化対策の5か年計画（2000〜
2004年度）として、以下に示す8つの具体的内容が示されました。

＜8つの具体的内容＞
・保育サービス等子育て支援サービスの充実
・仕事と子育ての両立のための雇用環境の整備
・働き方についての固定的な性別役割分業や職場優先の企業風
　土の是正
・母子保健医療体制の整備
・地域で子どもを育てる教育環境の整備
・子どもたちがのびのび育つ教育環境の実現
・教育に伴う経済的負担の軽減
・住まいづくりやまちづくりによる子育ての支援

この「新エンゼルプラン」では、保育・子育てサービスのさらなる充
実を図るため、働く母親の支援だけではなく、社会から孤立しやすい
専業主婦も含めた女性に対する子育てのレスパイトケアも視野に入れ、
ファミリー・サポート・センター事業が盛り込まれました。また、当時
の内閣のもとで「待機児童ゼロ作戦」が打ち出され、2002（平成14）〜
2004（平成16）年度までに、待機児童解消のための保育所の創設、増築
や低年齢児の受入れ拡大のための乳児室などの整備、余裕教室などを活
用した改築整備の促進、保育所分園の整備の促進が図られました。

仕事と子育ての両立のための雇用環境の整備では、育児休業給付の見
直しや子育てサービス等の電話相談の設置（フレーフレー・テレフォン
事業）、出産・子育てのために退職した者に対する再就職支援事業の整
備が取り上げられました。そして、特筆すべきことは、働き方について
の固定的な性別役割分業や職場優先の企業風土を是正することに言及さ
れている点です。この背景にあるのは、よりよい子育て環境を実現しよ
うとすれば、男性が稼ぎ手、女性は家事・育児という性別役割分業の考

▶出典
[1] 髙橋円「新聞記事に
みる『子育て支援』の変遷」
『甲南女子大学大学院論集
（人間科学研究編）』（5）、
2007年、67-73頁

参照
ファミリー・サポート・セ
ンター事業
→レッスン10

✚補足
待機児童問題
バブル経済が崩壊した
1990年代初め、共働き世
帯が専業主婦世帯を上回り、
保育所を必要とする親が増
え、待機児童問題が顕在化
した。待機児童の約85%
は0〜2歳児であり、その
大部分は都市部に集中して
いる。この問題は、2017
年現在でも解消されていな
い。

え方ではなく、出産・育児をしていても、働きたいと望む女性のためにふさわしい就労環境が必要であること、さらに、男性の家事・育児への積極的な参画を促すために職場優先の企業風土を改めることが必要であるという考え方です。

その他にも、母子保健医療体制の整備では、周産期医療ネットワークの整備や小児救急医療支援の推進だけでなく、不妊専門相談センターの設置も進められました。また、地域で子どもを育てる教育環境の整備では、親や子どもに体験活動などの情報提供をする子どもセンターの全国展開、子ども放送局、子ども24時間電話相談の推進、学校教育の場では、中高一貫教育校の設置促進、「心の教室」カウンセリング・ルームの整備が進められました。

これまで、最終年度に達成すべき数値目標の項目には、保育施策だけが掲載されていましたが、「新エンゼルプラン」からは、雇用、母子保健、相談、教育などの事業への数値目標も設定されました（図表2-2）。

図表2-2 新エンゼルプランの実績値および目標値、事業計画達成率

各項目	2000年度実績値	2004年度目標値	2004年度実績値	事業計画達成率
低年齢児（0〜2歳児）保育	59.3万人	68万人	70.4万人	104%
延長保育	8,052か所	10,000か所	13,100か所	131%
休日保育	152か所	300か所	750か所	250%
乳幼児健康支援一時預かり	132市町村	500市町村	500市町村	100%
多機能保育所等の整備	393か所	2,000か所	2,180か所	109%
地域子育て支援センター	1,376か所	3,000か所	3,000か所	100%
一時保育	1,700か所	3,000か所	5,000か所	167%
ファミリー・サポート・センター	116か所	180か所	385か所	214%
放課後児童クラブ	9,401か所	11,500か所	12,400か所	108%
フレーフレー・テレフォン事業	39都道府県	47都道府県	47都道府県	100%
再就職希望登録者支援事業	24都道府県	47都道府県	47都道府県	100%
周産期医療ネットワーク	14都道府県	47都道府県	47都道府県	100%
小児救急医療支援事業	51地区	360地区	300地区	83%
不妊専門相談センター	18か所	47か所	47か所	100%
子どもセンターの全国展開	725か所	1,000か所程度	1,095か所（01'）	―
子ども放送局	1,606か所	5,000か所程度	2,212か所（03'）	―
子ども24時間電話相談	21都道府県	47都道府県	―	―
家庭教育24時間電話相談	35都道府県	47都道府県	―	―
総合学科の設置促進	144校	500校程度	220校（03'）	―
中高一貫教育校の設置促進	17校	500校程度	118校（03'）	―
「心の教室」カウンセリング・ルームの整備	8,467校	2000年度までに5,234校を目途	―	―

出典：厚生労働省「少子化への対応を推進する国民会議（第6回）」2004年をもとに作成

レッスン2　子育て支援に関する制度・施策の展開

　このように多面的な子育て支援が展開され、数値目標を掲げた事業の達成率は100%以上（小児救急医療支援事業を除く）となりましたが、当時の総務省が2004（平成16）年7月に実施した「少子化対策に関する政策評価書（新エンゼルプランを対象として）」では、「仕事との両立の負担感は緩和されたものの、子育てそのものの負担感は緩和されていない」との結果が発表されました。仕事と子育ての両立の負担感については、6歳未満の子どもがいる母親の就業率が上昇する一方、出産・育児を理由にした女性の離職者の割合が減ったことなどを根拠として、「総じて緩和されてきている」とされましたが、子育て自身の負担感については、子育て中の人で「楽しいと感じるときの方が多い（1999［平成11］年：54.9%→2002年51.1%）」が減り、「辛いと感じるときの方が多い（1999年：4.4%→2002年5.9%）」が増えたことから、「緩和されているとはいえない」とされました。その原因として、経済的負担感が増したこと、核家族化や地域社会の崩壊で専業主婦が孤立感を深めていることをあげています。また、少子化については、「新エンゼルプラン」の計画年度以前の1999（平成11）年と2003（平成15）年の出生数を比較すると、118万人から112万人へと減少し、合計特殊出生率も1.34から1.29へと低下しました。

2.　少子化の進行と子育て支援

1　子育ての負担感を払拭するために──「次世代育成支援対策推進法」（2003年）と「少子化社会対策基本法」（2003年）の制定

　出生数や合計特殊出生率が減少・低下し続けるなかで、2003年7月に「**次世代育成支援対策推進法**」が制定されると同時に、「児童福祉法」が一部改正となり、子育て支援事業の法定化や**子育て支援総合コーディネート事業**[*]が創設されました。また、同年7月には「少子化社会対策基本法」が制定され、その前文には、「子どもがひとしく心身ともに健やかに育ち、子どもを生み、育てる者が真に誇りと喜びを感じることのできる社会を実現し、少子化の進展に歯止めをかけることが（中略）求められている」と少子化対策の基本理念が掲げられました。本法の第12条「地域社会における子育て支援体制の整備」には、<u>国および地方公共団体による民間団体の支援や子どもとほかの世代との交流の促進が</u><u>うたわれ</u>、地域社会を基盤とした子育て支援の環境整備をすすめること

✦補足

「次世代育成支援対策推進法」

家庭や地域の子育て力の低下に対応して、次世代を育成する家庭を社会全体で支援する観点から、地方公共団体および101人以上の被雇用者のいる企業に対し、5年を1期とする集中的・計画的な子育て支援に関する行動計画の策定を義務づけた画期的な法律。

✸用語解説

子育て支援総合コーディネート事業

地域におけるさまざまな子育て支援サービス情報を一元的に把握し、利用者への情報提供、ケースマネジメントおよび利用援助などの支援を行う事業。

第1章　子育て支援の必要性と制度

が示されました。この時期は、子育て支援という言葉が社会に定着しはじめており、子育て支援の担い手となる実施主体も地域のボランティアグループやNPO、医療機関、民間企業など、そして、支援にたずさわる者も、元教師・元保育士など専門知識を備えた人材、育児を終えた人、若者の保育ボランティア、孫育てをするシニア世代と多様化しました。また、子育て支援において、世代間交流という言葉も登場しはじめました。

　2004（平成16）年には、「少子化社会対策基本法」に基づいて「少子化社会対策大綱」と、その具体的な実施計画である「子ども・子育て応援プラン」が策定されました。「少子化社会対策大綱」とは、少子化の流れを変えるための取り組みを強力に推進するための総合的な枠組みのことです。

　「少子化社会対策大綱」には、3つの視点と4つの重点課題、その重点課題に取り組むための28の具体的行動が示されました（図表2-3）。

　しかしながら、2005年には、1899（明治32）年に人口動態統計を取り始めて以来、初めて出生数が死亡数を下回り、出生数は106万人、合計特殊出生率は1.26となって過去最低を記録しました。子育て支援施策が取り組まれてから11年が経過しましたが、予想以上の少子化の進行という事実を突きつけられる結果になったといえます。汐見は、少子化が克服されなかった理由を、「①保育サービスの拡大によって、労働時間が長くなり、働く人の家庭時間の確保が進まなかったこと」「②子育て支援が点の支援であり面の支援まで至っておらず、本格的な支援を展開するには資金・人材不足であること」「③ワーク・ライフ・バランスの実現が個々人の努力に還元されがちで、その実現にも格差が表れていること」「④子育て支援を思想として深化するという立場を伴わない支援活動（技術主義的支援にとどまっている活動）も多く見られ、被支援者からあまり評価されなくなっていること」の4点にまとめています[†2]。

■2　子育ての喜びを実感できる施策の拡充へ──「新しい少子化対策について」（2006［平成18］年）

　少子化に歯止めがかからない事態を重く受け止めた政府は、2006年の少子化社会対策会議において「**新しい少子化対策について**」を打ちだしました。ここでは、単に子どもを生み育てる若者世代の経済的・心理的負担感を軽減させることを目的とした施策ではなく、子育ての喜びを実感し、良好な親子関係を構築するためにも、子どもと家族を大切にするという視点に立った施策の拡充に焦点が当てられました。さらに、「子

▶出典

†2　汐見稔幸・佐藤博樹・大日向雅美・小宮信夫・山縣文治監修『子育て支援の潮流と課題』ぎょうせい、2008年、7-8頁

レッスン2 子育て支援に関する制度・施策の展開

図表2-3 少子化社会対策大綱の視点・重点課題・具体的行動

3つの視点

Ⅰ 自立への希望と力
　若者の自立が難しくなっている状況を変えていく

Ⅱ 不安と障壁の除去
　子育ての不安や負担を軽減し、職場優先の風土を変えていく

Ⅲ 子育ての新たな支え合いと連帯
　―家族のきずなと地域のきずな―
　生命を次代に伝えはぐくんでいくことや家庭を築くことの大切さの理解を求めていく。子育て・親育て支援社会をつくり、地域や社会全体で変えていく。

4つの重点課題

Ⅰ 若者の自立とたくましい子どもの育ち
・就業困難を解消するための取組、豊かな体験活動の機会の提供

Ⅱ 仕事と家庭の両立支援と働き方の見直し
・企業の行動計画策定・目標達成の取組
・勤務時間の短縮等の措置、再就職支援

Ⅲ 生命の大切さ、家庭の役割等についての理解
・生命の尊さを実感し、社会とのかかわりなどを大切にすることへの理解を深める

Ⅳ 子育ての新たな支え合いと連帯
・子育て支援施策の効果的な実施、身近な地域でのきめ細かな子育て支援の取組、児童虐待など特に支援を必要とする子どもとその家庭に対する支援
・妊娠、出産、子どもの育ちにかかわる保健医療

重点課題に取り組むための28の具体的行動

重点課題に取り組むための28の行動

【若者の自立とたくましい子どもの育ち】
(1) 若者の就労支援に取り組む
(2) 奨学金の充実を図る
(3) 体験を通じ豊かな人間性を育成する
(4) 子どもの学びを支援する

【仕事と家庭の両立支援と働き方の見直し】
(5) 企業等におけるもう一段の取組を推進する
(6) 育児休業制度等についての取組を推進する
(7) 男性の子育て参加促進のための父親プログラム等を普及する
(8) 労働時間の短縮等仕事と生活の調和のとれた働き方の実現に向けた環境整備を図る
(9) 妊娠・出産しても安心して働き続けられる職場環境の整備を進める
(10) 再就職等を促進する

【生命の大切さ、家庭の役割等についての理解】
(11) 乳幼児とふれあう機会の充実等を図る
(12) 生命の大切さ、家庭の役割等についての理解を進める
(13) 安心して子どもを生み、育てることができる社会の形成についての理解を進める

【子育ての新たな支え合いと連帯】
(14) 就学前の児童の教育・保育を充実する
(15) 放課後対策を充実する
(16) 地域における子育て支援の拠点等の整備及び機能の充実を図る
(17) 家庭教育の支援に取り組む
(18) 地域住民の力の活用、民間団体の支援、世代間交流を促進する
(19) 児童虐待防止対策を推進する
(20) 特に支援を必要とする家庭の子育て支援を推進する
(21) 行政サービスの一元化を推進する
(22) 小児医療体制を充実する
(23) 子どもの健康を支援する
(24) 妊娠・出産の支援体制、周産期医療体制を充実する
(25) 不妊治療への支援等に取り組む
(26) 良質な住宅・居住環境の確保を図る
(27) 子育てバリアフリーなどを推進する
(28) 児童手当の充実を図り、税制の在り方の検討を深める

出典：厚生労働省「子ども・子育て応援プラン」2006年、12頁と内閣府「平成17年版少子化社会白書」2005年、25頁をもとに作成

育ては第一義的には家族の責任であるが、子育て家庭を、国、地方公共団体、企業、地域等、社会全体で支援する」と明記され、親が働いている・いないに関わらず、すべての子育て家庭を支援するという観点も加えて、子育て支援策の強化が図られることになりました。

　新たな少子化対策の推進には、2005（平成17）年度から実施された「子ども・子育て応援プラン」に合わせて、「妊娠・出産から高校・大学

図表2-4 子育て支援策(子どもの成長に応じた総合的な子育て支援施策)

区分	支援内容
Ⅰ 新生児・乳幼児期（妊娠・出産から乳幼児期まで）	出産費用の負担軽減（①から③の施策）を図り、安心して出産できる環境整備を推進するとともに、子どもが乳幼児期にある子育て家庭を支援する。 ①出産育児一時金の支払い手続きの改善 ②妊娠中の健診費用の負担軽減 ③不妊治療の公的助成の拡大 ④妊娠初期の休暇などの徹底・充実 ⑤産科医等の確保等産科医療システムの充実 ⑥児童手当制度における乳幼児加算の創設 ⑦子育て初期家庭に対する家庭訪問を組み入れた子育て支援ネットワークの構築
Ⅱ 未就学期（小学校入学前まで）	子育ての喜びを感じながら育児ができるように子育て家庭への支援と地域の子育てサービスの充実を図る。 ①全家庭を対象とする地域における子育て支援拠点の拡充 ②待機児童ゼロ作戦の更なる推進 ③病児・病後児保育、障害児保育等の拡充 ④小児医療システムの充実 ⑤行動計画の公表等次世代育成支援対策推進法の改正の検討 ⑥育児休業や短時間勤務の充実・普及 ⑦事業所内託児施設を含め従業員への育児サービスの提供の促進 ⑧子どもの事故防止策の推進 ⑨就学前教育についての保護者負担の軽減策の充実
Ⅲ 小学生期	放課後時間を有意義に過ごすことができるとともに、登下校時等の安全を確保する。 ①全小学校区における「放課後子どもプラン」（仮称）の推進 ②スクールバスの導入等、学校や登下校時の安全対策
Ⅳ 中学生・高校生・大学生期	教育費負担の軽減を図るとともに、学生のベビーシッターを養成する。 ①奨学金の充実等 ②学生ベビーシッター等の推奨

出典：内閣府「新しい少子化対策について」少子化社会対策会議決定、2006年

図表2-5 働き方の改革

若者の就労支援やパートタイム労働者の均衡処遇の推進、女性の再就職支援等「再チャレンジが可能な仕組みの構築」を推進するとともに、企業の子育て支援の推進や長時間労働の是正等、従来の働き方を改革する。
①若者の就労支援
②パートタイム労働者の均衡処遇の推進
③女性の継続就労・再就職支援
④企業の子育て支援の取組の推進
⑤長時間労働の是正等の働き方の見直し
⑥働き方の見直しを含む官民一体子育て支援推進運動

出典：内閣府「新しい少子化対策について」少子化社会対策会議決定、2006年

生になるまで子どもの成長に応じつつ総合的に子育て支援策を講じること」「働き方の改革の必要性」が図表2-4、2-5に示すような形で取り上げられました。

　この時期から、これまで仕事と育児を両立するにあたって、最も負担感があるとされる乳幼児期に焦点が当てられてきた子育て支援施策が、児童期から青年期をも視野に入れた施策へと拡充されます。また、2007（平成19）年には、「子どもと家族を応援する日本」重点戦略検討会議によって「『子どもと家族を応援する日本』重点戦略」が取りまとめられ、「ワーク・ライフ・バランスの実現」「親の就労と子どもの育成の両立」「家庭における子育て」を包括的に支援するしくみを同時並行的に取り組んでいくことが必要不可欠であることが示されました。

　このように、政府における子育て支援施策が次々と打ちだされる一方で、「**子育ての外注化**」という言葉にも注目が集まりました。前原は、子育て支援は「保護者と子どもが、ともに生活する存在としてある、それを社会のシステムがサポートすること」だと述べ、1994（平成6）年の「エンゼルプラン」から今日に至るまで、子育て支援の主体者はいったい誰なのかと疑問を呈し、子育て支援の名のもとに、「社会全体で子育てを担うのではなく、社会の一部が子育てをやってくれるという意識」を醸成させるのではないかと危惧しました[3]。また、松木は、保育ママとして子育て支援にたずさわっている者へのインタビュー調査のなかで、次の語りを記述しています[4]。

> 「人間の子ども、いろんな成長があるじゃないですか。そこをね、初めてハイハイした、立った、歩いた、それをママたちが見ないでわたしたちが見ることになることも多いじゃないですか。そういうのを考えると、なんか悲しくないかなあと思うのね」

　これは、子育て支援の当初から、仕事と育児の両立支援を目的として推し進められた延長保育や24時間保育が、親の長時間労働を可能にしてしまい、逆に親から子どもを引き離してしまうというジレンマを生じさせたことを的確に表した言葉だといえます。本来、親が子どもとともに過ごす喜びや楽しみを感じるなかで、子育て・親育て、子育ち・親育ちは実現していくと考えられます。何よりも生活者として生きる時間的・空間的保障が子育て支援には求められているといえるでしょう。

▶**出典**
[3]　前原寛『子育て支援の危機──外注化の波を防げるか』創成社、2008年、22頁

▶**出典**
[4]　松木洋人『子育て支援の社会学──社会化のジレンマと家族の変容』新泉社、2013年、162-163頁

第1章　子育て支援の必要性と制度

3　子どもと子育てを応援する社会に向けて——「子ども・子育てビジョン」（2010［平成22］年）と「子ども・子育て関連3法の制定」（2012［平成24］年）

　2009（平成21）年、内閣府は「ゼロから考える少子化対策プロジェクトチーム」を立ち上げ、「子ども・子育てビジョン（仮称）検討ワーキングチーム」を経て、2010年には、「子ども・子育てビジョン——子どもの笑顔があふれる社会のために」が閣議決定されました（図表2-6）。この「子ども・子育てビジョン」は、1990（平成2）年の1.57ショックから20年目を迎えた子育て支援施策における集大成といえるものです。ここでは、子どもと子育てを応援する社会に向けて、「子どもが主人公

図表2-6　「子ども・子育てビジョン」の概要

子どもと子育てを応援する社会	家族や親が子育てを担う《個人に過重な負担》　→　社会全体で子育てを支える《個人の希望の実現》
	●子どもが主人公（チルドレン・ファースト）　●「少子化対策」から「子ども・子育て支援」へ　●生活と仕事と子育ての調和

基本的考え方	1　社会全体で子育てを支える　○子どもを大切にする　○ライフサイクル全体を通じて社会的に支える　○地域のネットワークで支える	2　「希望」がかなえられる　○生活、仕事、子育てを総合的に支える　○格差や貧困を解消する　○持続可能で活力ある経済社会が実現する

3つの大切な姿勢	◎生命（いのち）と育ちを大切にする	◎困っている声に応える	◎生活（くらし）を支える

目指すべき社会への政策4本柱と12の主要施策

1.　子どもの育ちを支え、若者が安心して成長できる社会へ
(1)　子どもを社会全体で支えるとともに、教育機会の確保を
　・子ども手当の創設
　・高校の実質無償化、奨学金の充実等、学校の教育環境の整備
(2)　意欲を持って就業と自立に向かえるように
　・非正規雇用対策の推進、若者の就労支援（キャリア教育・ジョブ・カード等）
(3)　社会生活に必要なことを学ぶ機会を
　・学校・家庭・地域の取組、地域ぐるみで子どもの教育に取り組む環境整備

2.　妊娠、出産、子育ての希望が実現できる社会へ
(4)　安心して妊娠・出産できるように
　・早期の妊娠届出の勧奨、妊婦健診の公費負担
　・相談支援体制の整備（妊娠・出産、人工妊娠中絶等）
　・不妊治療に関する相談や経済的負担の軽減
(5)　誰もが希望する幼児教育と保育サービスを受けられるように
　・潜在的な保育ニーズの充足も視野に入れた保育所待機児童の解消（余裕教室の活用等）
　・新たな次世代育成支援のための包括的・一元的な制度の構築に向けた検討
　・幼児教育と保育の総合的な提供（幼保一体化）
　・放課後子どもプランの推進、放課後児童クラブの充実
(6)　子どもの健康と安全を守り、安心して医療にかかれるように
　・小児医療の体制の確保
(7)　ひとり親家庭の子どもが困らないように
　・児童扶養手当を父子家庭にも支給、生活保護の母子加算
(8)　特に支援が必要な子どもが健やかに育つように
　・障害のある子どもへのライフステージに応じた一貫した支援の強化
　・児童虐待の防止、家庭的養護の推進（ファミリーホームの拡充等）

3.　多様なネットワークで子育て力のある地域社会へ
(9)　子育て支援の拠点やネットワークの充実が図られるように
　・乳児の全戸訪問等（こんにちは赤ちゃん事業等）
　・地域子育て支援拠点の設置促進
　・ファミリー・サポート・センターの普及促進
　・商店街の空き店舗や学校の余裕教室・幼稚園の活用
　・NPO法人等の地域子育て活動の支援
(10)　子どもが住まいやまちの中で安全・安心にくらせるように
　・良質なファミリー向け賃貸住宅の供給促進
　・子育てバリアフリーの推進（段差の解消、子育て世帯にやさしいトイレの整備等）
　・交通安全教育等の推進（幼児二人同乗用自転車の安全利用の普及等）

4.　男性も女性も仕事と生活が調和する社会へ（ワーク・ライフ・バランスの実現）
(11)　働き方の見直しを
　・「仕事と生活の調和（ワーク・ライフ・バランス）憲章」及び「行動指針」に基づく取組の推進
　・長時間労働の抑制及び年次有給休暇の取得促進
　・テレワークの推進
　・男性の育児休業の取得促進（パパ・ママ育休プラス）
(12)　仕事と家庭が両立できる職場環境の実現を
　・育児休業や短時間勤務等の両立支援制度の定着
　・一般事業主行動計画（次世代育成支援対策推進法）の策定・公表の促進
　・次世代認定マーク（くるみん）の周知・取組促進
　・入札手続等における対応の検討

出典：内閣府「平成22年版少子化社会対策白書」2010年、24頁をもとに作成

（チルドレン・ファースト）」「『少子化対策』から『子ども・子育て支援』へ」「生活と仕事と子育ての調和」という3つの基本方針が立てられ、この方針を支える4本柱として、「子どもの育ちを支え、若者が安心して成長できる社会へ」「妊娠、出産、子育ての希望が実現できる社会へ」「多様なネットワークで子育て力のある地域社会へ」「男性も女性も仕事と生活が調和する社会へ（ワーク・ライフ・バランスの実現）」が示されました（図表2-6）。

その後、2012年に「子ども・子育て支援法」「認定こども園法一部改正法」「児童福祉法等関連法律整備法」の3つの法律、すなわち「子ども・子育て関連3法」（3法の正式名称→レッスン3）が成立しました。

図表2-7 「夢をつむぐ子育て支援」の概要

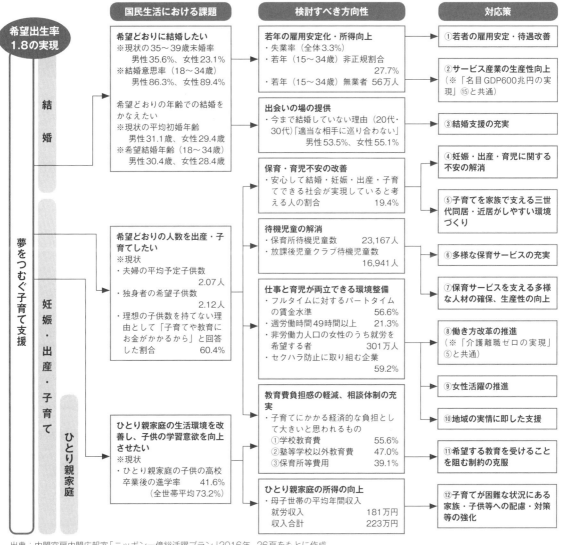

出典：内閣官房内閣広報室「ニッポン一億総活躍プラン」2016年、26頁をもとに作成

第1章 子育て支援の必要性と制度

図表2-8 子育て支援の制度・施策の歩み

出典：内閣府編『少子化社会対策白書（平成28年版）』日経印刷、2016年、33頁をもとに作成

これらに基づき、「小学校就学前の教育・保育給付」と「地域における子ども・子育て支援事業の充実」という2本柱で構成される「子ども・子育て支援新制度」が制定され、2015（平成27）年4月から施行されました。また、同年10月には、希望出生率1.8の実現に向けた「夢をつむぐ子育て支援」（2016［平成28］～2026年度）が内閣から発信され、若年の雇用安定・待遇改善、待機児童の解消、ひとり親家庭の生活環境の改善、三世代同居・近居しやすい環境づくりなどの施策が提示されました（図表2-7）。

　これまでの少子化対策における子育て支援を振り返ると（図表2-8）、その施策の根本には、「親を取り巻く環境がよくなれば、必然的に子どもが育つ環境がよくなるだろう」という効率的・合理的な発想があったと考えられます。そこには、子どもの最善の利益を考えた「子どもの育ち」については、あまり言及されてこなかったのではないかといえます。しかし、1990（平成2）年から26年という長い年月をかけて、少子化対策から子どもが主人公（チルドレン・ファースト）の理念に基づく「子ども・子育て支援」へと、ようやく、誰のために、何のためにその支援をするのかという本質的課題に立ち返ることができたといえるでしょう。

◆補足

「子ども・子育て関連3法」

「子ども・子育て関連3法」は、社会保障・税一体改革関連法の一つとして成立し、消費税率10％への引き上げによる増税分のうち0.7兆円程度を新制度の十全な実現に充てる予定とされた。これまで社会保障三経費（年金・老人医療・介護）に限定されていた消費税が子育て支援の分野にも充てられることには大きな意義がある。

演	習	課	題

①本レッスンを通して考えたことを、友だちとディスカッションしてみましょう。

②現在、子育て支援は多様な形で展開されています。どのような子育て支援が実施されているかを自分で調べてみましょう。

③子どもの最善の利益を考えた「子どもの育ち」に関する子育て支援とは、どのようなものかを考えてみましょう。

レッスン3

子ども・子育て支援新制度とは

本レッスンでは、「子ども・子育て支援新制度」についてくわしく学びます。この制度は、2012（平成24）年8月10日に成立し、同年8月22日に公布された「子ども・子育て関連3法」に基づいて、それ以前に展開されていた施策と新たな施策とを合わせてつくられたものです。

1. 子ども・子育て支援新制度の根拠法

1 「子ども・子育て支援法」が新制度の根幹

新たに整えられた「子ども・子育て支援新制度（以下、新制度と略記）」は、2015（平成27）年4月から本格的に施行されています。その根拠法は、「A. 子ども・子育て支援法」「B. 就学前の子どもに関する教育、保育等の総合的な提供の推進に関する法律の一部を改正する法律」「C. 子ども・子育て支援法及び就学前の子どもに関する教育、保育等の総合的な提供の推進に関する法律の一部を改正する法律の施行に伴う関係法律の整備等に関する法律」という、いわゆる「**子ども・子育て関連3法**」です。

これら関連3法の名称をみればわかりますが、「B」と「C」は、「A」を十全に機能させるための改正と、その改正にともなって必要となるほかの法律の整備となっていますので、新制度の根幹になっている法律は「A. 子ども・子育て支援法」になります。そこで、以下に、この法律の骨子を整理してみます。

まず、この法律の目的や理念として、「急速な少子化の進行並びに家庭及び地域を取り巻く環境の変化」を踏まえながら、「一人一人の子どもが健やかに成長することができる社会の実現に寄与する」ことがうたわれています。また、こうした社会の実現に向けては、「家庭、学校、地域、職域その他の社会のあらゆる分野における全ての構成員が、各々の役割を果たすとともに、相互に協力」することが必要であるとされています[1]。

つまり、各家庭の保護者が子どもの健やかな成長に責任をもつことは当然ですが、子どもの成長に関わる職業に就いている者、子どもが居住する地域に暮らす住民などを中心に、すべての人々が「**子どもの育ちや**

◆補足

B.の法律は「認定こども園法一部改正法」、C.の法律は「児童福祉法等関連法律整備法」とよばれることもある。
→レッスン2

▶出典

†1　子どもと保育総合研究所・森上史朗 監修『最新保育資料集——保育所、幼稚園、保育者に関する法制と基本データ2016』ミネルヴァ書房、2016年、311-338頁

保護者による子育ての支援（＝子ども・子育て支援）」に積極的に協力する社会の実現を後押しするのが、この法律ということになります。

■2 「子ども・子育て支援法」の施策内容

「子ども・子育て支援法」で規定されている具体的な施策内容（サービスないしは事業）は、大きく「子どものための給付」と「地域子ども・子育て支援事業」とに大別できます。

①子どものための給付

「子どものための給付」は、「現金給付*（児童手当）」と「現物給付*（教育・保育給付）」とがあります。

児童手当は「家庭等における生活の安定に寄与するとともに、次代の社会を担う児童の健やかな成長に資することを目的」（「児童手当法」第1条）とし、「0歳から中学校卒業までの児童を養育している人に支給される」サービスです。

これに対し、**教育・保育給付**は、それ以前のしくみを大きく改変したものであり、就学前の子どもとその家庭を対象とした幼児教育および乳幼児保育に関する施策体系です。一般的に、こうしたサービスを提供する施設は、認定こども園・幼稚園・保育所といった施設ですが、これらに加えて、0歳から3歳未満児を対象とした保育を提供するサービスとして、「家庭的保育」「小規模保育」「居宅訪問型保育」「事業所内保育」という4種の**地域型保育（事業）**が位置づけられました。新たに創設された新制度の共通財源を利用する（新制度に移行する）ことになった場合、認定こども園・幼稚園・保育所は特定教育・保育施設（施設型給付費を受ける施設）として認定され、4種の地域型保育事業は特定地域型保育事業（地域型保育給付費を受ける）と認定されます。

②地域子ども・子育て支援事業

以上のような乳幼児の教育・保育にかかる給付サービスに加えて、社会全体で子どもの育ちや子育て家庭を支える取り組みとして、「**地域子ども・子育て支援事業**」とよばれる13種のサービスがこの法律に位置づけられました。これについては、次項で詳説しますが、「利用者支援事業」のように新規に事業として定められたサービスがみられる一方で、放課後児童健全育成事業や乳児家庭全戸訪問事業など、従来からある多くの公的サービスがこの法律内にも位置づけられています。

以上のほかに、この法律では、子ども・子育て支援新制度に基づく各種サービスの実施主体は市町村であること、都道府県および市町村に対しては、住民を対象としたニーズ調査や意見聴取などを通して、5年を

✦ 補足

仕事・子育て両立支援事業

「子ども・子育て支援法」には、国が主体として実施する「仕事・子育て両立支援事業」も含まれる。

✳ 用語解説

現金給付

金銭によって提供されるサービス。

現物給付

各種対人サービスなど金銭以外の方法で提供されるサービス。

1期とする子ども・子育て支援事業計画を策定することが義務づけられました。

2. 子ども・子育て支援新制度の概要

1 子ども・子育て支援新制度の体系

新制度は、「すべての子ども・子育て家庭を対象に、幼児教育、保育、地域の子ども・子育て支援の質・量の拡充を図る」ために、国が恒久的で安定した財源を確保したうえで、「市町村が、地方版子ども・子育て会議の意見を聴きながら、子ども・子育て支援事業計画を策定、実施」していくというしくみです（図表3-1）。

図表3-1の左側は、先に述べた「子どものための給付」に該当する部分です。いい換えれば、乳幼児の保育サービスおよび幼児の教育サービスに関する給付（教育・保育給付）のしくみを示していて、「**施設型給付**」と「**地域型保育給付**」とに分かれます。

◆補足
新制度の運用は、2015（平成27）年4月から開始されている。

図表3-1 子ども・子育て支援新制度の概要

出典：内閣府子ども・子育て本部「子ども・子育て支援新制度について」2017年、6頁をもとに作成

レッスン3　子ども・子育て支援新制度とは

　図表3-1の中央と右側は、子どもの保育・教育以外の支援、すなわち、地域における子どもと子育て家庭に対するサービスである「地域子ども・子育て支援事業」と、「仕事・子育て両立支援事業」です。以下、左側と中央について解説していきます。

■2　教育・保育給付のしくみ（施設型給付）

　これまでの制度と最も大きく変わったのが、この教育・保育給付といえるでしょう。このうち、まずは、「施設型給付」について説明します。長い間、幼児教育（3〜5歳児が対象）は幼稚園という教育施設（学校の一つ）において行われてきたのに対し、乳児・幼児の保育は保育所（保育園という名称をつけている施設もある）で行われてきました。つまり、同一施設内において、幼児教育と乳・幼児保育が提供されることはなかったのです。しかし、女性の就業率が高まり（夫婦共稼ぎ世帯の増加）と働き方の多様化にともなって高まった多様な保育ニーズに対応するために、最終改正（平成28年6月3日 法律第71号）後の「児童福祉法」には、その第39条の2として**幼保連携型認定こども園**が新たに盛り込まれ、「幼保連携型認定こども園は、義務教育及びその後の教育の基礎を培うものとしての満3歳以上の幼児に対する教育（教育基本法〔平成18年法律第120号〕第6条第1項に規定する法律に定める学校において行われる教育をいう。）及び保育を必要とする乳児・幼児に対する保育を一体的に行い、これらの乳児又は幼児の健やかな成長が図られるよう適当な環境を与えて、その心身の発達を助長することを目的とする施設とする」と定められました。これにより、「幼保連携型認定こども園」において、幼児教育と乳・幼児保育とが一体的に提供されるようになりました。

　図表3-1の認定こども園の枠内を見ると、「幼保連携型」のほかに「幼稚園型」「保育所型」「地方裁量型」が並んでいます。同じ認定こども園ですから、これらの類型のいずれの施設においても、教育と保育が一体的に提供されることは間違いないのですが、年齢によって両方のサービスを利用できないなど、教育と保育へのウェイトの置き方などに違いが

☑ **法令チェック**
「学校教育法」第1条では、「この法律で、学校とは、幼稚園、小学校、中学校、義務教育学校、高等学校、中等教育学校、特別支援学校、大学及び高等専門学校とする」と定められている。これに対し、「児童福祉法」第39条〔保育所〕では、「保育所は、保育を必要とする乳児・幼児を日々保護者の下から通わせて保育を行うことを目的とする施設とする」と定められている。

図表3-2　支給認定区分

1号認定 （教育標準時間認定）	満3歳以上の小学校就学前子どもであって、学校教育のみを受ける子ども
2号認定（保育認定）	満3歳以上の小学校就学前子どもであって、保育を必要とする子ども
3号認定（保育認定）	満3歳未満の保育を必要とする子ども

第1章　子育て支援の必要性と制度

◆補足
支給認定の申請
新制度に移行しない施設を利用する場合は、支給認定の申請は不要である。

1号認定としての申請
1号認定として申請した場合は、幼稚園と同様に4時間程度の教育を受けることになり、その時間である「教育標準時間」に対して給付を受けることになる。

2号認定・3号認定
ここで説明している「2号認定・3号認定」の支給認定手続きは神戸市のケース。

◆補足
定められた保育時間帯
支給認定の内容によって、保育を受ける時間は、子どもごとに異なるので、こうした表現を用いることとした。

あります。以下、この点を整理しますが、その内容を理解するためには、支給認定区分について知っておく必要があるので、それをまず説明します（図表3-2）。

新制度に移行した施設を利用しようとする保護者は、図表3-2の3つの区分から、子どもの年齢や自分の希望、状況などに応じて、いずれかを選んで自治体に申請する必要があります。

1号認定を希望する場合は、保護者はまず、入園したい幼稚園ないしは認定こども園に直接利用申し込みを行い、入園の内定をもらいます。その後、園を通じて支給認定の手続きを行います。これに対し、2号認定・3号認定を希望する場合は、支給認定の申し込みと保育利用の申し込み（入園・入所したい複数の施設を第1希望から順に記入するようになっている）とを同時に行います。どの施設に決まったのか（場合によっ

図表3-3　認定こども園の類型とその運用

幼保連携型	学校（幼稚園）であると同時に児童福祉施設（保育所）という位置づけなので、教育時間（共通利用時間）帯では、各学級に配置される専任保育教諭が1号認定子ども・2号認定子ども（いずれも3〜5歳児）を一緒に担当する。教育時間が終われば、2号認定子どもが、定められた保育時間帯にケアを受ける。3号認定子ども（0〜2歳児）は、教育を受けることはなく、定められた保育時間帯にケアを受ける。	
幼稚園型	学校（幼稚園）としての教育が中心であり、それに保育機能が付加された施設。	
	〔単独型〕	1号認定子ども・2号認定子ども（いずれも3〜5歳児）だけが利用する。共通利用時間では、学級が編成され、少なくとも1名の学級担任が子どもの教育にあたる。その後は、2号認定子どもが、定められた保育時間帯にケアを受ける。
	〔接続型〕	認可外の保育機能をもった施設を併設していることが条件となる。接続型では、3号認定子ども（0〜2歳児）のみがこの併設施設でケアを受ける。1号認定子ども・2号認定子ども（いずれも3〜5歳児）については、本体施設において、単独型と同じように教育や保育を受ける。
	〔並列型〕	認可外の保育機能をもった施設を併設していることが条件となる。接続型との違いは、2号認定子どもおよび3号認定子どもは、定められた保育時間帯には、この併設施設においてケアを受ける点。つまり、2号認定子どもは、共通利用時間帯においては、幼稚園の本体施設で教育を受けるが、その後は併設施設に移動してケアを受けることになる。1号認定子どもは、共通利用時間帯に本体施設のみで教育を受ける。
保育所型	福祉施設（保育所）としての保育が中心であり、それに教育機能が付加された施設。教育時間（共通利用時間）帯では、学級が編成され、少なくとも1名の学級担任が1号認定子ども・2号認定子ども（いずれも3〜5歳児）の教育を行う。教育時間が終われば、2号認定子どもが、定められた保育時間帯にケアを受ける。3号認定子ども（0〜2歳児）は、教育を受けることはなく、定められた保育時間帯にケアを受ける。	
地方裁量型	幼稚園としての認可も保育所としての認可も受けていない地域の教育・保育施設が、認定を受けてこども園として必要な機能（幼稚園機能と保育所機能）を果たすタイプ。基本的に、保育所型と同じ形で運用される。	

34

レッスン3　子ども・子育て支援新制度とは

ては入園・入所できない可能性もある）の連絡が、後日保護者に届きます。

　では、認定こども園の類型とその運用の具体をまとめてみます（図表3-3）。

　以上が、「教育・保育給付」のうちの「施設型給付」に関する概要です。これまで保育所であった施設や幼稚園であった施設が、認定こども園となって施設型給付を受けるように（新制度に移行するように）と、新制度を発足させる以前から、国は強く推奨してきました。その影響もあって、本テキストのレッスン6にも示すように、全国の認定こども園数は、2011（平成23）年4月1日の762か所から2017（平成29）年4月1日の5,081か所へと大きく増加しています。

3　教育・保育給付のしくみ（地域型保育給付）

　ここでは、「教育・保育給付」のうちの「地域型保育給付」を説明します。新制度のもとで、この給付を受けるのは、これまでも一定の役割を果たしてきた多様な形態の保育事業です。それらは、図表3-1にもあるように、「**小規模保育**」「**家庭的保育**」「**居宅訪問型保育**」「**事業所内保育**」という4種の事業です。

　これらが、市町村による認可事業として新たに位置づけられた理由は、主に都市部に集中する3歳未満の待機児童を解消することにあります。また、認定こども園などの施設が地域内にない人口減少地域においては、放課後児童クラブ、地域子育て支援拠点、一時預かりなどを併設した小規模保育施設を設けるなどの工夫も可能となっています。さらに、保育の質を維持するために、これらの事業主体（ただし、居宅訪問型保育は

図表3-4 地域型保育事業の内容

小規模保育事業	市町村または民間事業者などが事業主体となり、保育者の居宅、その他の場所、施設などで保育サービスを提供する。認可定員は6〜19人。この事業は、認可以前の事業主体の多様性を考慮して、さらに、A型（保育所の分園、ミニ保育所に近い類型）、B型（中間型）、C型（家庭的保育あるいはグループ型小規模保育に近い類型）が設定されている。
家庭的保育事業	市町村または民間事業者などが事業主体となり、保育者の居宅、その他の場所、施設などで保育サービスを提供する。認可定員は1〜5人。
事業所内保育事業	事業主などが事業主体となり、会社の中の一室など、事業主が設置する場所で保育サービスを提供する。
居宅訪問型保育事業	市町村または民間事業者などが事業主体となり、保育を必要とする子どもの居宅で保育サービスを提供する。

出典：内閣府「子ども・子育て支援新制度ハンドブック（平成27年7月改訂版）」2015年、11頁をもとに作成

35

第1章　子育て支援の必要性と制度

図表 3-5 地域型保育事業の認可基準

事業類型		職員数	職員資格	保育室等	給食
小規模保育事業	A型	保育所の配置基準+1名	保育士*	0・1歳児：1人当たり3.3㎡ 2歳児：1人当たり1.98㎡	・自園調理（連携施設等からの搬入可）・調理設備・調理員***
	B型	保育所の配置基準+1名	1/2以上が保育士*		
	C型	0〜2歳児 3:1（補助者を置く場合、5:2）	家庭的保育者**	0〜2歳児：1人当たり3.3㎡	
家庭的保育事業		0〜2歳児3:1（家庭的保育補助者を置く場合、5:2）	家庭的保育者**（+家庭的保育補助者）	0〜2歳児：1人当たり3.3㎡	
事業所内保育事業		定員20名以上…保育所の基準と同様 定員19名以下…小規模保育事業A型・B型の基準と同様			
居宅訪問型保育事業		0〜2歳児 1:1	****	―	―

＊　　保健師、看護師または准看護師の特例を設けている。
＊＊　市町村長が行う研修を修了した保育士、保育士と同等以上の知識及び経験を有すると市町村長が認める者とする。
＊＊＊ 家庭的保育事業の調理員については、3名以下の場合、家庭的保育補助者を置き、調理を担当することも認めている。
＊＊＊＊ 必要な研修を修了し、保育士、保育士と同等以上の知識及び経験を有すると市町村長が認める者とする。
筆者注：図表3−5内の下線部「保育所の配置基準」とは、0歳児の3：1、1・2歳児の6：1を指す。また、「保育所の基準」とは、0・1歳児の乳児室1人当たり1.65㎡／ほふく室1人当たり3.3㎡、2歳児の保育室等1人当たり1.98㎡を指す。
出典：内閣府「子ども・子育て支援新制度ハンドブック（平成27年7月改訂版）」2015年、12頁をもとに作成

◆ 補足

連携施設
連携施設は、認定こども園、保育所、幼稚園のいずれかから確保することになっている。連携施設は、保育内容の支援と利用児が地域型保育の利用を修了した後（卒園後）の受け皿としての役割を担う。

除く）は、同じ自治体内に**連携施設**を確保することが求められています。人口減少地域では、隣の自治体にある連携施設も可とされています。

　では、以下に、4種の地域型保育事業（3歳未満の子どもが利用）の内容を、その認可基準とともに整理します（図表3-4、3-5）。

　以上が、「教育・保育給付」のうちの「地域型保育給付」に関する概要です。新制度が本格的に開始された2015（平成27）年4月1日時点における全国の地域型保育事業の認可件数は、小規模保育事業が1,655（A型962／B型572／C型121）、家庭的保育事業が931、事業所内保育事業が150、居宅訪問型事業が4となっています。

4　地域における子ども・子育て支援のしくみ

　ここでは、新制度のもう一つの大きな柱である「地域子ども・子育て支援事業」について解説します。一般的に、子育ては出産と同時に始まると考えることが多いですが、女性は胎児をみずからの子宮内で育てているという点、また、男性は心身ともに安定した妊娠期を過ごせるようパートナーを支えている（それが、胎児の安定した成長につながる）という面から考えれば、男女の子育ては妊娠中から始まっているととらえることもできます。

　図表3-1の「地域子ども・子育て支援事業」の枠内をみればわかる

36

レッスン3　子ども・子育て支援新制度とは

図表3-6　地域子ども・子育て支援事業

①利用者支援事業	身近な拠点、自治体の窓口、自治体の保健センターなどで、子育て家庭がそれぞれに抱える迷い・悩み・心配事について相談すれば、最も適切なサービス（資源）に関する情報を利用者に提供したり、そこに利用者をつないだりする事業。つまり、利用者である子育て家庭が、多様なサービス（資源）につながるための入り口となる事業。特に、妊娠前から育児期までをカバーする切れ目ない支援を目指している「子育て世代包括支援センター」には大きな期待が寄せられている。
②地域子育て支援拠点事業	「利用者支援事業」のなかに記されている「身近な拠点」に相当する場所（地域子育て支援センター、児童館、子育てひろばなど）で提供されるサービス。家庭や地域における子育て機能の低下や、子育て中の親の孤独感や負担感の高まりなどに対応するため、地域の子育て中の親子（0歳〜就園前の子どもと保護者の利用が多い）が互いに交流し合ったり育児に関する相談をしたりできる。
③妊婦健康診査	妊婦が健康を保持・増進するために、「健康状態の把握」「検査計測」「保健指導」を実施するとともに、妊娠期間中の必要な時期に必要に応じた医学的検査を実施する事業。健診は産科施設で行われるため有料だが、すべての市町村で14回分以上の公費負担（里帰り出産の場合は里帰り先の市町村で）が実施されている。
④乳児家庭全戸訪問事業	生後4か月までの乳児のいるすべての家庭を、地域の専門職者など（自治体によって訪問者の職種は異なる）が訪問し、保護者などに子育て支援に関する情報を提供するとともに、養育環境等をつぶさに把握する事業。別名「こんにちは赤ちゃん事業」。
⑤養育支援訪問事業	乳児家庭全戸訪問事業などによって、保護者の養育を支援することが特に必要だと判断された家庭に対して、保健師・助産師・保育士などがその居宅を訪問して、養育に関する相談支援や育児・家事援助などを行う事業。 ◎子どもを守る地域ネットワーク機能強化事業（その他要保護児童等の支援に資する事業）： 要保護児童対策地域協議会（子どもを守る地域ネットワーク）の機能強化を図るために、調整機関に所属する職員やこのネットワークの構成員（関係機関）の専門性を強化し、同時に、ネットワーク機関間の連携強化を図る取組を実施する事業。
⑥子育て短期支援事業	母子家庭などが、安心して子育てしながら働くことができる環境を整備するため、子どもの養育が一定の理由から一時的に困難となった場合に、その子どもを児童養護施設などで預かる事業。「短期入所生活援助（ショートステイ）事業」と「夜間養護等（トワイライトステイ）事業」の2種が用意されている。
⑦子育て援助活動支援事業（ファミリー・サポート・センター事業）	地域の人々が、子どもの預かりを中心に相互に援助し合う事業。具体的には、子どもを預かってほしい人（依頼会員）と子どもを預かってもいい人（提供会員）との間に立って、連絡や調整を行うサービス。ファミリー・サポート・センターのアドバイザーが実務を担当する。
⑧一時預かり事業	家庭での養育が一時的に困難になった乳幼児を、地域の保育所や幼稚園、あるいは、その他の場所で一時的に預かって、必要な保護を行う事業。新制度以前にも、複数の類型が設定されていたが、新制度以降は、一般型、幼稚園型、余裕活用型、居宅訪問型、地域密着Ⅱ型の5類型に再編されている。
⑨延長保育事業	保育認定により通常利用として定められた日および時間帯以外の日や時間帯において、保育所やその他多様な施設などにおいて、子どもの保育を延長して実施する事業。なお、利用者の居宅で行われる訪問型の延長保育事業も設定されている。
⑩病児保育事業	病児、病後児、体調不良児を対象に、一時的に保育を行う事業。病児・病後児対応型は、病気により、あるいは病気の回復期にあって、集団保育が難しく保護者の勤務などで家庭では養育できない子どもを、病院・保育所等に付設された専用スペースなどで、看護師などが一時的に保育するサービス。乳幼児だけでなく小学生も対象。このほかに、体調不良児対応型や非施設型（訪問型）という類型も設定されている。
⑪放課後児童健全育成事業（放課後児童クラブ）	学校が終わって帰宅する時間帯（放課後）に保護者が家庭にいない小学生を保育する事業。小学校の余裕教室や児童館などにおいて、小学生にふさわしい生活空間（家庭での生活に近い環境）や遊ぶ環境を準備し、その健全な育成を促進するサービス。共働き世帯の増加や対象児童の年齢層が広がったことなどから、このサービスの利用希望が増加していることもあり、学校施設の有効活用を徹底しながら、内閣府が文部科学省（放課後子供教室）と共同で策定した「放課後子ども総合プラン」との一体的な運営が期待されている。
⑫実費徴収に係る補足給付を行う事業	特定教育・保育施設等では、教材費・行事費など給食費について、保護者から実費を徴収することが可能だが、この費用の一部を、施設利用の保護者の世帯所得の状況等を勘案して（生活保護を受けている世帯を対象として）補助する事業。
⑬多様な主体が本制度に参入することを促進するための事業	この事業には、2種類の事業が含まれる。一つは、保育所、認定こども園、小規模保育事業をはじめ、地域子ども・子育て支援新制度に新規に参入する事業者のうち、支援が必要であると市町村が判断した事業者に対して、市町村が行う相談・助言等巡回支援に要する費用の一部を補助する事業。もう一つは、私立認定こども園が特別な支援が必要な子どもを受け入れるために必要な職員の加配を促進するための事業。ただし、この特別な支援が必要な子どもであっても、私学助成（幼稚園特別支援教育経費）や障害児保育事業の対象となっている子どもは、本事業の対象とはならない。

注1：13種の事業：13種の事業については、すでに図表3-1に引用している、内閣府子ども・子育て支援本部（2016）「子ども・子育て支援新制度について」（平成28年4月付）を再度参照している。
注2：子育て援助活動支援事業：依頼会員と提供会員の両方に登録することも可能。
注3：延長保育事業：「延長保育事業」は、民間保育所等（都道府県や市町村が設置していない保育所等）、小規模保育事業所、事業所内保育事業所、家庭的保育事業所、駅前等利便性の高い場所、公共的施設の空き部屋等、で行われる。
注4：放課後児童クラブ：2012（平成24）年の児童福祉法改正によって、放課後児童クラブの対象となる子どもの年齢が「おおむね10歳未満」から「小学校に就学している」に変わっている。

37

用語解説

地域資源
特定の範囲内（地域内）にある特徴的で利用可能なもの（自然環境、施設や機関、文化財、個人やグループなど）の総称。子育て支援の文脈でいえば、地域の家庭が安定した育児を営むために活用できるサービス、制度、施設、専門職者などを指す。

▶ 出典
†2 柏女霊峰「子ども・子育て支援制度の概要と意義・課題」『子育て研究』6、2016年、7頁注〔1〕

■ 人物

ミシェル・ヴァンデンブロック
(Vandenbroeck, M.)
ベルギーの公立大学であるゲント大学・社会福祉学部の教授。専門は、子どもの保育・教育および家庭校育。

▶ 出典
†3 Vandenbroeck, M., Coussee, F., Bradt, L. & Roose, R. (2011) *Social Pedagogy and Working with Children and Young People*. Diversity in Early Childhood Education：A Matter of Social Pedagogical Embarrassment. In Cameron, C., & Moss, P. (Eds.) London and Philadelphia：Jessica Kingsley Publishers, p.65.

ように、妊婦健診（妊婦健康診査）が含まれています。これは、子どもの健やかな成長・発達と保護者の子育てに対する支援の始まりが、地域にある産科施設（妊婦の健康診査を担当している）という**地域資源**[*]の活用を通して提供されるサービスであることを示しています。

　この地域子ども・子育て支援事業を一覧してみると（図表3-6）、子どもが一定の年齢に達するまで、主に保護者が育児を続けていくうえで抱える可能性のある課題——たとえば、正確な情報を手に入れたい、不安なことが生じてきた、手助けがなくて困っているなど（教育・保育給付に該当するサービス以外）——を、地域資源を自分たちの状況に合わせて活用しながら解決できるように整備されたサービスがまとめられていると理解できます。13種の事業それぞれが、どのような地域資源を通して、どのように子どもや子育て家庭に提供されているサービスなのかを確認しておきましょう。

　以上が、新制度の枠組みに位置づけられた「地域子ども・子育て支援事業」の概要です。なお、子ども・子育て支援の制度は、時代の流れや社会の変化に応じて変わっていくことも心にとめておく必要があります。

　柏女は、この「制度発足前は子ども・子育て支援新制度と総称されていたが、子ども・子育て支援法施行後は、政府としてはしばらく『新制度』の用語を用いるとしても、子ども・子育て支援法に基づく基本方針により『子ども・子育て支援制度』と総称されることとなる」と、政府の見解を紹介しています[†2]。「新」の文字が取れ、この制度が、今後、広く国民一般に浸透することが望まれますが、「多様な立場・現場から要請されるニーズに適切に応える事業構成」と「すべての子どもと子育て家庭にとっての最善の利益を踏まえた事業構成」との一致を図りながら、より妥当性の高い制度とは何かをていねいに検討することが、今後の大きな課題だと思われます。

　「ニーズに適切に応える」ことは、必ずしも「要請されるニーズすべてに応じる」ことではないことを、私たちは念頭におく必要があると思います。最後に、ベルギーのゲント大学の**ミシェル・ヴァンデンブロック**[*]の言葉を紹介して、このレッスンを終わりたいと思います[†3]。

> ものごとを（ニーズに応じて）適切に実行することに関する社会的・政策的議論と、適切なことを実行することに関する社会的・政策的議論は、常に一致していなくてはならない。

※（　）の文言は筆者による加筆。

演 習 課 題

①2016（平成28）年4月1日時点における全国の地域型保育事業の認可件数は、なぜ、4つの類型によって大きく異なっているのでしょうか。その理由をグループで話し合ってみましょう。

②一時預かり事業として再編された、一般型、幼稚園型、余裕活用型、居宅訪問型という4類型の内容を調べてみましょう。

③3つの放課後事業である、放課後児童健全育成事業、放課後子供教室、放課後子ども総合プランをよく調べて、それらの関係について整理してみましょう。

参考文献……………………………………………………………………………

　レッスン1

　柏木惠子「"父親である"こと、"父親となる"こと」柏木惠子編著『父親の発達心理学
　　──父親の現在とその周辺』川島書店　1993年　309-359頁

　加藤邦子・石井クンツ昌子・牧野カツコほか「父親の育児かかわり及び母親の育児不
　　安が3歳児の社会性に及ぼす影響──社会的背景の異なる2つのコホート比較か
　　ら」『発達心理学研究』13（1）2002年　30-41頁

　堀口美智子「乳幼児をもつ親の夫婦関係と養育態度」『家族社会学』17（2）2006年
　　68-78頁

　牧野カツコ『子育てに不安を感じる親達へ──少子化家族のなかの育児不安』ミネル
　　ヴァ書房　2005年

　レッスン2

　汐見稔幸、佐藤博樹、大日向雅美ほか監修『子育て支援の潮流と課題』ぎょうせい
　　2008年　7-8頁

　髙橋円「新聞記事にみる「子育て支援」の変遷」『甲南女子大学大学院論集（人間科
　　学研究編）』（5）　2007年　67-73頁

　前原寛『子育て支援の危機──外注化の波を防げるか』2008年　創成社

　松木洋人『子育て支援の社会学──社会化のジレンマと家族の変容』新泉社　2013年
　　162-163頁

　おすすめの1冊

　松木洋人『子育て支援の社会学──社会化のジレンマと家族の変容』新泉社　2013年
　　本書は、子育て支援の現場が抱える問題点を綿密なインタビュー調査から浮き彫り
　　にしている。有効な子育て支援の制度・施策の構築には実際の現場を知る必要があ
　　り、制度・施策と現場との橋渡しについて考えるきっかけになるだろう。

第2章

福祉・教育施設を
核とした子育て支援

本章では、保育所・幼稚園・認定こども園といった福祉・教育施設における
子育て支援について学んでいきます。いずれの施設においても、入所（園）
している子どもの保育に加えて、保護者や入所（園）していない地域の子育
て家庭に対する支援が求められるようになっています。また、児童養護施設を
はじめとする社会的養護のしくみについても理解していきましょう。

レッスン4　保育所が行う子育て支援
....
レッスン5　幼稚園が行う子育て支援
....
レッスン6　認定こども園が行う子育て支援
....
レッスン7　児童養護施設が行う子育て支援
....

レッスン4

保育所が行う子育て支援

本レッスンでは、保育所が行う子育て支援について学びます。近年、保育所では、子どもの保育に加えて、保護者や家庭への支援が求められるようになってきています。したがって、保育所において展開される子育て支援を学ぶことは、保育者として大切です。

1. 保育所における子育て支援の位置づけ

「児童福祉法」第18条の4には、保育士の定義として「この法律で、保育士とは、第18条の18第1項の登録を受け、保育士の名称を用いて、専門的知識及び技術をもって、児童の保育及び児童の保護者に対する保育に関する指導を行うことを業とする者をいう」と定められています。

これを踏まえて、「保育所保育指針」(2017年改定版)の「第1章総則 1 保育所保育に関する基本原則」には、保育所の役割が列挙されています。このうちのウにおいて、「保育所は、入所する子どもを保育するとともに、家庭や地域の様々な社会資源との連携を図りながら、入所する子どもの保護者に対する支援及び地域の子育て家庭に対する支援等を行う役割を担うものである」と定められています。

また、同指針の第4章「子育て支援」のなかで、保育所における子育て支援には、保育士等の専門性を生かした保護者支援が求められることが明確に示されています。保育所における「保護者に対する支援」は、「保育所を利用している保護者に対する子育て支援」と「地域の保護者等に対する子育て支援」とに大別できます。

2. 保育所における子育て支援と児童福祉との関連性

同じように幼い子どもが通っている場所であっても、保育所と幼稚園とでは、それぞれの**根拠法***は異なります。保育所は「児童福祉法」によって定められた児童福祉施設の一つであるのに対し、幼稚園は「学校教育法」によって定められた学校の一つです。

保育所が児童福祉施設として位置づけられたのは、1947 (昭和22) 年

⊞ 用語解説
根拠法
何らかの施策や制度をすすめていく際の妥当性を担保する法律や法令のこと。

12月12日ですが、この当時、子どもの福祉を守るという観点から、保育所は「家庭養育の補完」として保育を行ってきたという経過があります。施設のなかであっても、生活を中心とした活動のなかで、児童がさまざまな体験をすることが重視されてきました。

乳幼児期の生活体験は、社会に適応していく「生きる力」を培う学びとして重要な意味をもちます。また、子どもを守り育てる「養護」の機能と子どもの学びを保障する「教育」の機能を一体的に果たすことを「保育」としていることも、保育所の大きな特徴です。さらに、児童福祉の視点からは、保育所は、家庭養育から離れている保育時間に（保育所という集団保育の場で）、子どもの育ちにとって必要な生活体験ができるように創意工夫しているといえます。

2017（平成29）年9月に厚生労働省が発表した「保育所等関連状況取りまとめ（平成29年4月1日現在）」のうち、「2 保育所等待機児童数の状況」をみると、全待機児童のうち低年齢児（0〜2歳）の待機児童が占める割合が約89%を占めています。さらに、待機児童は首都圏、近畿圏の7都府県および、その他の指定都市・中核市に偏っています（約72%）。

2015（平成27）年4月からは、「子ども・子育て支援新制度」が施行されましたが、この制度の大きな枠組みは、「就学前の乳幼児の教育・保育のための給付システム（施設型給付と地域型保育給付）」と「地域の実情に応じた子ども・子育て支援」です。前者については、教育・保育の「量」と「質」の充実がうたわれていますが、待機児童対策（量の充実）が中心になっていると考えられます。つまり、「児童福祉法」の制定から約70年が経過した現在、少子化が進んでいるにも関わらず、「待機児童解消」という保育所の量が議論されています。その根源は、子育てが困難である現状と地域や家族のあり方の変化による孤立した子育て家庭の存在です。そのため、新たな枠組みとして社会全体で子育てを支援する必要性が生まれ、特に出産から乳児期における子育ての困難さをどのように解決するのかが課題となりました。この解決のカギを握るのは、乳児保育や地域交流のあり方です。

ここで改めて、先に紹介した「保育所保育指針」の第4章「子育て支援」のうち「2 保育所を利用している保護者に対する子育て支援」に着目すると、次の3つの項目があげられています。

① 保護者との相互理解
② 保護者の状況に配慮した個別の支援

③　不適切な養育等が疑われる家庭への支援

　以上のように、保育所における保護者支援（子育て支援）は、保護者が子どもの保育（養育）を行っていくうえで悩みや課題となる事柄を、子どもの福祉の観点から援助する内容になっていることが確認できます。

3. 保育所における子育て支援の役割

　保育所は、子どもが生涯にわたる人間形成にとってきわめて重要な時期にある乳児期から就学前までの子どもの保育を担います。近年では、その生活時間の大半を保育所で過ごす乳幼児も増えてきています。こうした保育の長時間化（図表4-1）は、保育者が子どもの育ちに与える影響が大きくなることを意味します。その分、保育者の責任も増大してきますが、保育所は、子どもの最善の利益を考慮し、その福祉を積極的に増進するのにふさわしい場所とならなくてはなりません。

　それには、直接的に子どもの保育を行うだけではなく、保護者と連携し、家庭の子育てを支援していくことも必要となります。なぜなら、保護者は子どもの成長・発達に最も大きな影響を及ぼす存在であり、乳幼児期の家庭生活の安定と親子の愛着関係は、子どもの成長・発達の基盤であり、生涯にわたって、その成長・発達に大きな影響を及ぼすからです。

図表 4-1　保育の長時間化

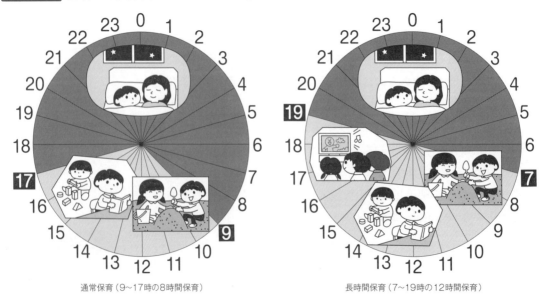

通常保育（9～17時の8時間保育）　　　　　長時間保育（7～19時の12時間保育）

レッスン4　保育所が行う子育て支援

　子育ては、就学前までの一過性の営みではないので、保育所には思春期までを見通した時間軸と、地域全体を視野に入れた生活軸のなかで、「発達と生活の連続性」を意識した保育を展開することによって、保護者の子育てを支援していくことが求められます。また、子どもの健やかな成長・発達にとって必要な環境が失われつつある今日、保育所は子どもにとって最もふさわしい生活のあり方（生活のモデル）を保護者や地域に示しながらも、家庭や地域と協働して子どもを育んでいくことも求められています。

　保育所における子育て支援とは、「子どもが安定した保護者との関係を築き、日々の生活活動のなかで、愛され安心して育つ」ために、保育所が家庭を温かく見守り支えていくこと、地域と協働してそのような子どもの育ちを支えるネットワークを張りめぐらせることだといえるでしょう。

　すでに述べたように、保育所は児童福祉の機能を果たす場所として存在します。たとえば、子どもに対する不適切な養育が生じている家庭に対する支援など、保育所には乳幼児に対する保育だけではなく、関係機関との連携も含めた、さらに幅広い子育て支援が求められる時代となってきています。

4．保育所における子育て支援の実際

　保育所保育は、児童福祉を軸として養護と教育を一体化した保育を提供する施設であり、その役割は「家庭養育の補完」とされていました。したがって、保育所における子育て支援は、子どもが病気である、発達支援が必要であるなど、さまざまな事情を抱える保護者に対し、家庭支援として児童福祉の観点を生かして積極的に展開されてきたという経緯があります。また、女性の自立への貢献や子育て困難家庭の養育支援など、子どもの健全な育ちに果たしてきた役割も非常に大きいといえます。
　2017（平成29）年の3月に改訂・告示された「保育所保育指針」では、「第1章　総則　1　保育所保育に関する基本原則（1）保育所の役割」のイにおいて、「保育所は、その目的を達成するために、保育に関する専門性を有する職員が、家庭との緊密な連携の下に、子どもの状況や発達過程を踏まえ、保育所における環境を通して、養護及び教育を一体的に行うことを特性としている」と定められています。つまり、家庭との緊密な連携と子どもの状況や発達過程を踏まえた保育の提供が重視されてい

45

ます。さらに、（5）「保育所の社会的責任」では、「保育所は、子ども
の人権に十分配慮するとともに、子ども一人一人の人格を尊重して保育
を行わなければならない」と書かれています。つまり、子どもの人権へ
の配慮と個々の人格の尊重が重視されています。

　しかしながら、現実には、こうした指針に定められている内容の保育
が十分に実践できない状況が生じています。たとえば、0歳児の保育に
おいては、子ども3人に対して保育士1人という比率が定められてい
ますが、1クラスの最低人数が定められていないことから、子ども21
人に対して保育士7人といった状況が実際に生じています。また、近年
の長時間保育によって、乳児期から毎日12時間（早朝7〜夜19時）保
育所で生活する子どももでてきています（図表4-1）。さらに、在籍年
数が6年に及ぶ子どももいます。

　保育所における乳児保育は、乳児が基本的生活習慣を身につけて自立
することだけを目的としているわけではありません。人として社会に適
応していくあらゆる育ちの基礎が、人との関係性を軸として育つ時期で
あることも忘れてはいけないでしょう。家族や地域が子育ての支援の一
助を担っていた時代とは異なり、情報化社会となりました。これにより、
直接の対話時間が喪失し、メール、ソーシャルネットワーキングサービ
ス（SNS）などの媒介なしには生きていけないといった大きな変化が大
人社会にみられます。当然、保護者が、子どもとコミュニケーションを
とったり、一緒に遊んだりする時間も奪われていきます。

　以上のように、保育所保育の長時間化、家庭における対話の減少は、
子どもの育ちに多様な影響を及ぼします。こうした状況のなかにあって、
保育所が家庭支援として果たす役割は大きくなってきています。保育所
は、就学後も含めて、親子関係が安定し家庭が幸せであることを願いな
がら、その実現のために、何をどう支援すればよいかを考えなくてはな
りません。繰り返しになりますが、昨今の保育所は、0歳の乳児から6
歳の就学前までの子どもが、長期間にわたって過ごす場であり、あらゆ
る生活体験は保育士などとの関係性を軸として成り立っています。それ
だけに、保育所におけるカリキュラムの内容、すなわち生活活動や遊び
活動という体験の質が問われるといえるでしょう。

　たとえば、同じ部屋や同じ建物のなかにずっといたとしても、保育士
などが環境を工夫することで、子どもたちは多様な体験を味わうことが
可能です。また、広い園庭があったとしても、あるだけでは意味があり
ません。子どもがその園庭で、どのような体験ができるのかが大切です。

　0歳から6歳までの子どもが在籍する保育所では、この特徴を生かし

て異年齢の子どもたちの交流体験が可能です。特に単学級の場合は、毎年、同じ子どもで構成される継続したクラス編成にならざるを得ません。そこで、異年齢の子どもたちによる交流体験を創意工夫することによって、子どもたちは、日々の生活活動のなかで、きょうだいとの関係とは質の異なる多様な仲間との関係性を育み、豊かな仲間づくりにつなげていきます。

また、保育所には、幼稚園のように春休みや夏休みといった長期休暇はありません。保育士が比較的まとまって休めるのは、盆と正月ぐらいです。このことは入所児もまったく同じです。いい換えれば、保育所の子どもたちにとって、親子で長期休暇を楽しく過ごすという機会も限られており、その分、保育所での活動や体験の質が子どもの発達に多様な影響を及ぼすことを、保育士は自覚しておく必要があると思います。

このようにみていくと、保育所は今の子どもたちにとって、あらゆる原体験の場所にほかなりません。子どもが保護者から離れて、毎日長時間にわたって保育士などとともに生活していますが、このこと自体が保護者支援そのものになっています。遅い時刻に家に帰っても、親は家事労働などのため、十分に自分と関わってくれるわけではなく、極端な言い方をすれば、子どもにとって、自宅は寝るためだけの場所になっています。したがって、保育所にいる時間を有効に活用し、子どもが自分にとって必要な体験をしながら、保育所で過ごせることが重要です。これを無意識ではなく、意識的に展開する必要があり、それが今求められている子育て支援の一つといえるでしょう。

5. 保育所における家庭支援の特徴

本節では、保育所において、保育士の専門性を生かして行う「保育と家庭支援の一体化」という観点と、「家庭に潜在するニーズへの対応」という観点からの家庭支援について学びます（図表 4-2）。

1 保育と家庭支援の一体化

ほかの専門職と異なる保育士に固有の専門性としてあげることができるのは、子どもの保育に関する専門的な知識・技術を背景としながら、保育と家庭支援を一体的に行うことだといえます。また、入所児に対しても、保護者に対しても、対人援助を展開するため、この両者に共通する専門性が保育と家庭支援の基盤として求められます。特に、家庭

◆補足
単学級について
小規模な保育所では、どの年齢集団も１クラス編成になっているため、就学するまでずっと同じ仲間と過ごすことになります。

図表 4-2 保育の場での家庭支援の特徴

①保育と家庭支援の一体化

・《対人援助に共通の基盤》保護者の「**自己決定**」「**受け止め**」
・《独自性》子どもの保育の専門性を有する保育士が、保育に関する専門的知識・技術を生かして行う→「安定した親子関係」「養育力の向上」
　（＝教育・保育要領：保護者の子育てを自ら実践する力の向上）

②潜在的なニーズへの対応

・《対象》保護者が支援を求めている子育ての問題や課題
・→指導ではなく、**保護者からの求めに応じて行う支援（サポート）**であり、保護者の自己決定が原則となる。
・《相談機関での相談》相談しなければならない事情が明白
・《保育の現場での相談》漠然としたニーズ・保護者が気づいていない
・→問題に**早期に気づき対応**することで、**深刻化を防ぎ、予防**できる

　支援の中心となる保育相談支援においては、「安定した親子関係」と「保護者の養育力の向上」をめざして、「保護者の自己決定の尊重」「保護者の気持ちの受け止め」などを行っていく必要がありますが、その際にも、保育に関する専門的知識・技術を生かすことが可能です。

2 潜在的なニーズへの対応

　家庭に対する保育相談支援は、「保護者が支援を求めている子育ての問題や課題」を対象とします。これを「保護者に対する保育に関する指導」とよぶ（「児童福祉法」第18条の4）こともありますが、これは保護者に対する指導というよりも、保護者からの求めに応じて行う支援（サポート）であり、保護者の自己決定が原則となります。児童相談所や療育センターなどの相談機関において、保護者または周囲の人が相談する際は、すでにその事情や理由が明白となっているのに対し、保育の現場では、ニーズは漠然としていて、当初、相談の目的が何であるかが不明確な場合も多いことが特徴です。

　また、保育士の側が課題に気づいていても、保護者は問題と感じていない場合も多くあります。支援が必要な保護者ほど、みずから支援を求めてこないという実態もあり、「支援を求めてこない」対象者にいかにアクセスするかが地域での支援の難しさです。保育所は、問題が顕在化してから関わる専門機関とは異なり、問題に早期に気づき、深刻化を防ぎ、虐待予防としても有効に機能する施設であることを忘れてはなりません。ここにも、保育士の専門性が生かされます。

☑ **法令チェック**
「保育所保育指針解説書」 第4章「子育て支援」
子どもの保護者に対する保育に関する指導とは、保護者が支援を求めている子育ての問題や課題に対して、保護者の気持ちを受け止めつつ行われる、子育てに関する相談、助言、行動見本の提示その他の援助業務の総体を指す。子どもの保育に関する専門性を有する保育士が、各家庭において安定した親子関係が築かれ、保護者の養育力の向上につながることを目指して、保育の専門的知識・技術を背景としながら行うものである。

6．乳児保育を子育て支援から考える

　本レッスンの最後の節では、子育て支援という観点から、保育所で行われている乳児保育について考えてみます。乳児保育においては「家庭養育との緊密な連携」が重視されなければなりません。なぜなら、入所してくるまでは、家庭における養育が軸となり、その影響を強く受けながらその乳児は育ってきているからです。したがって、どのような家庭養育を受けてきたのかを前提として、一人ひとりの乳児に応じた保育内容を整えることが、担当の保育士などには求められます。そのためには、それぞれの乳児に関する十分なアセスメントを実施したうえで、クラス運営や個別対応を考えていく必要があります。具体的には、昨日までどのような生活をしてきたのかを考える視点が求められます。

　3世代家族が減少して家族の規模が小さくなったり、メールやスマートフォンなどが浸透したりすることによって、大人の対話や言語活動が激減しています。その結果、言葉をかけてもらう経験がほとんどない子どもや、対話を聞くという経験がほとんどない子どもが増加してきています。当然、それらは語彙の発達過程に影響します。また、家庭養育における食生活は多様です。たとえば、「カレー」といっても、食材から調理しているもの、コンビニエンスストアなどで購入してくるもの、ルーのみのカレーなど、そのカレー体験は子どもによって異なります。以上のように、何がよくて何が悪いかではなく、言語や食を含めた生活文化は、家庭によってさまざまに異なることを前提とした子ども理解や保護者への対応が求められます。

　さらに、子どもが「なぜ泣くのかがわからない」「そろそろ、ハイハイをしてもよい時期なのではないのか」など、乳児の育ちについて、素朴な疑問をもったり、不安を高めたりする保護者も増えています。こうしたことは、短時間会話を交わしたり相談にのったりするだけでも解決できる内容です。最近では、個別にメールによって子育てなどの情報が配信されるという市町村の取り組み（たとえば、「補足」で示すような神戸市の取り組み）なども多くの自治体にありますが、目の前の子どもの姿をとおして、また保育者と一緒になって、保護者が子どもの魅力や乳児期の養育の大切さに気づくことが重要です。乳児を育てている保護者に対する子育て支援は、乳児期以降の家庭での養育に自信をもって取り組もうとする意欲、すなわち保護者自身のエンパワメントという観点からも、非常に大切な取り組みです。

◆補足

こうべ子育て応援メール

2015（平成27）年10月1日から開始。妊娠中から3歳までの子どもがいる家庭が対象。妊娠週数や月齢に応じた、胎児・乳児の成長過程、妊娠生活・育児のアドバイス、出産・育児の基礎知識、事故予防などの情報、子育てイベントや健康診査、予防接種、各種行政サービスの情報などをメールで配信するサービス。

第 2 章　福祉・教育施設を核とした子育て支援

演 習 課 題

①保育所における子育て支援のうち、保護者支援はどうあるべきかについて話し合ってみましょう。

②「児童福祉施設」として求められる保育所の子育て支援、保護者支援について具体的に確認し、どのような実態があるのかを、まわりの人と話し合ってみましょう。

③インターネットなどで過去に子育てで起こった虐待の事例を調べてみましょう。まわりの人と事例を持ち寄り、虐待を防ぐためには何が必要だったのかを考えてみましょう。

レッスン**5**

幼稚園が行う子育て支援

本レッスンでは、幼稚園が行う子育て支援について学びます。近年、幼児期の教育を担う幼稚園においても、子どもの保育に加えて、入園児の保護者や地域の家庭に対する支援が求められるようになってきています。そのため、幼稚園における子育ての支援の現状と今後のあり方を学ぶことは、保育者として大切なことです。

1．幼稚園における子育ての支援の位置づけ

　「幼稚園教育要領」は、幼稚園における教育の基本、教育課程の編成、指導計画の作成、教育時間の終了後の教育活動などについて定めたものです。これは、幼児教育の基本的枠組みですが、そのなかで、実際に「子育ての支援」という表現がみられるのは1回のみです。この教育要領は、現在、2018（平成30）年度からの施行を踏まえ、2017（平成29）年3月31日に文部科学大臣名で告示されたばかりです。新要領施行までの（現行の）「幼稚園教育要領」は、2008（平成20）年3月28日に告示され、2009（平成21）年4月1日から施行されています。

　そこで、本節では、これら2つの教育要領（以下、【08告示】と【17告示】とよびます）において「子育ての支援」がどのように位置づけられているのかを、民秋[†1]を参照しながら比較してみます。

1　【08告示】と【17告示】の総則

　いずれの告示においても、「子育ての支援」に該当する内容は「教育課程に係る教育時間の終了後等に行う教育活動など」の項と「教育課程に係る教育時間の終了後等に行う教育活動などの留意事項」の項に示されています。前者の項は、【08告示】では「第1章　総則　第3」に、【17告示】では「第1章　総則　第7」に配置されています。また、後者の項──より具体的な内容と留意事項を規定した部分──は、【08告示】では「第3章の第2」に、【17告示】では「第3章」に配置されています。

　それでは、まず総則における文言を並べて比較してみます。

▶ **出典**

†1　民秋言編者代表『幼稚園教育要領・保育所保育指針・幼保連携型認定こども園教育・保育要領の成立と変遷』萌文書林、2017年、143-148頁

【08告示】
　幼稚園は、地域の実態や保護者の要請により教育課程に係る

第 2 章　福祉・教育施設を核とした子育て支援

教育時間の終了後等に希望する者を対象に行う教育活動について、学校教育法第22条及び第23条並びにこの章の第1に示す幼稚園教育の基本を踏まえ実施すること。また、幼稚園の目的の達成に資するため、幼児の生活全体が豊かなものとなるよう家庭や地域における幼児期の教育の支援に努めること。

【17告示】
　幼稚園は、第3章に示す教育課程に係る教育時間の終了後等に行う教育活動について、学校教育法に規定する目的及び目標並びにこの章の第1に示す幼稚園教育の基本を踏まえ実施するものとする。また、幼稚園の目的の達成に資するため、幼児の生活全体が豊かなものとなるよう家庭や地域における幼児期の教育の支援に努めるものとする。

　両者に大きな違いはみられません。いずれの告示においても、子育て支援に相当する取り組みとして、2つの内容が記されています。1つ目は、いわゆる「**預かり保育**」[*]を実施することであり、2つ目は「家庭や地域における幼児期の教育を支援する」ことです。告示をよく読むと、この預かり保育の実施にあたっては、幼児教育の目的・目標に沿って、幼児教育の一環であることを踏まえること、家庭や地域における支援の実施にあたっては、幼児の生活が豊かになることに配慮することが求められていることがわかります。

2　預かり保育の留意点

　では、これら告示に示されている「預かり保育」の実施にあたって踏まえておくべき内容を、「学校教育法」第22条、同第23条および、「幼稚園教育要領」【08告示】第1章 総則の「第1　幼稚園教育の基本」のなかで確認してみましょう。

【学校教育法（第3章 幼稚園）第22条〔目的〕】
　幼稚園は、義務教育及びその後の教育の基礎を培うものとして、幼児を保育し、幼児の健やかな成長のために適当な環境を与えて、その心身の発達を助長することを目的とする。
【学校教育法（第3章 幼稚園）第23条〔目標〕】
　幼稚園における教育は、前条に規定する目的を実現するため、次に揚げる目標を達成するよう行われるものとする。

[*] **用語解説**
預かり保育
告示内の「教育課程に係る教育時間の終了後等に行う教育活動」を指す言葉。通常の教育時間外（通常の教育時間の前後、土曜日、日曜日、長期休業中など）に行われる教育活動のこと。特別な時間に園児を保育するため「預かり保育」とよばれている。

1　健康、安全で幸福な生活のために必要な基本的な習慣を養い、身体諸機能の調和的発達を図ること。
2　集団活動を通じて、喜んでこれに参加する態度を養うとともに家族や身近な人への信頼感を深め、自主、自律及び協同の精神並びに規範意識の芽生えを養うこと。
3　身近な社会生活、生命及び自然に対する興味を養い、それらに対する正しい理解と態度及び思考力の芽生えを養うこと。
4　日常の会話や、絵本、童話等に親しむことを通じて、言葉の使い方を正しく導くとともに、相手の話を理解しようとする態度を養うこと。
5　音楽、身体による表現、造形等に親しむことを通じて、豊かな感性と表現力の芽生えを養うこと。

【幼稚園教育要領　第1章　総則　第1　幼稚園教育の基本】
　幼児期における教育は、生涯にわたる人格形成の基礎を培う重要なものであり、幼稚園教育は、学校教育法第22条に規定する目的を達成するため、幼児期の特性を踏まえ、環境を通して行うものであることを基本とする。
　このため、教師は幼児との信頼関係を十分に築き、幼児と共によりよい教育環境を創造するように努めるものとする。これらを踏まえ、次に示す事項を重視して教育を行わなければならない。
　（以下、略）

　以上から、幼稚園においては、正規の教育課程の時間帯以外（預かり保育の時間中）であっても、単に幼児を預かればよいのではなく、幼児期の特性を考慮し、園児との信頼関係を基盤としながら、園児とともに適切な環境をつくることをとおして、卒園後の教育につながる基礎を培うための保育、園児の心身の健やかな発達を促す保育を、健康、人間関係、環境、言葉、表現といった領域目標を意識しながら展開することが、教師に求められていることがわかります。
　では、こうした預かり保育を実施する際に、教師はどんな点に気をつけるべきでしょうか。それを、上記の「教育課程に係る教育時間の終了後等に行う教育活動などの留意事項」の項で確認してみましょう。両告示とも、その内容はほとんど同じですので、新しい【17告示】内の該当箇所を抜き出します。

第2章　福祉・教育施設を核とした子育て支援

▶**出典**

†2　†1と同じ、147頁

【17告示　第3章　教育課程に係る教育時間の終了後等に行う教育活動などの留意事項】†2

1　地域の実態や保護者の要請により、教育課程に係る教育時間の終了後等に希望する者を対象に行う教育活動については、幼児の心身の負担に配慮するものとする。また、次の点にも留意するものとする。

（1）教育課程に基づく活動を考慮し、幼児期にふさわしい無理のないものとなるようにすること。その際、教育課程に基づく活動を担当する教師と緊密な連携を図るようにすること。

（2）家庭や地域での幼児の生活も考慮し、教育課程に係る教育時間の終了後等に行う教育活動の計画を作成するようにすること。その際、地域の人々と連携するなど、地域の様々な資源を活用しつつ、多様な体験ができるようにすること。

（3）家庭との緊密な連携を図るようにすること。その際、情報交換の機会を設けたりするなど、保護者が、幼稚園と共に幼児を育てるという意識が高まるようにすること。

（4）地域の実態や保護者の事情とともに幼児の生活のリズムを踏まえつつ、例えば実施日数や時間などについて、弾力的な運用に配慮すること。

（5）適切な責任体制と指導体制を整備した上で行うようにすること。

　以上を整理すると、預かり保育の留意点は、「園児への配慮」「家庭との連携」「地域との連携」「園内の体制」に大別できます。園児への配慮については「心身の負担や生活リズムを考慮し、日々の生活に無理のない預かり保育となるよう、その日数や時間などを工夫すること」、家庭との連携については「保護者との十分な情報交換をとおして、通常保育、預かり保育、家庭での育児という園児の生活全体をとおして、その育ちを支えていくことの重要性を保護者に理解してもらうこと」、地域との連携については「園児の多様な経験が保障されるよう、預かり保育のなかに、地域にいる人材など多様な資源を活用した活動を導入すること」が留意点となります。

　また、園内の体制づくりについては「預かり保育の時間中に十分な教育活動ができる条件と責任をもって預かり保育を運営できるしくみとを

整えておくこと、通常保育の担当教師と預かり保育の担当教師が異なる場合のていねいな引継ぎなどを行うこと、さらに、この責任・指導体制に加え、すでに述べた園児への配慮、家庭や地域との連携なども含めた指導計画を作成すること」が留意点といえるでしょう。

3 家庭を対象とした支援

　ここからは、幼稚園による子育て支援の2つ目の側面である「家庭や地域における幼児期の教育を支援する」についてみていきます。これは、言い換えれば、入園児の家庭および地域に在住する未就園児の家庭を対象とした支援ということになります。これについても、両告示を比較すると、その内容はほとんど同じですので、新しい【17告示】内の該当箇所を以下に抜き出します。ただし、【08告示】には記されていない文言が【17告示】では追加されていますので、そこには下線を引いておきます。

【17告示　第3章　教育課程に係る教育時間の終了後等に行う教育活動などの留意事項】[3]

2　幼稚園の運営に当たっては、子育ての支援のために保護者や地域の人々に機能や施設を開放して、園内体制の整備や関係機関との連携及び協力に配慮しつつ、幼児期の教育に関する相談に応じたり、情報を提供したり、幼児と保護者との登園を受け入れたり、保護者同士の交流の機会を提供したりするなど、幼稚園と家庭が一体となって幼児と関わる取組を進め、地域における幼児期の教育のセンターとしての役割を果たすよう努めるものとする。その際、心理や保健の専門家、地域の子育て経験者等と連携・協働しながら取り組むよう配慮するものとする。

▶ **出典**
†3　†1と同じ、147-148頁

　まず、「地域における幼児期の教育のセンターとして」という表現に着目してみましょう。センターであるということは、それぞれの地域のなかで「中心的な役割を果たす場所」ということになります。その役割は、当然、通園している・いないに関わらず、地域に在住する幼児とその保護者の成長・発達——幼児としての育ちと親としての育ち——を支援することです。また、子育てという営みがもたらすさまざまな意義——育児の喜び、育児をとおした大人の学びや成長、育児をめぐる地域の絆の醸成など——を、情報提供などを通じて地域に向けて啓発するという役

割も重要です。

　このようなセンターとしての役割を、もう少し具体的に考えてみます。子どもに対しては、遊び場を提供することをとおしてその成長・発達を促したり、地域の大人との交流の機会を提供したりすることが考えられます。保護者に対しては、育児の悩みや経験、あるいはその喜びや楽しさを分かち合う場、子育てのあり方を学び合う場の提供が考えられます。さらに、地域全体に対しては、地域による子育て支援の輪が広がっていくための組織化（ネットワークづくり）の場を提供することが考えられます。

　こうした具体的な役割を幼稚園が実現していくために、【17告示　第3章　2】のなかには、相談に応じること、情報を提供すること、未就園児と保護者が登園を体験できる機会を設けること、保護者どうしが交流できる居場所を提供することなどがあげられています。また、この新しい告示（下線部）では、家庭とのより一層の連携が強調されているのに加え、地域の育児支援ネットワークづくりの具体像として、「心理や保健の専門家、地域の子育て経験者等」との関係性を深める重要性が記されています。

　なお、本節で解説してきた地域における幼児期の子育て支援は、幼稚園のみが担っているわけではなく、保育所や幼保連携型認定こども園でも行われています。この内容については、2017（平成29）年3月末に告示された「保育所保育指針」および「幼保連携型認定こども園教育・保育要領」[4]に示されています。以下、その枠組みだけを紹介しておきますので、詳細については本書のレッスン4・6で確認してみてください。

▶**出典**
†4　厚生労働省「保育所保育指針」2017年、内閣府「幼保連携型認定こども園教育・保育要領」2017年

【保育所保育指針　第4章　子育て支援】の骨子
1　保育所における子育て支援に関する基本的事項
　（1）保育所の特性を生かした子育て支援
　（2）子育て支援に関して留意すべき事項
2　保育所を利用している保護者に対する子育て支援
　（1）保護者との相互理解
　（2）保護者の状況に配慮した個別の支援
　（3）不適切な養育等が疑われる家庭への支援
3　地域の保護者等に対する子育て支援
　（1）地域に開かれた子育て支援
　（2）地域の関係機関等との連携

【幼保連携型認定こども園教育・保育要領　第4章　子育ての支援】の骨子
第1　子育ての支援全般に関わる事項
第2　幼保連携型認定こども園の園児の保護者に対する子育ての支援
第3　地域における子育て家庭の保護者等に対する支援

　構成としては、子育て支援を実施するにあたっての基本的かつ全体的な事項に始まり、入所児・入園児とその保護者に対する支援、さらに、地域で暮らす入所・入園していない子どもと保護者に対する支援となっていますが、これら2つの告示内容の大きな特徴は、「幼稚園教育要領」（【17告示】）と比べると、発達上の課題を抱える入所児・入園児のいる家庭、外国籍など配慮を必要とする家庭、育児不安などがみられる家庭、不適切な養育が疑われる家庭などへの支援の必要性も記されている点です。しかし、このことが幼稚園では**ターゲット支援**[*]にまで踏み込む必要がないということを意味しません。「関係機関との連携及び協力に配慮しつつ、相談に応じる」こと、「心理や保健の専門家、地域の子育て経験者等と連携・協働しながら」といった文言のなかには、ターゲット支援の必要性が示唆されているととらえることができます。

> ✳ **用語解説**
> **ターゲット支援**
> 誰もが共通に受け取ることができるユニバーサル支援と対比される支援。特定の条件のもとにある人、特定のニーズをもつ人に焦点化して提供される支援のこと。

2．預かり保育の課題・目的と留意点

1　預かり保育が必要とされる背景

　この節では、第1節で学んだ幼稚園における「教育課程外の教育活動」と位置づけられている預かり保育について、もう少し掘り下げて考えてみたいと思います。

　そもそも、幼稚園は「**学校教育法**」によって定められた学校の一つであり、幼児期の子ども（3〜5歳児）を対象に保育を行う教育機関です。したがって、幼稚園を選んだ保護者は、わが子が、遊びを中心とした適切な環境──教育的な配慮のもとで計画された環境──のなかで多様な経験を積みながら健やかに成長し、小学校入学以後の教育の基礎を培ってほしいとの願いをもっていました。また、その実現のためには、園と家庭とが一体的に協力しながら子どもを育てていくという理念のもと、**PTA**という団体が組織され、保護者と教師が学び合うことを通して高めた教養などを家庭・幼稚園・地域に還元すること、とりわけ、幼児の

> ☑ **法令チェック**
> 「学校教育法」第1章 総則 第1条：この法律で、学校とは、幼稚園、小学校、中学校、義務教育学校、高等学校、中等教育学校、特別支援学校、大学及び高等専門学校とする。

> ☑ **法令チェック**
> 「PTA・青少年教育団体共済法」第1章 総則 第2条を参照のこと。なおPTAは、Parent-Teacher Associationの略。

健全な発達に寄与することを目的とした活動が展開されてきました。

こうした協同的子育てのあり方にとって、第二次世界大戦後に発展した男女役割分業モデル、すなわち、専業主婦世帯という形態は大変に適合的でした。しかし、男女共同参画社会がめざされている今日、夫婦共働き世帯数が専業主婦世帯数を大きく超えるという実態のなか、園と家庭とが一体的に協力して子どもを育てること自体は難しくなってきました。また、近隣社会における地縁の弱体化や三世代同居家庭あるいは祖父母と近居する家庭の減少にともなって、子育てに必要な支援が得られにくい保護者、子育てに大きな不安や強いストレスを感じる保護者などが増加しています。なかには、育児による疲弊やつらさを他者には言えずに抱え込んでしまい、孤立状態に追い込まれている保護者もいます。

こうした背景を考慮するならば、預かり保育——これには、就労支援や待機児童対策という側面があることは否定できませんが——が必要とされるのは、個人的課題というよりは社会的課題から生じているといった認識の切り替えが求められますし、家庭教育を軽視して子育てを他者に依存しているといった保護者を正そうとする姿勢からの脱却が不可欠です。さらには、通常保育を受けて帰宅する幼児とは別の時間帯にも園にいる預かり保育を利用する幼児の健やかな成長を、幼児の生活リズムや生活環境を整えながら確保するという視点も忘れてはなりません。

２ 預かり保育の留意点

以上のように、幼児が豊かな環境のなかで健全に成長・発達していけること、保護者が孤立することなく育児を充実させていけると同時に、誰に引け目を感じることもなく自分のキャリアも充実させていけることを支援するための一つの手段として預かり保育を捉え直すとすれば、実際にそれを実施していく際には、どのような点に留意すればよいでしょうか。

まず、すでに述べたように、幼児の生活環境を考慮することが必要です。預かり保育を受けない子どもは、降園後、帰宅途中や帰宅後に、地域にある公園などで遊んだり、地域の人々と出会ったりする時間的余裕があると思われます。保護者と一緒に買い物にでかける機会も多いでしょう。また、自分の親が地域の人々とあいさつを交わしたり会話を楽しんだりしているときに、その姿を観察すると同時に、本人もその輪の中に自然に入るという経験もします。一方、預かり保育の子どもは、このような地域での体験は相対的に少なくならざるを得ません。また、家庭でのリラックスした時間、親子が楽しく関わる団らんの時間もある程

度は犠牲にならざるを得ません。

　私たちは、家庭での生活体験を基盤としながら、幼児教育・保育施設や学校でのフォーマルな学習や遊びなどの経験と、地域での遊びやインフォーマルな学習・さまざまな人との交流などの経験とをとおして、人格を形成したり、多様な能力や技能を獲得したり、対人関係の切り結び方を身につけたりして成長していきます。そして、それが社会への適応を支えてくれます。こうした体験の場、すなわち育ちの場としての環境の多様性と、そこで過ごす時間的バランスを踏まえるならば、預かり保育の時間すべてを園のなかで過ごすのではなく、地域にでて何らかの体験をするといった工夫、園のなかであっても一時的に家庭的な雰囲気で過ごせるような環境を準備するといった工夫が必要となってきます。

　次に、預かり保育を受ける子どもの生活リズムへの配慮も留意点となります。通常の教育課程よりも前の早朝の時間帯、通常の教育課程よりもあとの午後の時間帯、さらにその後の夕方の時間帯に預かり保育が行われるのですが、子どもによって、利用する時間帯が異なっています。そこで担当教師は、子ども一人ひとりの1日の生活リズムを考慮した保育を個別的に考えなくてはなりません。特に長時間にわたって園で過ごす子どもの場合には、体調のよしあしやその日の教育課程内での活動内容に応じて、睡眠や休息を十分にとることができる機会、落ち着いて静かに過ごせる機会、教育課程以後にも引き続いて取り組んでみたいと本人が望む活動に取り組める機会――教育課程内での活動との連続性を考慮した機会――など、子ども一人ひとりの状況に応じて、1日の園生活全体を見通した保育を考える必要があります。

　また、このように、生活環境および生活リズムに応じて個別的に教師が考えて工夫した保育内容は、「教育活動計画」として作成・記録しなければならないことが、「幼稚園教育要領」に示されています。

　さらに、通常の教育課程を担う教師と預かり保育の時間を担う教師が異なるケースも多く、それら教師間の情報交換を中心とした連携はきわめて重要な留意点です。たとえば、朝、保護者が子どもを送ってきたときに対応する教師と、夕方に保護者が子どもを迎えにきたときに対応する教師が違っていると、保護者との会話をとおして得られる子どもの情報や家庭の状況が同じとは限りません。

　一方、保護者にとっては、同じ幼稚園の先生に話した内容だから、確実に園全体に伝わっていると思うのが当然です。もし、重要な情報を片方の先生は知っており、もう片方の先生は知らないことがあり、それが何らかのトラブルにつながれば、園への信頼が損なわれる可能性もあり

第2章　福祉・教育施設を核とした子育て支援

ます。また、上述した生活環境や生活リズムを配慮した教育活動計画を考えて作成する際には、預かり保育を利用する子どもに関わる複数の教師間の情報や知識を綿密に突き合わせる必要があります。

3　幼稚園が意識すべきこと

以上が、預かり保育の実施に関わる留意点ですが、さらに幼稚園が意識しておいたほうがよいと思われる事項を補足的に示しておきます。

近年、大人どうしの関係がICT*を通した間接的な交流に傾きつつあり、直接に顔を突き合わせた対話を通した交流は避けられつつあります。こうした大人の姿を日常的に観察していれば、子どもも同じような行動様式を身につけながら成長する可能性が高いといえます。また、他者と言葉を介したコミュニケーションをとらない保護者がモデルになるとすれば、その子どもの言語面での発達も気にかかります。先に述べたように、対人関係を切り結ぶ力は多様な人々との直接の交流をとおして培われます。

こうした事実を踏まえると、子どもの成長・発達を促す役割を担っている幼稚園には、大人どうしが直接に交流し、互いに関わる機会を地域のなかで意図的に増やしていくといった取り組みが求められます。預かり保育を利用していない保護者、それを利用している保護者、そして未就園の保護者（地域の子育て支援に参加する家庭）が、園を中心にして活発に交流できるきっかけづくりを推進することは、幼稚園の大切な子育て支援だといえるでしょう。

また、預かり保育の時間に、園がどのような工夫をしながら教育活動を展開しているのかを整理し、すべての園児の保護者に向けて発信することも重要です。なぜなら、この情報は地域での子どもの活動のあり方や疑似家庭的な場（園内で工夫された環境内）での子どもの活動のあり方を示したものであり、保護者が日常において地域や家庭のどのような雰囲気のなかで、子どもをどう養育したらよいのかについて考える参考にもなるからです。

3.　専門性と協力体制を生かした積極的な地域の子育て支援

1　ソーシャルワークの視点をもった援助

幼稚園教諭の専門性は、通常の教育課程において「入園児に対する保育をどのように計画・実践・評価し、さらに次の計画にどのように生か

⊞ 用語解説
ICT
（Information and Communication Technology）
情報通信技術と訳される。コンピュータを中心とした情報処理や通信に関する技術を総合的に示す用語。

していくのか」という一連の過程に取り組む際に発揮されます。しかし、幼稚園教諭の専門性は、これにとどまるわけではありません。本レッスン内でこれまで学んできたように、預かり保育という子育て支援、入園児とその保護者・家庭に対する子育て支援、地域に在住する未就園児とその保護者・家庭に対する子育て支援を展開する際にも専門性は求められます。

　こうした子育て支援を行う際には、個々の家庭の事情や状況を見極めたうえで、それぞれの家庭のニーズに合わせた対応や援助を考え実践する必要もでてきます。ここに、専門性が関わってくるのですが、1人の教師が、担当する幼児とその家庭の課題をすべて抱え込んで支援をしなければならないという意味ではありません。家庭のニーズは多様であり、場合によっては、地域にある関連機関や地域にいる人的資源に支援対象である子どもや保護者をつないでいくことも教師の大切な役割です。こうした役割は、幼児教育・保育の領域においては、**保育ソーシャルワーク**[*]あるいは**保育臨床コーディネート**[*]とよばれています。

　2008（平成20）年度から、小学校・中学校・高等学校には、スクールソーシャルワーカー（SSW）が配置され、現在まで、その数が徐々に増えています。文部科学省の発表資料[†5]によると、2008年度には全国で944人、2014年には全国で1,186人のSSWが配置されています。SSWには、その社会福祉に関する専門知識によって、学校や家庭だけでなく、児童相談所などの地域のさまざまな関係機関と連絡・調整や仲介をしたり、子どもの権利を擁護したりすることをとおして、子どもがみずからの諸能力を最大限に発揮できる環境を整えていくという役割が期待されています。この背景には、児童・青年を取り巻く環境——家庭、学校、友人、地域社会などとの関係——の複雑化によって、児童・青年が受ける不利益——校内暴力、虐待、発達障害、貧困などの諸課題——が、学校内における児童・生徒への支援だけでは困難になってきたという事実があります。

　こうした事実は、当然、幼児を取り巻く環境にも当てはまっており、SSWと同様に、先に述べた保育ソーシャルワークまたは保育臨床コーディネートを担う専門職も、幼児教育・保育施設の現場に求められています。現在、日本保育ソーシャル学会の認定資格として「保育ソーシャルワーカー」とよばれる専門家が、一定の研修を受けて誕生していますので、今後の発展に期待がかかっています。しかし、こうした専門職が全国に配置されるまでは、園内で協力してこうした役割を担っていかざるを得ません。

✳ 用語解説

保育ソーシャルワーク
課題を抱えている人の現状を分析し、専門知識に基づいたカウンセリングや援助を提供したり、その人が必要とする社会資源につないだりすることで、課題の解決を導く活動がソーシャルワークであり、それを幼児期の保育に取り入れた概念である。

保育臨床コーディネート
臨床とは、対象者を直接に援助することであり、保育臨床とは保育の現場で保育者が直接に家庭（親子）を支援することである。この支援が複雑になってきた現在、家庭を取り巻く全体像を俯瞰的にとらえ、さまざまな資源の活用も含めた支援の内容を構築することが、保育臨床コーディネートである。

▶ 出典
†5　文部科学省初等中等教育局児童生徒課『学校における教育相談に関する資料』2015年12月17日

第2章　福祉・教育施設を核とした子育て支援

✳ 用語解説

アクティブラーニング
「能動的な学習」のことで、授業者が一方的に学生に知識伝達をする講義スタイルではなく、課題研究やPBL（プロジェクト・ベースド・ラーニング）、ディスカッション、プレゼンテーションなど、学生の能動的な学習を取り込んだ授業を総称する用語（溝上慎一「解説 アクティブラーニングとは」『教育改革ing』(10) 2010年、44頁）。

▶ 出典

†6　マイ保育園制度：富山県民間保育連盟ホームページ「マイ保育園　事業の概要」
https://www.toyama-min poren.jp/my/gaiyou.asp

では、こうした社会福祉の視点を導入したソーシャルワーク的な支援——支援の対象となる園児とその家庭を、その生活環境全体を考慮して関わるという支援——を、幼稚園では具体的にどのように展開していけばよいのでしょうか。その方法の一つとして、近年になって大学などでその導入が活発になっている「**アクティブラーニング**」[*]の手法を、園内で応用することがあげられます。用語解説内の「学生」の箇所を「園のスタッフ全員」に、「授業者」を「外部の資源」に置き換えてみてください。目の前にいる多様なニーズを抱える園児とその家庭への支援を考えるとき、それぞれが抱える課題も多様であることや地域の特性などから、外部の講師、本や資料あるいは事例集などから受動的に学ぶことだけでは十分な関わりのあり方を導き出すことは難しいと思われます。園内のすべてのスタッフが、能動的・積極的に、互いのもっている支援対象となる園児と家庭に関する情報を分かち合い、さらには対話（プレゼンテーションやディスカッション）をとおして互いの知識・意見・アイデアなどを交流し合うことによって、効果的な支援の具体策が導かれると期待できます。

　こうした、園のスタッフ一人ひとりが、傍観者になるのではなく、主体的に課題解決に向けて学び合っていくという姿勢は、幼稚園教諭の専門性をさらに高めることにもつながっていきます。

▎2 地域の子育て支援のあり方

　ここまでは、主に「入園児とその保護者・家庭に対する子育て支援」としてソーシャルワークの視点を備えた援助・関わりについて学びましたが、ここからは、「地域に在住する未就園児とその保護者・家庭に対する子育て支援」のあり方についてみていきます。

　幼稚園の場合、支援の対象である未就園の家庭の子どもの年齢は、3年保育を行っている園では0〜3歳未満、2年保育を行っている園では0〜4歳未満の子どもとその家庭です。いずれにしても、0歳児も含めた乳幼児とその保護者がいる家庭の支援を、保育者としての専門性を生かして援助することになります。もう少し踏み込んでいえば、妊娠期も含めた就園までの時期にある保護者が、家庭や地域でわが子を養育することを、幼稚園としてどのように支援できるのかを考え、実践していくことが求められているのです。

　こうした姿勢・方向性を踏まえて、行政が主導的に制度化した取り組みとして、幼稚園ではなく保育園（所）・幼保連携型認定こども園の事例になりますが、富山県の「マイ保育園制度」[†6]をあげることができま

62

す。この事業は、富山県民間保育連盟が県から委託を受けて2010（平成22）年11月から実施している取り組みであり、その理念は、「富山県では『かかりつけの病院』があると安心できるように、登録した保育所がかかりつけの『マイ保育園』として子育てを支援します」というキャッチフレーズにも表れています。つまり、妊娠中の保護者およびおおむね3歳未満の子どもをもつ保護者が、県内178か所の保育所・幼保連携型認定こども園から、近隣の園を「マイ保育園」として選び、そこに登録することで、保育士などから子どもが就園するまで一貫して継続的に支援を受けられるというしくみです。

　利用できる支援は保育所などによって異なりますが、妊娠期（出産前）には、保育所など（乳幼児の生活）の見学やおむつ交換や沐浴などの育児体験が可能です。また、出産後には、乳児健診後や3か月・6か月などの節目の月齢に適した育児教室（授乳や離乳食のアドバイス、赤ちゃんとのふれあい講座、ファーストブック体験、手遊びなど）、育児講座（月齢ごとの赤ちゃんの特徴を学ぶ）、運動会・生活発表会などの保育所行事などに参加できます。そのほかに、保育士などによる育児相談、健康相談、発育相談、リフレッシュのためや求職活動のための一時保育も活用できます。

　こうした一貫性・継続性の備わった支援は、保護者にとって非常に頼りになり、安心感につながるといえますが、何といっても、地域の保護者を妊娠中から支えようとする姿勢、地域の子どもを誕生後の0歳から保護者とともに育てようとする気持ちが、こうした支援を可能にしているといえるでしょう。

　一方で、わが国の子育て支援策のなかに、家族政策の側面を強く打ち出す必要もあると思われます。渡部[7]は、北欧のスウェーデンとフィンランドの家族政策の特徴を次のように整理しています。

▶出典

[7] 渡部かなえ「スウェーデン・フィンランドと日本の子育て支援——出生率増減の原因と結果」『青山学院女子短期大学紀要』65、2011年、83-94頁

【スウェーデン】
（1）子どもの成長と学びを支援することによって、子どもが人生のよいスタートを切ることができるようにする。
（2）両親が仕事や勉強と子育てを両立でき、平等で幸せな家庭生活を営めるよう支援する。
【フィンランド】
（1）政府は、親が子どもを育てるうえで必要な物質的・心理的支援を行い、子どもを安心して育てられる環境を提供する。
（2）政府は、子育てをするすべての親は平等に扱われる権利

があるという理念に基づいて家族を支援する。

　いずれにせよ、幼稚園においても、母子保健・小児保健、心理、福祉、医療に関わる地域の専門家や関連機関などと連携しながら、地域の未就園児とその家庭の支援をより一層充実させていくことが求められます。

３　支援に必要な視点

　最後に、入園児の保護者および未就園児の保護者の支援に関して、重要な視点を示しておきたいと思います。図表5-1に示すような、「子どもを軸とした課題」「保護者自身を軸とした課題」「保護者を取り巻く環境を軸とした課題」といった３つの枠組みを意識し、それぞれの具体的な課題の把握――場合によっては、どこと連携し何を支援するのかといった内容把握――が重要です。

　図表中の「子どもを軸とした課題」のうち「子どもの発達がわからない」とは、たとえば、年齢的にまだ十分に文章を話せない子どもに対して、「もう、嫌！　きちんと日本語を話してよ。いったい何を言ってるのよ」と叱る保護者です。子どももつらいでしょうが、「言葉の発達過程がわかっていなければ、保護者もつらいであろう」と、保護者の立場に寄り添うことが保育者には求められます。

　「保護者自身を軸とした課題」のうち「家事力が低い」とは、たとえば、ご飯をつくりながら、風呂を沸かし、子どもをあやすといった複数のことを同時にすることが苦手なケースです。いつも疲れたようすをみせている保護者には、こうした不器用な人もいることを理解したうえで、声をかける必要があるでしょう。

　「保護者を取り巻く環境を軸とした課題」のうち「家族から子育てへの協力が得られにくい」とは、たとえば、わが子に発達の遅れが認められるにも関わらず、同居の祖父母が「うちの家系にそれはあり得ない」と言い張り、発達相談に行くことを厳しく止められるケースです。担任教師が医療機関を紹介したのに、それになかなか従わない保護者の背景には、こうした周囲の親族の無理解といった課題が潜んでいることもあるのです。

　保護者のようすを見ていると、つい、「子どもを理解できない・しようとしない親」「子育てを知らない・できない親」「何を考えているのかわからない親」などととらえてしまいがちですが、保護者に悪気があるわけではありません。これから長い時間をかけて育児をしていくことを考えれば、育てられている子どもの幸福のためにも、保護者の潜在する

図表 5-1 保護者支援の枠組みと具体的な課題

保護者支援の課題
(1) 子どもを軸とした課題
(1) 子どもの欲求・サインがわからない
(2) 子どもの発達がわからない
(3) 子どもとの関わり方・言葉のかけ方がわからない
(4) 子どものしつけがわからない
(5) 子どもの遊びがわからない
(6) わが子にはほかの子と同じようにできないことがあることがわからない
(2) 保護者自身を軸とした課題
(1) 保護者自身が、子どもとの接触・人とのふれあい体験が少ない
(2) 保護者自身が、子ども時代の子育て体験と今の子育てとを比較してしまう
(3) 保護者自身の自己解決力・自己コントロール力が低い
(4) 保護者自身の遊び体験が少ない
(5) 保護者自身の家事力が低い
(3) 保護者を取り巻く環境を軸とした課題
(1) 身近に相談する人がいない（夫婦・家族・友人）
(2) 家族から子育てへの協力が得られにくい（家族）
(3) 経済的な悩みを抱えている（本人・家族）
(4) 精神的な悩みを抱えている（本人・家族）
(5) 身体的な悩みを抱えている（本人・家族）

出典：大方美香 講演録「質を高めるための保育者の課題──子ども・子育て支援制度をふまえて」（マッセ・市民セミナー・NPO法人ちゃいるどネット大阪共催）2014年6月より作成

能力を引き出し、自信と生きがいをもって育児に関わることを支えていける専門性を身につけ、それを積極的に発揮していくことが大切です。

演習課題

①幼稚園における子育て支援は、保育所における子育て支援とどのような点が違うのか、保護者の立場になって話し合ってみましょう。

②入園前の子育て支援として気をつけなければならないことは何かを、まわりの人と話し合ってみましょう。

③インターネット・LINE・メールへの依存など、大人社会の変容は子育てにどのような影響を与えているでしょうか、まわりの人と考えてみましょう。

レッスン**6**

認定こども園が行う子育て支援

本レッスンでは、認定こども園が設置されるようになった経緯、認定こども園の目標や機能および類型、認定こども園の発展（箇所数の推移）を概観します。また、認定こども園が子育て支援として担う役割とその課題、また子育て支援を充実させていくために求められる保育教諭のあり方についても理解を深めましょう。

---

1. 認定こども園とは

1 認定こども園のはじまり

2006（平成18）年6月、「就学前の子どもに関する教育、保育等の総合的な提供の推進に関する法律」（以下「認定こども園法」）が制定されました。これが、認定こども園の制度上のはじまりだといえます。

幼稚園は、満3歳から就学前までの幼児を対象として、幼児教育を提供する施設であるのに対し、保育所は、保育を必要とする乳児または幼児を保育する児童福祉施設です。従来、こうした幼稚園と保育所の役割や機能は異なるものとされてきました。しかし、少子化や核家族化、女性就労者の増加などといった社会情勢の変化にともない、就学前の子どもの教育と保育とを一本化しようという動きが生じてきてきました。こうした動きは1960年代からありましたが、1990年代後半から本格化しました。それから今日まで、20年以上の歳月がたっていますが、幼保一体化が十分に実現されているとはいえません。

その主な理由は、長年にわたり幼稚園は文部科学省が管轄して教育的実践を続けてきたのに対し、保育所は厚生労働省が管轄して社会福祉的実践を展開してきたという点にあります。したがって、両者がよって立つ根拠法令も異なっており、そこからさまざまな違いが生じてきます。たとえば、幼稚園の保育時間は保育所よりも短い、幼稚園には不要だが保育所には**調理員や調理スペースが設置の必須条件**となっている、などをあげることできます。

これまで、幼保一体化の議論が起こるたびに、幼稚園の現場からは、「幼稚園は教育（幼児教育）を積み重ねてきた場所であり、保育所のように子どもを預かるだけの場所ではない」といった声・主張が、保育所の現場からは、「保育所は子どもの生活に寄り添い、さまざまな家庭の

➕ 補足

認定こども園
「就学前の子どもに関する教育、保育等の総合的な提供の推進に関する法律」（認定こども園法）の中で、教育・保育等を提供する総合施設を「認定こども園」とよぶことになった。なお、この法律は2015年6月と2016年5月に改正されている。

☑ 法令チェック

幼稚園の設置、運営などに関する根拠法令は「学校教育法」、保育所の設置・運営などに関する根拠法令は「児童福祉法」である。

➕ 補足

ただし、調理業務の全部を委託する施設では調理員は置かなくてもよい。

子どもたちを受け入れており、地域の親子のセーフティーネットなの
だ」といった声・主張が繰り返されてきました。幼稚園教諭・保育士と
もに、それぞれが確固たる枠組みのなかで強い信念をもって子どもや家
庭と関わってきたという専門職としての意識があるのですが、そのなか
で両者に共通する思いを取り出すとすれば、それは「目の前にいる子ど
もの健やかな成長と最善の利益を守る」という使命感でしょう。

「すべての乳幼児が等しく教育と保育を受ける権利がある」といった
基本理念を否定する人はいないと思います。この理念をひも解いてみる
と、就学前の子どもが、家庭の状況によって幼稚園あるいは保育所とい
う異なる目的をもった施設で過ごすこと、すなわち、子どもによって教
育しか受けられない・保育しか受けられないのはおかしいのではないか
という考えがでてきます。こうした考えが、認定こども園の構想に結び
ついています。

2006（平成18）年に制定された「認定こども園法」（第1章第1条、
第2条第6項）によれば、幼稚園と保育所のよいところを合わせて、小
学校就学前の子どもの教育、保育ならびに保護者に対する総合的な支援
を推進し、地域において子どもが健やかに育成される環境を整備するこ
とを目的とした施設が、認定こども園です。

2012（平成24）年には、国の財源（消費税の増税分）を子どもと子育
ての支援に積極的に充当していこうとする「**子ども・子育て支援新制度**」
に向けて、それまでの幼保一元化に関わる障壁であった二重行政が見直
され、認定こども園の認可・指導が内閣府に一本化されました。また、
2014（平成26）年4月には、「**幼保連携型認定こども園**[*]**教育・保育要領**」
が内閣府から告示されました。

こうした一連の施策によって、幼稚園児、保育所児はもちろん、地域
を含むすべての乳幼児に焦点を当てた認定こども園の数は、急増してき
ています。2015（平成27）年度からスタートした子ども・子育て支援新
制度のなかに明確に位置づけられた認定こども園は、わが国の就学前の
教育・保育を担う主要な施設への道を歩み始めました。

2 認定こども園の機能と類型

認定こども園は、就学前の教育・保育を行う機能および地域における
子育て支援を行う機能を兼ね備えた施設であり、都道府県知事が認可権
限を有します（以下に述べる、幼保連携型認定こども園が政令市・中核
市にある場合は、政令市長・中核市長が認可権限を有します）。

認定こども園には4類型（①**幼保連携型** ②**幼稚園型** ③**保育所型** ④**地**

✳ 用語解説

**幼保連携型認定こども
園**
義務教育およびその後の教
育を培うものとしての満3
歳以上の子どもに対する教
育と保育を必要とする乳幼
児に対する保育を一体的に
行うとともに、保護者に対
する子育て支援を行う施設。

◆ 補足

**幼保連携型認定こども
園教育・保育要領**
「幼保連携型認定こども園
教育・保育要領」は2017
年に改定され、2018年4
月から実施される予定。

第2章　福祉・教育施設を核とした子育て支援

方裁量型）が設定されていますが、これは、認定を受けようとする施設が、幼稚園のままでは定員を割ってしまう、地域に待機児童が多い、過疎化が進み子どもが少ないなど、各施設の実情に合わせて選択できるようにするためです。認定こども園の機能については図表6-1に、認定こども園の類型については図表6-2に示します。

図表6-1　認定こども園の機能

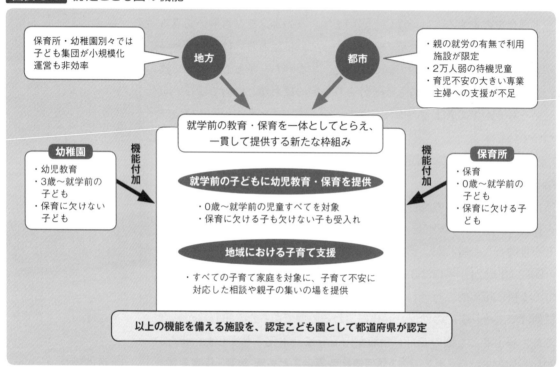

出典：文部科学省「平成18年版文部科学白書」2006年をもとに作成

図表6-2　認定こども園の類型

	法的性格	職員の性格	開園日・開園時間
幼保連携型	学校かつ児童福祉施設	保育教諭 （幼稚園教諭＋保育士資格）	11時間開園、土曜日の開園が原則（弾力運用可）
幼稚園型	学校（幼稚園＋保育所機能）	満3歳以上→両免許・資格の併有が望ましいがいずれかでも可 満3歳未満→保育士資格が必要	地域の実情に応じて設定
保育所型	児童福祉施設（保育所＋幼稚園機能）	満3歳以上→両免許・資格の併有が望ましいがいずれかでも可 満3歳未満→保育士資格が必要 ＊ただし、2・3号子どもに対する保育に従事する場合は、保育士資格が必要	11時間開園、土曜日の開園が原則（弾力運用可）
地方裁量型	幼稚園機能＋保育所機能	満3歳以上→両免許・資格の併有が望ましいがいずれかでも可 満3歳未満→保育士資格が必要	地域の実情に応じて設定

出典：内閣府「子ども・子育て支援新制度について」（一部抜粋）

◆補足
保育教諭とは幼稚園教諭免許と保育士資格の両方をもち幼保連携型認定こども園で子どもの教育、保育に従事する者のこと。新しい免許や資格ではない。

レッスン6　認定こども園が行う子育て支援

| 図表6-3 | 全国の認定こども園数の推移（各年4月1日時点） |

年度		2012年	2013年	2014年	2015年	2016年	2017年
認定こども園数		909	1,099	1,360	2,836	4,001	5,081
公私の内訳	公立	181	220	252	554	703	852
	私立	728	897	1,108	2,282	3,298	4,229
類型別の内訳	幼保連携型	486	595	720	1,930	2,785	3,618
	幼稚園型	272	316	411	525	682	807
	保育所型	121	155	189	328	474	592
	地方裁量型	30	33	40	53	60	64

出典：内閣府「認定こども園に関する状況について」をもとに作成

3　認定こども園の推移

　2015（平成27）年にスタートした「子ども・子育て支援新制度」に呼応して、認定こども園は2015年に全国で2,836か所となり、前年度の1,360か所から倍増する結果となりました（図表6-3）。さらに、2017（平成29）年には5,000か所を越えています。今後も、認定こども園に寄せられる期待は大きく、さらなる増加傾向が続いていくと予想されています。

2.　幼保連携型認定こども園教育・保育要領について

1　告示の経緯

　近年、女性の就労にともなう保育ニーズの高まりにより、幼稚園に通う子どもが減り、保育所に通う子どもが増えてきました。保育所でも、幼稚園と変わらない教育が必要とされること、核家族化や少子化、子育て不安などの社会情勢・育児環境の変化に対応する必要からも、2008（平成20）年、「幼稚園教育要領」と「保育所保育指針」が同時に改訂（定）・告示されました。それまでの改訂（定）でも両者の教育にかかる内容はそろえられてきましたが、この改訂（定）では、両者に子育て支援（保護者支援）の内容が明確に組み込まれました。さらに、食育や職員の資質向上などについても加筆されました。つまり、この改訂（定）によって、両者の内容はより一層、近づくこととなりました。

　こうした同時改訂（定）ののち、幼保連携型認定こども園が構想されていたこともあり、2014（平成26）年4月、「幼保連携型認定こども園教育・保育要領」が新たに告示されました。教育の部分は主に「幼稚園教育要領」の内容が、保育については主に「保育所保育指針」の内容が取り入れられており、食育についても記載されています。さらに、こ

◆補足
「幼稚園教育要領」と「保育所保育指針」は2017年に改訂（定）・告示され、2018年4月から実施される予定。

第 2 章　福祉・教育施設を核とした子育て支援

の「幼保連携型認定こども園教育・保育要領」では、子どもの生活のつながりに重点が置かれています。たとえば、乳児期から幼児期へのつながり、幼児期から小学校へのつながり、家庭から園での生活のつながり、家庭と園の地域へのつながりなどが、連続性や連携といった表現で記載されており、園児の生活全体が豊かになるように努めなければならないとされています。

2　子育て支援に関する記載

　以下の枠内に示す認定こども園法の条文にも明記されているように、保護者に対する子育て支援は、幼保連携型認定こども園の重要な役割として位置づけられています。また、「幼保連携型認定こども園教育・保育要領」には、第1章第3「幼保連携型認定こども園として特に配慮すべき事項」の第7項目と第4章「子育ての支援」第1「子育ての支援全般に関わる事項」、第2「幼保連携型認定こども園の園児の保護者に対する子育ての支援」、第3「地域における子育て家庭の保護者等に対する支援」で具体的に記載されています。

> ☑ **法令チェック**
> 内閣府「幼保連携型認定こども園教育・保育要領」第4章・第1〜第3、2017年

「認定こども園法」第1章第2条第7項

　「幼保連携型認定こども園」とは、義務教育及びその後の教育の基礎を培うものとしての満3歳以上の子どもに対する教育並びに保育を必要とする子どもに対する保育を一体的に行い、これらの子どもの健やかな成長が図られるよう適当な環境を与えて、その心身の発達を助長するとともに、保護者に対する子育ての支援を行うことを目的として、この法律の定めるところにより設置される施設をいう。

　これまでも、「幼稚園教育要領」や「保育所保育指針」のなかで、保護者支援について記されていますが、それらは努力義務（任意）でした。しかし、「認定こども園法」では「地域の子育て家庭に対する支援」が明確に位置づけられたので、幼保連携型認定こども園においては、保護者支援は責務となります。「幼保連携型認定こども園教育・保育要領解説」（2014［平成26］年）では、保護者に対する子育て支援にあたっては、「子どもの最善の利益」「保護者との共感」「幼保連携型認定こども園の特性を生かした支援」「保護者の養育力向上への寄与」「相談・助言におけるソーシャルワークの機能」「プライバシーの保護及び秘密保持」「地域の関係機関との連携・協力」を基本とすることとされています[†1]。

> ▶ **出典**
> †1　内閣府・文部科学省・厚生労働省『幼保連携型認定こども園教育・保育要領解説』フレーベル館、2015年

> ☑ **法令チェック**
> 「認定こども園法」第1章第2条第12項「子育て支援事業」について

70

レッスン6　認定こども園が行う子育て支援

　保護者に対する子育て支援は、幼保連携型認定こども園に通う園児の保護者に対する支援と、この園が位置する地域で子育てをしている家庭（保護者）への支援とに大別できます。それぞれの内容や課題については、次項で述べます。

3. 認定こども園の役割と課題

1 認定こども園に求められる役割とは

　親の就労、共働き家庭、専業主婦（主夫）家庭、ひとり親家庭など、家庭の状況に関わらず、すべての子どもや子育て家庭への支援を分け隔てなく行うことが、認定こども園の役割ですが、そこにはさまざまな課題もあります。

> **「児童の権利に関する条約」第18条第1項**
> 　締約国は、児童の養育及び発達について父母が共同の責任を有するという原則についての認識を確保するために最善の努力を払う。父母又は場合により法定保護者は、児童の養育及び発達についての第一義的な責任を有する。児童の最善の利益は、これらの者の基本的な関心事項となるものとする。

　上記「児童の権利に関する条約」第18条にも記されているように、子育ての第一義的な責任は保護者にあります。このことは、「民法」第820条にも明記されています。子どもは、親または保護者が育むことが基本です。しかし、核家族化や少子化が進み、地域で子どもを育てる力が弱まるなか、子育てへの不安感や孤立感が高まり、家庭での子育てが難しくなってきています。認定こども園には、親が子育てを楽しいと感じられるような支援、親や地域の養育力が底上げされるような支援が求められています。

☑ **法令チェック**
「民法」第820条：親権を行う者は、子の利益のために子の監護及び教育をする権利を有し、義務を負う。

　こうした支援は、園の側から保護者に対し一方的に子育てのしかたをレクチャーしていくことではなく、また、保護者からの一方的なニーズを園の側が無批判に受け入れることでもないことに留意しなければなりません。子どもにとって何が必要か、何が大切なのかを、保護者とともに考え実践していくパートナーになることが、園に求められる重要な役割といえるでしょう。認定こども園は、決して子育てを代行する場ではなく、園を利用する保護者が楽しみながら子育てをしていくことを援助

71

第2章　福祉・教育施設を核とした子育て支援

する場であること、育っていく主体である子どもを育てていく主役はあくまで保護者や家族であることを、利用者および社会全体に対して、明確に伝えていくことが必要です。

この点を踏まえながら、以下 2 ～ 6 において、認定こども園が子育て支援として果たすべき役割を解説していきます。

2　入園児とその家庭への支援

認定こども園には、さまざまな家庭の子どもが入園してきます。その大きな特徴の一つが、教育・保育時間が家庭によって異なるという点です。**1号認定**の子どもは基本的には1日4時間の教育を受け、夏季などの長期休みもあります。**2号認定、3号認定**になると、1日最長8時間保育（保育短時間）の子どもや1日最長11時間保育（保育標準時間）の子どももいます。こうした実態から、登園時間も降園時間もバラバラな子どもたちの生活をどのように保障していくかが大きな課題となっていますし、このことに関しては、保護者からの不安の声も聞かれています。実際の「保護者の声」をいくつか紹介します。

> **保護者の声**
> 【Aさん】
> 1号認定の子どもが多い園なので、午後から園に残る子どもや土曜保育の子どもが少なくて、毎日、長い間、自分の子どもだけが園にいると思うとかわいそうです。
> 【Bさん】
> 1号認定の子どもが多く、1号認定の子ども（家庭）に配慮して、行事日程が平日ばかりになっていて、仕事が休めず困ります。入園式や卒園式などの特定の年齢の子どもだけが参加する行事の日には、園を休むように言われることもあります。
> 【Cさん】
> 2号、3号認定の子どもがほとんどの園だと、自分の子どもだけが、先に降園しなければならず、友だち関係がうまくいくか心配です。

1号認定の子どもが多くなるのは、幼稚園から認定こども園になった施設の場合です。これに対して、2号、3号認定の子どもが多くなるのは、保育所から認定こども園になった施設の場合です。母体がどちらであったかによって、教育・保育時間の偏り方が違うため、その実態に応

参照
1号認定、2号認定、3号認定
→レッスン3

じた子育て支援のあり方を考えていくことが必要です。上記「保護者の声」にもみられるように、1号認定の子どもが多い場合、教育・保育時間の長い子どもとその保護者への配慮が必要であり、2号、3号認定の子どもが多い場合、教育・保育時間の短い子どもとその保護者への配慮が必要になってきます。また、こうした母体の違いによって、以下の「認定こども園の声」にも示すように、認定こども園になって以降に抱える課題も異なっています。

認定こども園の声

【幼稚園から移行した認定こども園】

・幼稚園時代から引き続いて通園してくる子どもの保護者（1号認定）と2号、3号認定として新たに入園してきた子どもの保護者とでは、子育て観などの価値観が違うため、トラブルになることが多いです。互いの言い分を理解し合えるように調整していくことが、非常に困難です。

・2号、3号認定の保護者が増えたため、園行事の運営のあり方を考え直さなければなりません。平日の昼間が最も参加しやすい家庭と休日か夜間でないと参加できない家庭といったように、ライフスタイルの違った家庭が混在しているなかでの日程の設定は、簡単ではありません。

【保育所から移行した認定こども園】

・認定こども園になったことで、「教育」という言葉に反応する保護者が多くなり、習いごと的なことをしてもらえると考える保護者も増えました。園における教育的取り組みとして、何をどのように展開していくのか、どういった意図をもった保育をしていくのか、保護者にていねいに伝えていかなければなりません。

　幼稚園から認定こども園へと移行した園は、福祉施設の機能も担うようになったことをかんがみ、多様な生活環境にある子どもと家庭への支援力の向上をめざしていかなければなりません。これに対して、保育所から認定こども園へと移行した園は、教育施設の機能を担ったことを念頭に置き、教育的内容の充実をめざすとともに、その内容を保護者や社会に対してわかりやすく説明していく必要があるでしょう。

　子どもたちは、家庭、地域、園などさまざまな場で暮らしていますが、その生活は、こうした場によって切り離されているわけではありません。

言い換えれば、同時にさまざまな場で暮らす子どもに対して、連続性・一貫性のある教育と保育を保障しなければならないのです。園のみ、家庭のみでは子どもは育ちません。認定こども園は、家庭のようすに目を向け、保護者には園での姿を理解してもらえるように工夫しながら、互いの信頼関係を築いていかなければなりません。

　そのために、保育教諭は、送迎時間を利用したり連絡ノートを活用したりして、日々保護者とコミュニケーションをとるようにしています。また、園行事を通して園での子どもの姿を適切に伝えたり、保護者どうしの交流の場をつくったり、保護者からの相談に応じたりしています。

　子育て支援は、園または保育教諭と保護者の間に確かな信頼関係があってこそ成り立ちます。したがって、認定こども園が行う子育て支援の第一歩は、子どもの発達保障（教育・保育）を中核にしながらも、保護者の気持ちを受け止め、うれしいことや楽しいことはもちろん、必要に応じて大変なことや耳の痛い話まで、何でも伝え合える豊かな人間関係を保護者と築いていくことです。親ははじめから完璧な親なのではなく、子育てをしながらだんだん親として成長していきます。認定こども園は、保護者が成長していく姿を見守り支えていく役割を担っています。

3　地域の子育て家庭への支援と地域との連携

　すでに述べたように、認定こども園における地域の子育て家庭への支援は、「認定こども園法（第1章第2条第12項）」に規定されており、さらに「新・幼保連携型認定こども園教育・保育要領（第4章）」に記載されています。具体的な支援としては、園庭開放や、育児講座、育児相談、園行事への参加、体験保育などがあります。そのほかにも、おのおのの園で工夫を凝らした取り組みが行われています。たとえば、看護師や栄養士などの専門職による相談事業を行う、地域のたまり場として保育室を開放する、予約制で給食の試食を提供するなどです。このように、認定こども園は、積極的に地域の子育て家庭へと働きかけ、支援を行っていく必要があります。

　また、認定こども園が単独で行うもののほかに、関連機関、地域資源、地域の人々などと連携して行う子育て支援もあります。関連機関としては、児童相談所、福祉事務所、市町村保健センター、障害児支援関係機関、小学校、中学校、高等学校、地域型保育事業、民生委員・児童委員などがあげられます。不適切な養育が疑われる場合は児童相談所や福祉事務所と、発達に関する問題があるときは市町村保健センターと、障害をもつ子どもについては障害児支援関係機関と連携しています。小学校

とは就学に向けて交流をしたり、職員間で情報交換・共有を行ったりしています。中学校・高校とは、中学生・高校生が園に体験学習に来たり、園児が中学・高校の学校行事時に招待されたりといった交流があります。民生委員・児童委員は、園行事への参加も含めて、ふだんから地域の子育て家庭を見守ってくれます。

　地域資源・地域の人々との連携としては、農家や商店の協力で子どもが田植えの経験をさせてもらう、鮮魚店による魚の解体ショーを園で披露してもらう、給食で利用している米穀店がボランティアで七夕の笹竹を届けてくれるなどがあります。それぞれの園が地域の特性を生かし、地域にある素材をうまく活用しています。

　このように、地域全体で子育てをしていくためには、地域の実情を把握する必要があります。どのような世代の人が多く住む地域なのか、どのような職業が盛んなのか、認定こども園に対するニーズはどのようなものがあるのかなどをていねいに把握し、認定こども園自身が積極的に地域に働きかけ、地域との良好な相互作用が展開できるよう配慮していかなければならないでしょう。

　以上のように、認定こども園は、さまざまな機関とのつながりを大切にしながら地域全体を結びつけ、子育て支援を行っていく役割を担っています。しかしながら、その歴史はまだ浅く、園によって子育て支援の質や量は大きく異なっており、今後のさらなる努力と工夫が期待されています。地域の実情に合った個々の園の独自性を守りながらも、どこの認定こども園でも質の高い子育て支援が受けられるよう、一定の水準へと引き上げていくことが今後の課題となってくるでしょう。地域に根ざし、すべての子育て家庭のよりどころとなっていけるよう、時間をかけ発展していくことが大切なのです。

4　障害のある子どもや医療的ケアの必要な子どもとその家庭への支援

　障害のある子どもに対する支援についても「幼保連携型認定こども園教育・保育要領（第1章第2の3）」に記載されています。また、障害のある子どもの保護者に対する支援についても、同要領（第4章第2の6）」に記されています。近年障害がある子どもや発達上の問題を抱えている子どもは増えてきています。そういった子どもや保護者を受け入れ、支援していくことも、認定こども園の重要な役割です。

　障害のある子どもに対して、保育教諭は個別の指導計画を作成し、保護者に対しても個別の支援を行います。子どもの発達段階や特徴をとらえ、適切な関わりと教育を進めていくことが求められています。また、

☑ **法令チェック**
内閣府「幼保連携型認定こども園教育・保育要領」第1章第2の3、第4章第2の6、2017年

発達上の問題が懸念される子どもに気づいた際には、その姿を保護者に伝えていかなくてはなりません。家庭での生活では問題がなく気づきにくい姿も、集団生活が営まれている園だからこそ浮かび上がってくる発達上の課題も多く、保護者より先に保育教諭がそれに気づくことも少なくありません。保護者の気もちに寄り添いながら、ありのままの姿を適切に伝え、今後の関わりやその子どもの育ちについて話し合っていくことは時間を要することで、保育教諭の知識や技術、人間性が問われるところです。

さらに、重度のアレルギー症状のある子どもや、慢性的な病気を抱える子どもの入園希望も増えています。ある幼稚園では、認定こども園へと移行する際、早々に「認定こども園になるのなら、障害があり医療的ケアの必要なわが子も入園できるのではないか。入園させてほしい」といった問い合わせがあったといいます。その問い合わせに対し、園全体で検討をしましたが、看護師の配置がなかったり、適切な環境整備が備わっていなかったりといった理由で入園を断ったそうです。

そういった子どもが入園する際には、保護者と綿密に話し合ったり、担当医師と直接面談を行ったり、看護師の配置や過ごしやすい環境の整備など多くの事前準備が必要になってきます。認定こども園は子どもの命を預かる現場でもあるので、こうした（断るという）選択は、時にやむをえない場合もありますが、すべての子どもとその家庭に等しく子育て支援をしていくためには、物的・人的環境を整え、早期に解決していくべき大きな課題の一つでもあります。

また、障害のある子どもや医療的ケアの必要な子どもの入園に際して、まわりの保護者への理解を促していくことが必要になってきます。乳幼児期において、さまざまな状況の子どもが集団生活をともにすることは、子ども一人ひとりに多様な経験をもたらし、それが子どもたちの健やかな成長や豊かな人間性を育むためにも有益であることを、しっかりと保護者等に説明していく必要があります。

▌5▌ 虐待、育児不安、疾病のある保護者への支援

認定こども園には、保護者から虐待やネグレクトなど不適切な養育などを受けていることが疑われる子どもも入園してきます。また、障害、精神疾患、育児不安などを抱えている保護者の子どもも入園してきています。そういった家庭に対しては、福祉事務所や市町村保健センターなどと連携しながら個別支援を行っていきます。近年、保護者が抱える問題は多岐にわたり、対応の難しいケースも増えてきています。ソーシャ

ルワークやカウンセリングの視点からの支援が必要な場合もあります。子どもについてだけではなく、保護者自身の体調や悩みなどの話に耳を傾け、受容していかなければならないケースも少なくありません。したがって、保育教諭はありのままの家庭の姿に寄り添っていける知識や技術、応用力を備えていく必要があります。

　また、子どもの生活習慣や園での言動、持ち物、保護者の子どもへの関わり方などから、不適切な養育に気づき、関連機関と連携しながら個別援助へと進めていくことも必要です。子どもの姿や成長を的確に把握し、子どもが、自身の発達段階に見合った生活習慣を身につけていけるように援助することも、保護者支援の一つとなります。

　なお、以上のようなケースに関しては、保育教諭1人で対処するにはその心身の負担も大きく、園全体で一丸となって対応していかなければなりません。すなわち、園の力が試される場面でもあります。保育教諭どうしがしっかりとつながることができ、全園児の顔がわかる程度の規模の園であることも重要な条件ではないでしょうか。

6　ひとり親家庭と貧困家庭への支援

　日本では、子どもの貧困化が進んでいます。**子どもの貧困率**[*]は13.9%（厚生労働省「平成28年国民生活基礎調査の概況」2017年）であり、約7人に1人の子どもが貧困であると推計されています。子どもの貧困は大きな社会問題になっていますが、貧困家庭のほとんどがひとり親家庭です[†2]。こうした家庭は、認定こども園を選ぶ際や、入園後に通い続けることに経済的な理由から困難を抱えます。たとえば、高額な制服や体操服が必要な自宅に近い認定こども園を断念し、電車を乗り継いで遠くの園へ通わざるをえないというケースや、入園したものの主食費やちょっとした雑費がすぐに払えず滞納してしまうケースなどがあります。ひとり親の貧困家庭では、周囲に子育てを手伝ってくれる人がいない家庭も多く、子どもが体調をくずすたびに仕事を休まなければならず、収入が安定しにくいといった問題も抱えています。そういった家庭に対しては、個別支援のほかに、保護者に経済的負担を強いないような園としてのあり方をも考えていかなければなりません。

　認定こども園には、 **5** で述べたようなケースも含め、さまざまな事情を抱えた子どもが入園してきます。幼保連携型認定こども園は、教育施設であるとともに児童福祉施設でもあります。園の営利や保護者の便宜だけを図ることなく、すべての子どもがよりよく育つことを第一義とした子育て支援を展開できる施設として成長していく必要があるで

◆ 補足

保護者自身の話とは、保護者の趣味・趣向の話や、夫婦関係をはじめとする人間関係のこと、仕事の悩みなど。このような子どもとは直接的には関係のない話を聞いていかなければならないこともある。

✳ 用語解説

子どもの貧困率
等価可処分所得の中央値の2分の1を下回る世帯で暮らす18歳未満の子どもの割合。EUは公式の基準の一つとして、中央値の60%を使用している。

◆ 補足

等価可処分所得
世帯の可処分所得（収入から税金や社会保険料等を除いた手取り収入）を世帯人員の平方根で割って調整した所得のこと。

▶ 出典

†2 「貧困統計ホームページ」
http://www.hinkonstat.net

しょう。

4. 認定こども園における保育教諭のこれから

　子育て支援を行うにあたって、まずは、保育教諭自身が子育て支援の重要性を十分に理解するとともに、支援に関連する知識や技術を積み上げていく必要があります。子育ては親がするものと単純にとらえられがちですが、子育てはそれほど簡単なものではないことを誰よりも知っているのも保育教諭です。子育ての楽しさやうれしさ、大変さを知り、乳幼児期の子どもとの関わりの重要性を誰よりも理解している専門家です。そして、保護者の気持ちや状況を最も理解しやすい立場にいます。だからこそ、保育教諭は、保護者がいつでも気軽に相談できるよう、保護者との信頼関係を築いておかなければなりません。また、専門家だからこそできる子どものための提案を保護者が率直に受け入れてくれるように、保護者との信頼関係もつくっていく必要があります。そのためには、日々の関わりを大切に、保護者の思いをていねいに受容・共感し、子どもの何気ない姿や成長を保護者に伝え続けていくことが重要です。

　また、子育て支援の重要性、乳幼児期の子どもの特性、子どもが健やかに成長するために必要な環境、保育教諭の過重労働などについて、地域や社会に向けて声を上げていくことも大切な役割です。地域や社会の理解を得られなかったり、認定こども園の環境が適切なものでなかったりすれば、子どもの育ちは保障されません。認定こども園で働く者にとって、現在、その労働環境・労働条件は必ずしも満足できるものではありません。命を預かる現場であり、さまざまな問題を抱える親子に対応する必要があることに起因する責任の過大さから、園を辞める者も少なくありません。そういった問題を保育教諭自身が社会へと発信していくことも、子育て環境の改善へとつながります。

　認定こども園が行う子育て支援は、子どもの最善の利益を守るための支援です。保育教諭は、子どもの発達を中心とした教育・保育を行えるよう、また保護者とともに子どもの成長を支えていけるよう、学び続けていかなければなりません。認定こども園が、その名の通り"こどもの園"となり、未来の社会を築く子どもたちが健やかに育っていく――その鍵を握っているのは、保育教諭の力なのです。

演 習 課 題

① 「子どもの最善の利益」とは、具体的にどのようなものなのか考えて
みましょう。

② 認定こども園が、地域とつながりながら子育て支援の拠点となってい
くために、どのような取り組み（イベント）が効果的だと思いますか。
具体的なアイディアをだしてみましょう。

③ 説明責任について考えてみましょう。認定こども園では、教育的プロ
グラムに沿って子どもたちと関わっていることをアピールすること
が必要です。一つの遊びに組み込まれているねらい・教育的要素につ
いて保護者にどのように伝えていくのか、子どもの発達や姿をとらえ
て説明してみましょう。

レッスン**7**
児童養護施設が行う子育て支援

近年、子どもの養育が十分に保障されず、子どもの発育・発達が阻害されがちになる家庭が増えてきました。こうした状況に対応するため、従来、社会的養護を主な役割として担ってきた児童養護施設が、子育て家庭に対する支援を展開するようになってきています。本レッスンでは、こうした児童養護施設が実施している子育て支援事業について理解を深めていきます。

☑ 法令チェック

「児童福祉法」第41条〔児童養護施設〕：児童養護施設は、保護者のない児童（乳児を除く。ただし、安定した生活環境の確保その他の理由により特に必要のある場合には、乳児を含む。以下この条において同じ。）、虐待されている児童その他環境上養護を要する児童を入所させて、これを養護し、あわせて退所した者に対する相談その他の自立のための援助を行うことを目的とする施設とする。

✚ 補足
社会的養護の施設
乳児（保健上、安定した生活環境を確保するなどの理由がある場合は、幼児も含む）に対する社会的養護を担う児童福祉施設としては、乳児院（「児童福祉法」第37条）がある。このほかにも、社会的養護を担う施設には、児童心理治療施設、児童自立支援施設、母子生活支援施設、自立援助ホームがある。さらに、施設ではなく、里親（委託制度）なども社会的養護を担っている。

1. 児童養護施設の大きな役割——社会的養護

1 児童養護施設とは

　児童福祉施設の一つである児童養護施設の役割の中心には「社会的養護」という重要な理念があります。全国児童養護施設協議会（全養協）が作成しているパンフレット「もっと、もっと知ってほしい 児童養護施設」のなかで、「社会的養護」は次のように説明されています。

> 　社会には様々な理由により、保護者がいなかったり、保護者の適切な養育を受けられなかったりする子どもたちがいます。「社会的養護」は、こうした子どもたちを、公的責任で保護・養育するとともに、これらの家庭を支援する仕組みです。児童養護施設は、この「社会的養護」の仕組みの中に位置付けられています。

　子どもにとって、死別や離婚、あるいは遺棄されることによって自分を育ててくれる保護者が不在となる、極端な貧困のために保護者が自分を育てられない、あるいは、保護者としてふさわしい育て方をしてくれないといった状況は、死活問題です。しかも、それらは子どもの責任ではないことは明らかです。こうした状況に期せずして置かれてしまった子どもを、社会全体で育てていく役割、すなわち「**社会的養護**」を担う児童福祉施設の一つが児童養護施設なのです。

　児童養護施設の前身は「養護施設」であり、第二次世界大戦後の1947（昭和22）年に制定された「児童福祉法」によって、それ以前の「孤児院」という名称から改められました。さらに、1997（平成9）年の同法改正によって、現在の「児童養護施設」という名称に変更されています。

2 児童養護施設の実態

　2017（平成29）年7月に公表された厚生労働省の資料「社会的養護の現状について」によると、全国の児童養護施設数は603か所であり、定員32,613人中、27,288人の子どもが入所しています。乳児院は、全国に136か所あり、定員3,877人中、2,901人が入所しています。

　児童養護施設は、主にその入所定員（規模）によって、大舎制、中舎制、小舎制に分かれています。さらに、家庭的雰囲気のなかでの生活や入所児の生活技能の獲得（退所後の自立のため）をめざした、施設の小規模化策にともなって制度化されたグループホーム（地域小規模児童養護施設）やユニットケア（小規模グループケア）という形態もあります（図表7-1）。

　社会的養護が必要だと判断された子どもは、里親（養親）によってケアを受けるか、あるいは、施設に入所してケアを受けるか、いずれかの道を歩むことになります。子どもを児童養護施設に入所させることを決定するのは都道府県知事の行う措置ですが、その前に、児童相談所において養育環境などに関する調査などが実施され（この間、要保護児童は一時保護所に入所します）、そのうえで、入所の必要性・妥当性を判断するのは、児童相談所長の行う措置となっています。

◆補足

施設養護と家庭養護
社会的養護には、「施設養護」と「家庭養護」とがある。施設養護はすでに紹介した通りだが、家庭養護には、養子縁組、里親委託、ファミリーホームがある。ファミリーホームは、「小規模住居型児童養育事業」を行う住居のことで、家庭環境を失った子どもを、里親や児童養護施設職員などの経験をもつ養育者の家庭のなかで、6人程度の子どもを養育する。

図表7-1 児童養護施設の形態

大舎制	1養育単位当たり20人以上の子どもが暮らす施設。男女別・年齢別に（1部屋5人程度）複数の部屋が配置されている。1つの大きな食堂で食事をとるなど、共同の活動（大集団）を単位とした生活が中心。プライバシーが守られにくい、家庭的な雰囲気がでにくいなどの課題があるとされる。
中舎制	1養育単位当たり13人以上19人以下の子どもが暮らす施設。建物の中を区切って、小さな生活集団の空間を確保し、それぞれに必要な設備をそろえて生活できる。
小舎制	1養育単位当たり12人までの子どもが暮らす施設。敷地内に複数の家屋を建てる場合と、1つの建物の中で生活単位を小さく区切る場合とがある。生活の単位が小さいので、家庭的な雰囲気のなかで生活できる。
グループホーム（地域小規模児童養護施設）	2000年から制度化された形態で、原則として定員6名。本体の児童養護施設とは別の場所に、既存の住宅などで子どもが暮らす。大きな施設では身につきにくい生活技術を獲得できる。また、家庭的な雰囲気のなかでの生活、地域社会と密着した生活を営むことができる。
ユニットケア（小規模グループケア）	小舎制に含まれる。2004年から制度化された形態。原則として定員6人。できる限り家庭的な環境のなかで、職員との個別的な関係を重視したきめ細かなケアが提供される。

第2章　福祉・教育施設を核とした子育て支援

2. 子どもへのマルトリートメントと児童養護施設

1 マルトリートメントの増加

　マルトリートメント（maltreatment）とは、不適切な扱いと訳すことができますが、子どもに対する**虐待**（abuse）や養育の放棄・怠慢（neglect）よりも広い概念とされています。藤田・園田は、厚生労働省による「子ども虐待対応の手引き（平成12年度）」によるマルトリートメントの定義を検討し、「マルトリートメントという概念は、虐待とは言いがたい子どもへの不適切な関わり全般を視野に入れたものである」こと、「この概念を視野に入れることで、予防的な観点から問題状況に接近できるという意味で、虐待（やネグレクト）という言葉での把握よりも適切な援助に繋がりやすい」としています[1]。つまり、マルトリートメントの程度と社会的介入のレベルを、グレーゾーン（要観察）、イエローゾーン（要支援）、レッドゾーン（要保護）と重層的にとらえた場合、グレーゾーンをつくらないよう予防に注力することが、虐待の根本的な解決につながるという考え方が重要である、と彼らは指摘しています。

　近年、保護者からマルトリートメントを受けている可能性があるとして、児童相談所に通告がなされたり相談がもちかけられたりし、それに対して、児童相談所が何らかの指導・措置といった対応を行ったケース（**児童相談所での児童虐待相談対応件数**）は、増加の一途をたどっています。厚生労働省によると、2016（平成28）年度の児童虐待相談対応件数（速報値）は、12万2,578件となり、この統計を取り始めた1990年度の1,101件の約111倍となっています[2]。

　このように児童相談所が対応したケースのうち、家庭内で明らかに虐待が生じていて、迅速な子どもの安全確保が必要だと判断された場合、その子どもは、一時保護所に保護されます。ここでしばらく生活している間に、さまざまな調査や検討がなされたうえで、社会的養護が必要とされた子どもの措置先の一つが、児童養護施設なのです。

2 児童養護施設の役割

　近年、マルトリートメントを理由として児童養護施設に入所する子どもが増えています。2014（平成26）年度中に、新規に児童養護施設に入所となった子どものうち、その理由がマルトリートメントに該当する子どもの割合（2014年度中の新規措置児童のデータ）は、父母の放

補足

虐待の種類

虐待は、身体的虐待、心理的虐待、性的虐待、ネグレクト（養育の怠慢・拒否）に分類される。ネグレクトには、飲食物を与えない、清潔を保たせない、病気・けがの治療を受けさせない、家の中などに監禁する、などが含まれる。

出典

†1　藤田美枝子・園田順一「子ども虐待防止のための家族支援の研究」『吉備国際大学臨床心理相談研究所紀要』（5）、2008年、77-87頁

補足

児童相談所で受け付ける相談

児童相談所で受け付ける相談は、虐待関係のみではない。養護相談、保健相談、障害相談、非行相談、育成相談など、あらゆる子どもに関する悩みや心配事に対応する。児童虐待相談は、養護相談のなかに含まれている。

出典

†2　厚生労働省「平成28年度児童相談所での児童虐待相談対応件数（速報値）」2017年

任・怠惰が13.4％、父母の虐待が35.2％、棄児が0.3％、父母の養育拒否が4.6％となっており、これらを合わせると53.5％となります[†3]。つまり、児童養護施設に入所する子どもの半数以上が、保護者などからのマルトリートメントが高じた結果として、児童養護施設で社会的養護を受けているのが現状です。

　マルトリートメントによって児童養護施設に入所するということは、家族・親族以外の第三者が法的に権限を付与されて親子を分離することです。保護が必要な緊迫した（子どもの生存、安全、発達などが脅かされている）状況から子どもが抜けだせたのだから、これでひと安心と考える人が多いかもしれません。つまり、「入所したあとのこと」に関心をもつ人は、一般的に少ない可能性が高いのです。しかし、入所した子どもも、そのケアにあたる児童養護施設の職員も、さらに子どもと引き離された保護者も、それぞれに困難さ・大変さを抱えていくことになります。

　まず、保護者から虐待などを受けた子どもは、入所後すぐに安定した気持ちで穏やかな生活を送ったり、施設の指導員あるいは転校後の教師やクラスメートとの良好な人間関係を築いたりできるわけではありません。永井によると、入所児の示す問題行動（困難さや大変さ）には、「暴力行為（暴言も含む）をしてしまう」「学力が伸びない」「気分の波が激しい」「自己中心的でしつこく要求をしてしまう」「大人を怒らせるような行動をしてしまう」などがあり、虐待などを受けた入所児のほうが、こうした傾向が顕著だということです[†4]。

　また、虐待などを受けてきた（外傷体験を受けてきた）子どものなかには、トラウマ反応や外傷後ストレス障害がみられる場合もあります。文部科学省のホームページ（在外教育施設安全対策資料【心のケア編】）によると、子どものトラウマ反応には、身体症状、過度の緊張（過覚醒）、再体験、感情の麻痺（解離状態）、精神的混乱、喪失や体験の否定、過度の無力感、強い罪悪感、激しい怒り、著しい退行現象があると整理されています。

　このように、主に心の問題を抱える入所児一人ひとりが、家庭の代わりとなる施設のなかで、他児との暮らしを通して、思いやりの気持ちや協調性を育みながら、幸せに心豊かに成長していき、やがては自立していくことを支えるという施設職員の役割がいかに大変であるかとともに重要であるかは、上記のような入所児の姿を知れば、推測できるでしょう。

　さらに、近年、入所児が早期に家庭復帰できるよう保護者への相談援助を含めた親子関係の再構築を図ること、そのために、必要に応じて保

▶ **出典**

†3　「社会的養護の現状について」厚生労働省資料、2017年、59頁

✦ **補足**

入所理由

入所理由のうち、「棄児」「親の養育拒否」も、筆者の判断で、ネグレクトに含むことにした。

▶ **出典**

†4　永井亮「児童養護施設における被虐待児への支援──児童ソーシャルワーカーによる専門的支援の技法」『ルーテル学院研究紀要：テオロギア・ディアコニア』(39)、2005年、89-101頁

✦ **補足**

トラウマ反応、外傷後ストレス障害

生命や存在を脅かすような強い衝撃を与える出来事（外傷性ストレッサー）を経験することが外傷体験（トラウマ体験）である。また外傷体験によって引き起こされる心身の変調はトラウマ反応、それが長期後遺症として継続する場合、外傷後ストレス障害（PTSD：Post-Traumatic Stress Disorder）とよばれる。

第2章 福祉・教育施設を核とした子育て支援

◆補足

児童養護施設の職員配置
児童指導員、保育士、家庭支援専門相談員、里親支援専門相談員、個別対応職員、心理療法担当職員、職業指導員、栄養士、調理員、嘱託医、事務員、看護師（乳児が入所している施設）など。

反感と対峙する
ここで「反感と対峙する」とは、自分たちを離別させた機関・施設の一つである児童養護施設の職員に対する反発心が入所児の保護者にはあり、その職員からの支援を素直に受け入れないケースがあるため、それを乗り越えないと、職員は自分の役割を果たせない、という意味。

事情
ここで例示している「事情」は、あくまでマルトリートメントに結びつく可能性があるとされている事情であり、例示されている状況にある家庭の保護者のすべてがマルトリートメントを行うという意味ではない。

護者・入所児双方に対する心理療法を行うこと、あるいは、家庭的雰囲気のもとで暮らせるよう里親委託を推進することなどが重視されてきています。したがって、補足「**児童養護施設の職員配置**」のところで示すように、家庭支援専門相談員、心理療法担当職員、里親支援専門相談員、個別対応職員などが児童養護施設に配置されるようになりました。つまり、極端なマルトリートメントをしてしまった保護者の気持ちに寄り添い、そうせざるを得なかった背景などにも十分に共感しながら、さらに、わが子を奪ったという保護者の**反感とも対峙しながら**、わが子の家庭復帰を求める保護者へのケア（親としての成長）を根気よく継続していくとともに、復帰を許可してよい段階に保護者が到達しているのかどうかを冷静に評価しなくてはならないのです。

　こうした役割を果たしてきている児童養護施設であるからこそ、明確なマルトリートメントの状態にあるとはいえないけれども、それを引き起こす可能性が高いと学問的に示唆されているさまざまな**事情**を抱えた家庭（貧困な家庭、ひとり親家庭、DVの起こっている家庭、夫婦関係の悪い家庭、たび重なる転居により地域内で孤立する家庭など）の支援を担うことにも、大きな期待が寄せられるようになりました。これが、次で紹介する児童養護施設が行う地域の家庭を対象とした子育て支援の取り組みです。

3．児童養護施設の新たな役割——地域子育て支援

■1■ 児童養護施設が実施する子育て支援事業

　児童養護施設は、それぞれが所在する地域における子育て支援の拠点として、さまざまな悩みや課題を抱える地域の子育て家庭を支援する機能を担っており、近年、その役割に大きな焦点が当てられるようになってきました。

　具体的には、本書第1章レッスン3「子ども・子育て支援新制度とは」の中で紹介されている「子育て短期支援事業（ショートステイ事業、トワイライトステイ事業）」をはじめとして、「ひきこもり・不登校児童に対する援助」「児童館の運営など子どもの健全育成を図る取り組み」「児童家庭支援センターを設置して、子育てに関するさまざまな不安や疑問を抱える家族への相談・援助」などを実施しています。ここでは、それらのうち、子育て短期支援事業および児童家庭支援センターの取り組みを取り上げ、その内容を以下でくわしく紹介していきます。

レッスン7　児童養護施設が行う子育て支援

図表 7-2 ショートステイ事業とトワイライトステイ事業

ショートステイ事業	保護者の病気や仕事などの理由によって、子どもの養育が一時的に困難となった場合、育児不安・育児疲れ・慢性疾患児の看病疲れなどの精神的負担や身体的負担を軽減することが必要な場合に、その子どもを児童養護施設などで一時的に預かる。原則は7日以内とされている。
トワイライトステイ事業	保護者が仕事やその他の理由によって、平日の夜間または休日に不在となり、家庭において子どもを養育することが困難となった場合、その他緊急の場合に、その子どもを児童養護施設などにおいて保護し、生活指導、食事の提供等を行う。

2　子育て短期支援事業

　母子家庭などが、安心して子育てしながら働くことができる環境を整備するため、一定の理由から子どもの養育が一時的に困難となった場合に、その子どもを児童養護施設などで預かる事業です。「短期入所生活援助事業（ショートステイ事業）」と「夜間養護等事業（トワイライトステイ事業）」の2種が用意されています（図表7-2）。

　どちらも、児童養護施設のほか、母子生活支援施設、乳児院、保育所など、住民の身近にあり適切に保護・養育が可能な施設で実施されています。全国でショートステイ事業を提供している施設数は、2009（平成21）年度に600か所を超え、2014（平成26）年度には711か所となっています。また、トワイライトステイ事業を提供している施設数は、2008年度に300か所を超え、2013（平成25）年には370か所となっています[†5]。

3　児童家庭支援センターによる支援

　児童家庭支援センターは、「児童福祉法」の改正（1997［平成9］年の改正）によって、児童養護施設を中心に、従来からある児童福祉施設などに附置されることとなった、主に地域の家庭を対象とした相談援助を行う施設です。つまり、新たにつくられた児童福祉施設（第二種社会福祉事業を行う施設）の一つです。当時、このセンターは、児童相談所の補完的役割を担うものとして、「地域の家庭からの相談に応じること」「児童相談所から事業委託を受けること」「関係機関との連絡調整を行うこと」をめざしてつくられました。しかし、この時点では、どのような相談を受けるかなど実際の業務が明確でないまま創設されたこともあり、各センターがそれぞれの地域においてどのような業務が妥当なのかを模索していました。その後、地域における子育て支援のうち、どの分野を担当すればよいのかに関して、児童相談所や市町村の他機関などと協議を続けながら、独自の支援分野を開拓してきました。

▶**出典**

†5　内閣府「地域子ども・子育て支援事業について」http://www8.cao.go.jp/shoushi/shinseido/meeting/kodomo_kosodate/b_1/pdf/s9_7.pdf

◆**補足**

児童家庭支援センター

児童家庭支援センターは、児童養護施設のほかに、乳児院、母子生活支援施設、児童心理治療施設、児童自立支援施設などに附置されている。2017年2月1日現在、児童家庭支援センターの数は全国で109か所となっている。こども家庭支援センターとよばれることもある。（新たな社会的養護のあり方に関する検討会「児童家庭支援センターに関する資料」）

児童家庭支援センターの職員

児童家庭支援センターには、運営管理責任者を定めることに加えて、相談・支援を担当する職員2名と心理療法などを担当する職員1名を配置すると定められている。

85

こうした経緯ののち、上記の3事業に加えて、「市町村の求めに応ずる事業」や「里親等への支援」も盛り込まれました。これにより、現在は、これまで以上に地域に根ざした活動が、このセンターに求められるようになってきています。

以下に、2013（平成25）年6月7日（一部改正として）に厚生省児童家庭局長から、都道府県知事・指定都市市長・児童相談所設置市市長あてに出された「児童家庭支援センターの設置運営等について」のなかの「4.事業内容等」を抜粋します（図表7-3）。

地域の子育て支援とはいっても、児童養護施設などの附置されたセンターが行っているのは、たとえば、（1）のなかの「専門的な知識及び技術を必要とするもの」、（3）のなかの「施設入所までは要しないが要保護性がある児童、施設を退所後間もない児童など、継続的な指導措置が必要である」、（5）のなかの「児童や家庭に対する支援を迅速かつ的確に行う」にあるように、子育てに関するさまざまな不安や疑問を抱える家族への相談・援助とはいっても、子どもが健全・安全に発達しているとはいいがたい家庭を対象にした支援であることがうかがえます。

つまり、まずは、**予防の3段階**[*]でいうと、子どもの成長・発達にとって危険な状況（問題を抱えた状況）の発見、次に、それ以上危険な状態が進まないよう介入し、保護者の気持ちや行動をより望ましい方向に導きながら、親子分離に至らないようにするという、いわゆる第2次予防を中心に支援が展開されていると考えてよいでしょう。

一般的に地域で提供されている誰もが利用する支援（両親学級、乳幼

✳ 用語解説
予防の3段階
予防には、第1次予防から第3次予防までの段階がある。第1次予防は、問題の有無に関わらず、その未然防止を目的として一定の対象者全員に行われる取り組み、第2次予防は、問題の初期兆候を見せている個人を対象に、問題がそれ以上悪化しないよう早期から介入する取り組み、第3次予防は、起こってしまった問題の重篤化や長期化、そこから生じる2次被害の軽減を目的として行われる取り組みである（富田貴代子・青木紀久代「第8章ハイリスク傾向にある親子への家庭支援」『いっしょに考える家族支援——現場で役立つ乳幼児の臨床心理』明石書店、2010年、148-153頁）。

図表7-3 児童家庭支援センターの実施事業

(1) 地域・家庭からの相談に応ずる事業	地域の児童の福祉に関する各般の問題につき、児童に関する家庭その他からの相談のうち、専門的な知識及び技術を必要とするものに応じ、必要な助言を行う。
(2) 市町村の求めに応ずる事業	市町村の求めに応じ、技術的助言その他必要な援助を行う。
(3) 都道府県又は児童相談所からの受託による指導	児童相談所において、施設入所までは要しないが要保護性がある児童、施設を退所後間もない児童など、継続的な指導措置が必要であるとされた児童及びその家庭について、指導措置を受託して指導を行う。
(4) 里親等への支援	里親及びファミリーホームからの相談に応じる等、必要な支援を行う。
(5) 関係機関等との連携・連絡調整	児童や家庭に対する支援を迅速かつ的確に行うため、児童相談所、市町村、福祉事務所、里親、児童福祉施設、自立援助ホーム、ファミリーホーム、要保護児童対策地域協議会、民生委員、児童委員、母子自立支援員、母子福祉団体、公共職業安定所、婦人相談員、保健所、市町村保健センター、精神保健福祉センター、教育委員会、学校等との連絡調整を行う。

出典：厚生省児童家庭局「児童家庭支援センターの実施事業」をもとに作成

児健診、地域子育て支援拠点の利用など）は第1次予防の取り組み、児童相談所の一時保護所を経て里親委託や児童養護施設などの入所へ至る親子分離のケースは第3次予防の取り組みであり、児童家庭支援センターは、この両者の間に位置する非常に微妙な立場から、きわめて高い専門性が必要な第2次予防を主に担っているといえます。

演習課題

①児童相談所における相談分類として本レッスンの側注で紹介した養護相談、保健相談、障害相談、非行相談、育成相談は、それぞれ具体的にどのような内容なのかを調べてみましょう。

②児童養護施設におけるさまざまな職種の職員は、それぞれ具体的にどのような役割を果たしているのかを調べてみましょう。

③用語解説のなかで紹介されている第1次予防の取り組みとして、子育て支援の分野では具体的にどのような事業があるかを調べてみましょう。

参考文献

レッスン6

厚生労働省ホームページ「平成25年国民生活基礎調査の概況　Ⅱ　各種世帯の所得等の状況　7　貧困率の状況」

　http://www.mhlw.go.jp/toukei/saikin/hw/k-tyosa/k-tyosa13/dl/03.pdf

特定非営利活動法人全国認定こども園協会編著・吉田正幸監修『認定こども園の未来――幼保を超えて』フレーベル館　2013年

佐藤純子・今井豊彦編著『早わかり子ども・子育て支援新制度―現場はどう変わるのか』ぎょうせい　2015年

内閣府ホームページ「子ども・子育て支援新制度について【分割版】Ⅲ 認定こども園について」

　http://www8.cao.go.jp/shoushi/shinseido/outline/pdf/setsumei3.pdf

無藤隆・北野幸子・矢藤誠慈郎　『認定こども園の時代』ひかりのくに　2015年

文部科学省ホームページ「平成18年版 文部科学白書　第2部第2章 トピックス1：認定こども園について」

　http://www.mext.go.jp/b_menu/hakusho/html/hpab200601/002/002/001.htm

レッスン7

厚生労働省　参考資料「社会的養護の現状について」2017年

　http://www.mhlw.go.jp/file/06-Seisakujouhou-11900000-Koyoukintoujidoukateikyoku/0000154060.pdf

厚生労働省児童家庭局長通知　【一部改正】「児童家庭センターの設置運営等について」2015年

　http://www.mhlw.go.jp/bunya/kodomo/pdf/tuuchi-44.pdf

厚生労働省ホームページ報道発表資料「子ども虐待による死亡事例等の検証結果（第

第 2 章　福祉・教育施設を核とした子育て支援

　　12次報告の概要）及び児童相談所での児童虐待相談対応件数等」2016年
　　http://www.mhlw.go.jp/stf/seisakunitsuite/bunya/0000137028.html
　全国児童養護施設協議会発行パンフレット「もっと、もっと知ってほしい 児童養護施
　　設」http://www.zenyokyo.gr.jp/pdf/pamphlet_h27.pdf
　文部科学省ホームページ「在外教育施設安全対策資料【心のケア編】第 2 章　心のケ
　　ア各論　Ⅲ外傷体験とは」
　　http://www.mext.go.jp/a_menu/shotou/clarinet/002/003/010/005.htm

おすすめの 1 冊

**秋田喜代美・小西祐馬・菅原ますみ『貧困と保育──社会と福祉につなぎ、希望をつ
むぐ』かもがわ出版　2016年**
　乳幼児期の保育のあり方を、貧困を中心にして論じた先駆的な本である。一人ひと
りの子どもを大切にする保育士を目指す者にとって必須の道標である。

第3章

地域で展開される子育て支援

本章では、地域が中心になって行う子育て支援について学んでいきます。地域の子育て支援については、「子ども・子育て支援新制度」の事業として実施される公的なものから、自発的な参加による集まりである子育てサークルまでさまざまなものがあります。この章では、それらの種類と特徴について学んでいきましょう。

レッスン8	地域子育て支援拠点事業
レッスン9	放課後子ども総合プラン
レッスン10	地域で展開される多様な支援活動

レッスン8

地域子育て支援拠点事業

本レッスンでは、「子ども・子育て支援法」に規定されている「地域子育て支援拠点事業」を取り上げ、その源流から現在までの変遷、現状と今後のあり方について学びます。親子の交流を促進したり育児に関する相談を受けたりすることをとおして、家庭における育児の不安定さや地域の子育て機能の低下、あるいは、子育て中の親の孤独感・負担感などの諸課題を解決するために実施されている事業です。

☑ 法令チェック

「子ども・子育て支援法」第59条第9号では、地域子ども・子育て支援事業の一つとして地域子育て支援拠点事業が規定されており、その具体的内容は「児童福祉法」第6条の3第6項に規定されている。

「児童福祉法」第6条の3第6項では、「この法律で、地域子育て支援拠点事業とは、厚生労働省令で定めるところにより、乳児又は幼児及びその保護者が相互の交流を行う場所を開設し、子育てについての相談、情報の提供、助言その他の援助を行う事業をいう」とある。

▶ 出典

†1 柏木惠子・森下久美子編著『子育て広場武蔵野市立0123吉祥寺——地域子育て支援への挑戦』ミネルヴァ書房、1997年、146頁

✳ 用語解説

エンパワメント
人が自分の潜在した力を、何らかの経験を通して、自ら顕在化するプロセスないしは成果である。

レジリエンス
不利な環境に置かれても、それを跳ね返す力(抵抗力や耐久力など)を示す。

1. 親子の居場所——「常設のひろば」という発想

▰ 1 行政主導の子育て支援施設の発足

地縁が薄くなった現在、子育て家庭は、子どもどうしの関係をきっかけとして互いの交流を始め、それを深めていきます。子どもどうしの関係が始まるのは、ほとんどの場合、幼児教育・保育施設に子どもが通い始めるときです。したがって、この時期が家庭どうしのつながりの好機となるのですが、主に3歳未満の就園・就所前の子どもとその保護者にとっては、そうした機会がなかなか得にくい状況が長く続いていました。

今から約四半世紀前の1992(平成4)年11月、東京都武蔵野市内に「子育て広場0123吉祥寺」が発足しました。この子育て支援施設は、大学教員などの協力を得ながら、行政が主導する形でつくられた親子の居場所です。ここは、施設の名称からもわかるように、就園・就所前の乳幼児とその親が、各家庭の親子の生活リズムに合わせて自由に集うことができる子育てのための「ひろば」です。この施設で最も大切にされているのは「自由に、なにを、いつまでしてもいい」という理念です†1。つまり、主たる対象者(利用者)を就園・就所前の乳幼児とその親と想定し、「自分の家庭のペースやニーズに合わせて主体的に拠点を活用する」ことを重視している点が大きな特徴です。

▰ 2 子育てひろばが常設である利点

こうした「利用者の**エンパワメント**[*]あるいは**レジリエンス**[*]」をめざすといった理念を掲げた拠点(居場所)は、カナダで発展した「ドロップイン・センター」や「ファミリーリソースセンター」と類似しています。前者は、移民したばかりの貧困層が多い地域において、親子が気軽に立ち寄る(ドロップインできる)居場所、後者は、子育て家庭に必要な資

源がさまざまにそろっている（ファミリーリソース）居場所です。この国では、いずれの拠点も、子どもと家庭の健全さを保障・増進することを通して、地域社会の福祉を充実させるサービスとして発展しました。

わが国では、こうした流れとは別に、「子育て広場0123吉祥寺」をモデルとして、子育ての当事者や当事者に近い立場の人々が中心となって、「むくどりホーム・ふれあいの会（1995［平成7］年開設・札幌市）」「ひだまりサロン（1998［平成10］年開設・福岡市）」「おやこの広場・びーのびーの（2000［平成12］年開設・横浜市）」などの子育てひろばが順次開設されていきました。どのひろばも、「常設（行きたいと思ったときにいつでも利用できること）にこだわった」拠点であった点に着目すべきでしょう。なぜなら、自分がいつ・どのように拠点で過ごすかを自己決定できるという環境が、保護者のエンパワメントやレジリエンスを高めていくと考えられるからです。

◆補足

ひろば事業

カナダのドロップイン・センターを直接のモデルとしたひろば事業は、神戸大学が2005年から開始している。

---

2. 地域子育て支援拠点事業の変遷

▌1 拠点事業はさまざまな機関が実施していた

第1節では、地域子育て支援拠点事業の始まりをその理念とともに紹介しましたが、それは「親子の居場所としての常設のひろば」をめざした取り組みでした。しかし、実際には、これに先行して、保育所が中核となって地域の子育て家庭を支援する取り組みが実施されていました。また、地域の児童館においても、就学前の子どもと親を対象としたプログラムや子育て相談など、子育て支援に関する事業が展開されていました。こうした、それぞれの端緒が異なる多様な取り組みが一本化されたものが、現在の「地域子育て支援拠点事業」です。この事業は、本書の第1章レッスン3「子ども・子育て支援新制度」でも紹介されているように、今では、13種の「地域子ども・子育て支援事業」の一つに位置づけられています。現在、この事業は、「一般型」「連携型」という類型設定がなされていますが、本節では、こうした形になるまでの変遷をたどっていきます。

▌2 保育所を中心とした乳幼児を育てる家庭への支援

育児不安の低減・解消が重要課題であると判断した政府は、1993（平成5）年度から、保育所が中心（センター）となって、地域の子育て家庭（在所児以外の家庭）を対象として、育児に関する相談・指導や子育

第3章　地域で展開される子育て支援

参照
エンゼルプラン
→レッスン2

⬥補足
地域子育て支援センター
地域子育て支援センター事業を担当する保育士が常駐する指定施設を指す。

てサークルなどへの支援を展開する「保育所地域子育てモデル事業」を開始しました。この事業は、「**エンゼルプラン**」（1995［平成7］～1999［平成11］年度）の策定によってさらに充実・発展し、1995年には「**地域子育て支援センター事業**」と改名されました。この地域子育て支援センターは、地域子育て指導者および子育て担当者を指定施設（市町村が指定する保育所など）に置くという形で運営されてきました。

　この事業の実施要綱は、何度か改正されました。1995年当初には、「育児不安等についての相談指導」「子育てサークル等の育成・支援」「地域の保育ニーズに応じた特別保育の積極的実施」の3事業が実施されていましたが、1998（平成10）年には「ベビーシッターなど地域の保育資源の情報提供」が、2000（平成12）年には、さらに「家庭的保育を行う者への支援」が追加されました。

　これらの事業は、保護者がセンターに来所する方法、保護者が電話を通じて相談する方法、センターの職員が保護者の家庭を訪問する方法などを通して行われますが、センターの職員が保育士としての専門性を生かして地域の多様な資源にアウトリーチし、情報を提供したり親子遊びなどの技能を伝達したりするという、それまでにはみられなかった取り組みが展開されたことも大きな特徴といえます。

3　乳幼児を育てる家庭にひろば（居場所）を提供する支援

　保育所に併設されたセンター、あるいは保育士を軸としたセンターによって進められた地域の子育て力を高める取り組みとは別に、未就園の子どもを育てる親自身が、子どもの遊び場や親子の交流の場を求める活動が活性化しました。すでに述べたように、わが国における常設の子育てひろばの端緒・モデルは、1992（平成4）年11月に発足した武蔵野市における「子育て広場0123吉祥寺」ですが、この取り組みがけん引する形となって、「常設の子育てひろば」が全国に次々と広がっていきました。

　こうした流れのなか、2002（平成14）年、国は「子育て広場0123吉祥寺」および「おやこの広場・びーのびーの」を参考として「**つどいの広場事業**」という制度を策定しました。この事業には、4つの基本事業として「子育て親子の交流・つどいの場を提供する」「子育てアドバイザーが子育て・悩み相談に応じる」「地域の子育て関連情報を集まってきた親子に提供する」「子育てサポーターの講習を実施する」が定められました。この事業の大きな特徴は、おおむね3歳未満の子どもと親が自分のニーズやペースに応じて自由に気軽につどえる居場所を提供する点にあります。先に紹介した地域子育て支援センター事業がアウトリーチに

よる「届ける支援」だとすれば、この事業は居場所を準備して地域住民がそこに来るのを「待つ支援」だといえます。

こうした「みずからのニーズやペースに応じて自由に気軽につどうこと」は、「ちょっと立ち寄る」という意味で「ドロップイン」ともよばれますが、この点からいえば、地域子育て支援拠点のもう一つの起源は、2000年以降に日本に紹介されたカナダなどのいわゆる子育て支援先進国におけるドロップイン・センターにあります。たとえば、神戸大学が運営する子どもと家庭の福祉に力点を置いた実践が展開されている「ひろば」の原型は、当事者発の発想・取り組みではなく、カナダのドロップイン・センターをモデルにしたものです。

4 児童館が提供する子育て支援の取り組み

児童館は、地域の子どもの発達支援・健全育成を担う児童厚生施設の一つです。その対象は小中高校生だけでなく、就学前の乳幼児も含めた0歳から17歳までの子どもです。さらに、子どもの最善の利益を保障するための、地域福祉的な機能を発揮するよう求められるようになったことから、親をはじめとした地域住民も利用できる拠点ともなっています。こうした背景もあり、全国各地の児童館では、従来から乳幼児を育てている地域の家庭が参加できる母親（幼児）クラブなどの取り組みを、たとえば、対象年齢を限定した登録制などの方法で行ってきたと思われますが、近年までその実態は明らかにされていませんでした。

しかし、一般財団法人児童健全育成推進財団（2011［平成23］年）が、全国の市区町村および児童館を対象に大規模調査（市区町村から1,425票、児童館から4,334票）を実施したところ、一定の割合で就学前の子どもとその親が児童館を利用している（この利用は中高生の利用よりも多い）こと、母親クラブを「実施している」児童館が約44％となっていること、約半数の児童館では母親のグループに対する場所の提供やその活動に対する何らかのサポートを実施していることが明らかにされました。さらに、こうした支援の内容（母親クラブとの連携事業）として、約84％の児童館が「親子交流事業」を、約56％の児童館が「世代間交流事業」を実施していること、さらに、児童館の活動内容として、何らかの「保護者の子育ての支援」を約85％の児童館が実施していました。以上から、全国の児童館の半数以上が、子育て支援にかかわる多様な取り組みを行っていることがうかがえます。

この調査が5年に1回の実施であることを考えれば、少なくとも2006（平成18）年以降、多くの児童館は、子育て支援の拠点となってい

◆ 補足
「ひろば」の原型
この原型に基づいた「ひろば」は、現在、神戸大学大学院人間発達環境学研究科サテライト「のびやかスペースあーち」として、神戸市の地域子育て支援拠点の一つとなっている。

☑ 法令チェック
「児童福祉法」第40条〔児童厚生施設〕：児童厚生施設は、児童遊園、児童館等児童に健全な遊びを与えて、その健康を増進し、又は情操をゆたかにすることを目的とする施設とする。

ること、しかも、その内容が前述したつどいの広場事業の内容と共通していたといえます。

5　３つの支援の統合──地域子育て支援拠点事業へ

ここまで紹介してきた３つの支援、すなわち、1995（平成７）年に始まった「地域子育て支援センター事業」、2002（平成14）年に制度化された「つどいの広場事業」、2006年度以降に活性化したと推測される児童館による子育て支援は、2007（平成19）年度以降「地域子育て支援拠点事業」とよばれる一つの枠組みの中に統合・再編されました。この事業の概要を、厚生労働省ホームページより抜粋して筆者が改変・作成したものが、図表８-１です。

この表からわかるように、統合・再編されたとはいえ、原形は保持されて３つの類型で構成されています。３類型に共通しているのは、図表内の「基本事業」にある４つの取り組みが必須となっている点です。この内容は、つどいの広場事業で定められていた４事業をほぼ踏襲していますが、違いをあげれば、４つ目の「子育てサポーターの講習を実施する」が「子育て及び子育て支援に関する講習等の実施」になっている点です。つまり、講習の受講対象が支援者（サポーター）だけでなく利用者である地域住民にまで拡張された点に大きな変化をみることができます。

また、これら基本４事業に加えて、図表内の「実施形態」に示されているように、各類型に対して期待・推奨される取り組みが定められています。これらは、必須ではないのですが、事業として導入した場合には、別途補助金が加算される取り組みです。

センター型に対しては、「地域支援活動」という取り組みが期待されており、その具体的内容は「公民館や公園等に職員が出向いて親子交流や子育てサークルへの援助等を行う」「地域支援活動をとおして、より重点的な支援が必要だと判断される家庭に対応する」です。

児童館型に対しては、「地域の子育て力を高める」取り組みが期待されており、その具体的内容は「つどいの広場における中・高校生や大学生等ボランティアの日常的な受け入れ・養成」です。

ひろば型に対しては、多くの取り組みが期待されていますが、その一つ目は、「ひろば」機能にさらなる機能を付加させて、事業内容を拡充するという取り組み（具体的には、一時預かり事業や放課後児童クラブなどの多様な子育て支援活動を、関係機関などとネットワーク化を図りながら、ひろばと一体的に実施すること）です。２つ目は、「出張ひろば」の取り組みであり、常設のつどいの広場を実施している主体が週に１〜

レッスン8　地域子育て支援拠点事業

2回・1日5時間以上、常設以外の場所にアウトリーチしてひろばを開設すること、3つ目は、「地域の子育て力を高める」取り組みであり、「中・高校生や大学生等ボランティアの日常的な受け入れ・養成」「世代間あるいは異年齢児童との継続的な交流」「父親サークルの育成など継続的な父親のグループづくり」「公民館、街区公園、プレーパークなど親子が集まる場所における支援や見守りなど」です。

　センター型の従事者であるためには「保育士」という資格が必要ですが、ひろば型・児童館型の従事者であるための条件は、意欲・知識・経験を有する者となっていて、資格の制約はありません。つまり、センター型の従事者には専門性を求める内容になっています。また、児童館型の従事者はすでに児童館にいる専門性のある職員と協力して業務を遂行できます。

　これに対し、ひろば型にはそのような要件が設定されていないにも関わらず、期待・推奨される取り組みは多岐にわたっています。もちろん、基本4事業のみでも拠点の実施主体として補助金交付の対象として認められるのですが、ひろば型には、実施場所や開設日数などの選択肢も広くなっています。言い換えれば、3つの類型のうち、ひろば型が最も自由度が高く、実施主体側の創意・工夫によって柔軟に取り組み内容を

図表8-1 地域子育て支援拠点事業の概要（2007年度）

	ひろば型	センター型	児童館型
機能	常設のつどいの場を設け、地域の子育て支援機能の充実を図る	地域の子育て支援情報の収集・提供に努め、子育て全般に関する専門的な支援を行う/地域支援活動を行う	民営の児童館内で一定時間、つどいの場を設け、子育て支援活動従事者による地域の子育て支援を行う
実施主体	特別区を含む市町村 社会福祉法人、NPO法人、民間事業者等への委託等も可		
基本事業	①子育て親子の交流の場の提供と交流の促進 ②子育て等に関する相談・援助の実施 ③地域の子育て関連情報の提供 ④子育ておよび子育て支援に関する講習等の実施		
実施形態	・上記①〜④の事業 ・機能拡充の取り組み ・出張ひろばの取り組み ・地域の子育て力を高める取り組み	・上記①〜④の事業 ・地域支援活動の取り組み	・上記①〜④の事業 ・地域の子育て力を高める取り組み
従事者	子育て支援に関して意欲があり、子育てに関する知識・経験を有する者（2名以上）	保育士等（2名以上）	子育て支援に関して意欲があり、子育てに関する知識・経験を有する者（1名以上）に児童館の職員が協力
実施場所	公共施設の空きスペース、商店街の空き店舗、民家・マンション・アパートの一室など	保育所、医療施設等、公共施設など	児童館
開設 日数等	週3〜4日、週5日、週6〜7日 1日5時間以上	週5日以上 1日5時間以上	週3日以上 1日3時間以上

構想・実践できることに加え、そうした取り組みの目的や内容に応じて必要とされる資質を有した従事者を柔軟に雇用できるといった特徴を備えているといえます。

6 新たな枠組みによる地域子育て支援拠点事業

2007（平成19）年度以降、3類型がそれぞれの特性を生かして、乳幼児を育てている家庭に対する地域に根ざした支援を展開していたにも関わらず、2013年度より、地域子育て支援拠点事業は、これら3類型とは別の枠組み（一般型・連携型・地域機能強化型）で再編成されることとなりました。従来のセンター型とひろば型は「一般型」として同じ類型となり、従来の児童館型は「連携型」とされました。さらに、一般型の拠点が**「地域支援機能」**または**「利用者支援機能」**を付加して事業展開を行う場合には**「地域機能強化型」**とされました。

しかし、翌2014年度には、このうち「地域機能強化型」をなくすという再々編が行われました。その理由は、2014（平成26）年1月24日付で内閣府が公表した「利用者支援事業について」の中の8ページにあるように、利用者支援機能が**「利用者支援事業」**として新規に事業化され、独立した取り組みとなったためです。図表8-2は、このような経緯とこの事業の実施か所数の推移を示したものです。この図表から、地域子育て支援拠点の数は順調に増加していることがわかります。

こうした紆余曲折があったものの、結果的・実質的には、これまでの地域子育て支援センター、子育てひろば、児童館など既存の施設で展

◆補足

地域支援機能
親子の育ちを支援する世代間交流やボランティアなどとの支援・協力などを行う。

利用者支援機能
地域の子育て家庭に対して、保育所利用などの子育て支援に関する情報の集約・提供などを行う。

参照
利用者支援事業
→レッスン3

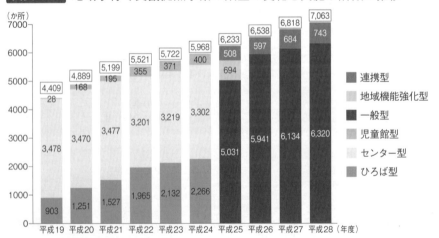

図表8-2 地域子育て支援拠点事業の類型の変化と実施か所数の推移

※実施か所数は交付決定ベース（25年度は国庫補助対象分）
※25年度・26年度に類型の変更を行っている
出典：厚生労働省「地域子育て支援拠点事業実施状況（平成28年度）」2017年

レッスン8　地域子育て支援拠点事業

開される支援は、互いの特徴や独自性を保ちつつも相互に連携しながら、地域の子どもの育ちと保護者に対する育児支援を協働的に担っています。第3節では、こうした拠点どうしの連携・協働事例を紹介しながら、その意義を考えてみたいと思います。

3.　地域子育て支援拠点どうしの連携

1　運営主体どうしの連携の必要性

　妊娠・出産期に入ると、家族に新しい命が加わることで、その当事者である女性には、それまでに構築してきた対人関係を構築し直すことが求められます。こうした関係性は、夫婦間や親子間だけにとどまらず、「自分と子どもが社会的に受容されているかどうか、それをサポートする人々や社会とのつながり」も視野に入ってきます[†2]。つまり、子どもを育て始めた女性や保護者にとって、家族・親族内のつながりや職業上のつながりとは質を異にする地域社会とのつながりが重要になります。

　こうした新しいつながりを提供するのが、地域子育て支援拠点事業の重要な役割ですが、子育て期にある地域住民の大きな関心は、自宅から通いやすく、安心して子どもを遊ばせることができ、自分たちも気軽に交流でき、必要なときにタイミングよく支援を受けられる居場所をみつけることにあります。つまり、どこが運営主体であるかは、子育てを開始した家庭にとっては、それほど重要ではないと思われます。

　こうした利用者の視点に立つことを第一義に考えるならば、3種の立場から拠点を運営する主体どうしが、互いの知識・技能を交換し合ったり、互いの拠点に出向いてサービスを提供し合ったりすることをとおして、どの拠点も地域住民にとって、より利用価値の高いサービスを提供できるよう成長していくことが求められます。以下は、兵庫県神戸市灘区で展開されてきている**地域子育て支援センター**（神戸市）、子育てひろば（大学）、児童館（社会福祉協議会）の連携・協働の事例です。

2　互いのサービスやプログラムを紹介し合う

　三者ともに、みずからが実施するサービスやプログラムを月間予定表の形式で掲載する広報誌（〜便り、〜通信など）を発行しています。「地域子育て支援センター（地域子育て応援プラザ灘）」が2か月に1回発行する「おひさまだより」には、このセンターが実施するプログラムだけではなく、区内の児童館が実施するプログラム（子育てサークルのプ

▶**出典**
†2　松島京「親になることと妊娠・出産期のケア──地域医療と子育て支援の連携の可能性」『立命館産業社会論集』39（2）、2003年、19-33頁

✦**補足**
神戸市の地域子育て支援センター
神戸市灘区の地域子育て支援センターは「地域子育て応援プラザ灘」という名称。同区内の子育てひろばは2つの大学（神戸大学、神戸松蔭女子学院大学）で運営されているが、ここでは神戸大学の拠点「のびやかスペースあーち」を紹介する。また、区内の連携型児童館は10館ある。

97

ログラムも）が掲載されています。また、「のびやかスペースあーち（以下、あーち）」が毎月発行する「あーち通信」は、「地域子育て応援プラザ灘」が主催するプログラム実施時に配布（乳幼児健診でも配布されている）できるよう郵送されているのに加えて、児童館10か所にも郵送されています。これらの児童館からも、毎月の「児童館だより」が届けられ、「あーち」の情報コーナーに掲示されています。互いの取り組みを知ることができるので、たとえば、「あーち」のスタッフであれば、その利用者に対して「応援プラザ灘では、○○児童館では、こんなプログラムが開かれますよ」と紹介できます。利用者の視点に立てば、3種の拠点のうちどこかを利用すれば、ほかの拠点の情報も同時に得られるという大きなメリットが生まれます。インターネットでプログラムの予定表を検索する利用者もいるでしょうが、多忙な保護者にとって、「ついで」に見る・知ることができるのは、大きな利便性につながっていると思われます。

３ 互いの拠点にアウトリーチしてプログラムを担う

「地域子育て応援プラザ灘」は、灘区の子育て支援のかなめであり、センター的な役割を果たすという意味からも、子育てひろばや児童館、子育てサークルなどに出向いてプログラムなどの提供を積極的に行っています。たとえば、「おひさまだより」6・7月号（2016［平成28］年度）をみると、応援プラザ灘が六甲道児童館にアウトリーチして、「トイレットトレーニングの話と親子のふれあい遊び」というプログラムを6月に1回応援プラザ灘が実施しています。

応援プラザ灘は、子育てひろば「あーち」にも、**アウトリーチ**しています。それは、2007（平成19）年1月から長期間にわたって定期的（毎週火曜日午前中）に実施されている「おひさまひろば あーち」とよばれるプログラムであり、応援プラザ灘の保育士か灘区内の公立保育所に勤務する保育士が、在宅で子育てをしている保護者から育児相談を受けたり、子どもと保護者が一緒に楽しむことのできる歌や体操などを交えたふれあい遊びを提供したりしています。この取り組みについては、地域子育て支援センターと子育てひろばの双方や利用者にとっても大きな意義につながっていますので、以下にくわしく述べていきます。

まず、地域子育て支援センターの保育士にとって、子育てひろばにはどのような親子が来ているのか、子育てひろばを利用する保護者の「子育て観」や「育児上の悩み」がどのようなものかを、改めて確認することができるため、それを活用しながら、センターが提供するサービスやプログラムの内容を充実・発展させていくことが可能になると思われま

す。また、人気の高いプログラムであり、毎回、大勢の親子が参加するため、多人数を相手にする際のふれあい遊びの方法を工夫することが、保育士の技能向上につながっているようです。

　またセンターで相談を受けて、それ以後も見守りが必要だと保育士が思っていた親子が「あーち」を利用していれば、保育士がそこにアウトリーチしたときに、その親子をフォローできるという利点もあります。つまり、センターでの相談が当該親子が暮らす近隣でも継続するという点で、意義の深い取り組みになっています。

　一方、子育てひろばのスタッフにとっては、保育士の知識・技能に基づく助言を、施設の運営に生かすことにつながっています。たとえば、「あーち」ではランチタイムを設定していますが、子どもはおもちゃが目の前にあるといつまでも遊びを続けようとします。そこで、保育士からの助言を受け、ランチタイム開始前に、おもちゃの棚をシーツで覆ったところ、子どもは落ち着いて食事をするようになりました。またランチタイムには、保育士が子どもと一緒におもちゃの後片づけをしてくれるため、これが楽しみながらのしつけにつながり、自然に保護者も片づけに積極的に関わるようになりました。さらに、保育士が保護者に手づくりおもちゃのつくり方を教える、館内の危険な箇所をみつけて改善策を子育てひろばのスタッフに示すなどもしてくれます。以上のように、別種の拠点を運営する主体どうしが連携・協働することで、拠点だけではなく、利用者にとっても多様な意義やメリットがあります。

　なお、子育てひろば「あーち」の側からは、地域子育て支援センターにアウトリーチして、直接に利用者に向けたプログラムを実施することはないものの、1年に1度、応援プラザ灘の保育士および灘区内の公立・私立保育所の保育士を対象とした「保育士さんのステップアップセミナー」を秋から冬にかけて2～3回のシリーズで開催しています。応援プラザ灘が、前もって保育士が学びたい内容を聞いておき、それを担当できる講師を「あーち」が手配するという形で、2008（平成20）年10月以降、8年間続いています。近年のテーマとしては、「発達に課題がある子どもへの対応」「子育てに困難を抱える保護者への対応」などです。この取り組みも、長期にわたって続いていることから、保育士の資質向上につながっていると判断できます。

4　ほかの拠点のプログラムに自分の拠点の利用者をつなぐ

　経済的な格差が子どもや青年の成長・発達や将来の暮らしにネガティブに連鎖する状況が、社会的な課題であると明確に認識されるようになっ

第3章　地域で展開される子育て支援

てきました。こうした流れのなか、神戸市こども家庭局こども青少年課からの後押しもあり、子育てひろば「あーち」は、2016（平成28）年度の秋から「子ども食堂」「学習支援」の取り組みを開始することになりました。「あーち」の設立理念が「子育て支援を契機とした共生のまちづくりの拠点を目指す」であり、地域子育て支援だけではなく、地域福祉の発展・充実も視野に入れた施設としてスタートしていますので、こうした方向性は必然でもありますが、これらのプログラムを真に必要とする子どもや青年が積極的に利用してくれるかどうかが、最も肝心な点です。

この事業開始に向けて、調理を担当する予定の婦人会をはじめとする多様な**ステークホルダー***をメンバーに加えた準備会を重ねてきました。灘区内にある児童館の多くを**指定管理者***として運営している灘区社会福祉協議会もメンバーとなっており、児童館での放課後児童クラブのサービスを利用している児童のなかから、夕食や学習支援が必要な子どもと家庭に声かけをしてくれています。これは、連携型の拠点である児童館が、子育てひろば（一般型）が実施するプログラムに、自館の利用者をつなぐことを意味します。同じ子どもや家庭が複数のニーズをもち、複数のサービスを同時に利用する可能性は高く、こうした連携は、地域住民による社会福祉サービスの有効活用につながっていきます。拠点どうしの協働・連携は、「必要な人に必要なサービスを届ける」という、これまで難しいといわれてきた課題を解決していく強い原動力になっていくと考えられます（図表8-3）。

4.　これからの地域子育て支援拠点事業

すでに本レッスンで述べたように、移民の多いカナダでは、彼らが子育ても含む生活上の悩みを相談するために気軽に立ち寄ることのできる居場所をつくろうとする草の根的な取り組み・運動が1970年代に起こりました。それが徐々に発展して、NPOなどが運営するドロップイン・センターや**ファミリーリソースセンター**になりました。また、こうしたセンターには、保育所やユース・センターも併設されており、多様な年代の子ども・青年の保育・教育の機能を有しています。さらに、パンなどの食糧の無料配給や古着も含めた日用品の交換の場所にもなっており、移民も含めた地域の貧困家庭の生活を支える機能も果たしています。

カナダのドロップイン・センターやファミリー・リソース・センターの当初の目的は、子どもを育てていくうえで何らかの困難さを抱えてい

✳ 用語解説

ステークホルダー
企業や団体が何らかの活動を行っていくうえで関係をもつことになる人々のことを指す。

指定管理者
市町村などの地方自治体が、その所有物である公的施設の管理を任せるために、期間を定めて指定する団体のこと。

参照

ファミリーリソースセンター
→レッスン13

図表8-3 兵庫県神戸市灘区で展開されている連携・協働の事例

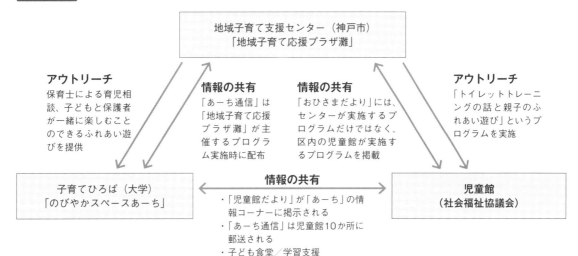

る家庭への援助であったことは確かですが、こうした支援を続けていくと、「ここまでで拠点からの支援は終わりです（この年齢までで、あるいは、このプログラムを終了したからなどの理由で）／これ以上の支援は拠点では無理です」とはなりません。なぜなら、子どもの成長にともなって（親子のライフサイクルの違いによって）生じる異なるニーズ、あるいは、各家庭の事情や困難さによって生じる異なるニーズにていねいにこたえようとすればするほど、拠点が提供する支援は地域住民の**ウェルビーイング***を切れ目なく支える方向に進んでいくことになるからです[†3]。この意味では、地域の子育ち・子育ての支援を行う拠点が、将来的には、あらゆる世代・立場の地域住民が豊かな暮らしを楽しむための拠点へと変貌していく可能性もあると思われます。

＊用語解説
ウェルビーイング
直訳すると「幸福」。1946年の世界保健機関（WHO）憲章草案において、健康とは身体的・精神的および社会的に良好な状態（well-being）であって、単に病気ではないとか、虚弱ではないということではないと述べられ、社会福祉活動の目的となる概念として用いられている。
→レッスン13

▶出典
†3 伊藤篤「大学サテライト施設における切れ目のない子育て支援」『子育て研究』(2)、2012年、22-27頁

演習課題

①乳幼児を育てている保護者が感じる不安には、具体的にどのようなものがあるでしょうか。グループで話し合ってみましょう。
②地域子育て支援拠点で実施されている基本4事業それぞれは、子育て家庭にとってどのようなメリットをもたらすのでしょうか。グループで話し合ってみましょう。
③本文内で紹介されているカナダの「ドロップイン・センター」や「ファミリーリソースセンター」では、どのような支援が行われているのでしょうか。インターネットで調べてみましょう。

レッスン**9**

放課後子ども総合プラン

本レッスンで学ぶ放課後子ども総合プランとは、放課後児童健全育成事業と放課後子供教室とを一体的にまたは連携して実施する取り組みをいいます。地域のすべての小学生が、放課後などの時間帯に、安全・安心に過ごし、多様な体験や活動を行うためのしくみです。

1. 「放課後子ども総合プラン」の概要

1 「放課後子ども総合プラン」の目的

　現在、保育所などを利用している家庭は、子どもが小学校に就学した際に、放課後の安全・安心な居場所の確保という課題に直面することになります。保育所は、原則的に乳幼児を対象とするため、小学校就学とともに利用できなくなるからです。「放課後子ども総合プラン」（局長通知）では、このような状況を「**小1の壁**」と表現しています。

　また、このような保育を必要とする子どもに限らず、すべての子どもが、放課後などに多様な体験や活動を行うことができるような環境づくりは、次世代育成支援の観点からも重要であり、すべての子どもを対象として総合的な放課後対策を講じる必要があります。

　そこで、共働き家庭などの「小1の壁」を打破するとともに、すべての子どもが放課後などを安全・安心に過ごし、多様な体験や活動を行うことができるように、厚生労働省と文部科学省が協力し、厚生労働省による**放課後児童健全育成事業**[*]（以下「放課後児童クラブ」という）と、文部科学省による**放課後子供教室**[*]の両事業を一体的にまたは連携して計画的な整備をすすめることになりました。

　なお、「放課後子ども総合プラン」では「子ども」と表記しますが、放課後子供教室では「子供」と表記することになっているので注意が必要です。

2 「放課後子ども総合プラン」の策定経緯

　「放課後子ども総合プラン」は、2014（平成26）年7月31日に、厚生労働省と文部科学省の両省から地方自治体に向けて通知されたものです（「文部科学省・厚生労働省『放課後子ども総合プラン』について」（26

✦ 補足

「小1の壁」
保育所を利用する共働き家庭等においては、児童の小学校就学後も、その安全・安心な放課後等の居場所の確保という課題に直面します（文部科学省ホームページ「放課後子ども総合プラン」より）。

✕ 用語解説

放課後児童健全育成事業
小学校に就学している子どもであって、その保護者が労働等により昼間家庭にいないものを対象とする事業のこと。

放課後子供教室
地域住民などの参画を得て、放課後などにすべての児童を対象として、学習や体験・交流活動などを行う事業のこと。

文科生第277号雇児発0731第4号))。

実はそれ以前にも、「放課後子どもプラン」とよばれる類似の通知が両省からだされていました。しかし、放課後児童クラブと放課後子供教室を別々に行うなどの連携のあり方が不十分であったことから、さまざまな議論を経て、新たに「放課後子ども総合プラン」として改めて通知されたという経緯があります。

たとえば、2014（平成26）年3月の「経済財政諮問会議・産業競争力会議合同会議」では、「小1の壁」打破のために、厚生労働大臣および文部科学大臣が協力して、両省の関連施策の一体運用のあり方や学校校舎の徹底活用などが検討されました。

また、2014年5月には、総理大臣が、一体型施設の先駆けである横浜市内の小学校の施設を視察した後、「放課後子ども総合プラン」をさらに拡充し、2015（平成27）年度からの5年間で放課後児童クラブの約30万人分の受け皿を確保する旨の発言がありました。

さらに、2014年5月の「産業競争力会議課題別会合」において、厚生労働大臣および文部科学大臣より、「放課後子ども総合プラン」の策定方針が指示されています。

これらの議論を受けて、2014年6月の閣議決定（「日本再興戦略」改訂2014——未来への挑戦）において、「小1の壁」を打破し次代を担う人材を育成するため、**「待機児童解消加速化プラン」**[*]に加えて、「放課後子ども総合プラン」を策定し、2019年度末までに30万人分の放課後児童クラブの受け皿を拡大することとあわせて、1万か所以上の場所で放課後児童クラブと放課後子ども教室の一体型を実施することが確認されました。

> ✳ **用語解説**
> 「待機児童解消加速化プラン」
> 2013年4月に国が策定し、2017年度末までの5年間で、新たに40万人分の保育の受け皿を確保し、待機児童解消を図ることを目的としたもの。

2. 国全体の取り組み

1 国の取り組みの現状

「放課後子ども総合プラン」全体としての基準は特に規定されていません。たとえば、放課後児童クラブの開所日数は、原則1年につき250日以上と規定されていますが、放課後子供教室は、毎日実施する場合もあれば、定期的（週1～2日程度）に実施する場合もあります。したがって、両事業が毎日一体的にまたは連携して実施されているわけではないのです。ただし、国は、放課後児童クラブ、放課後子供教室の両事業の取り組みを充実させるとともに、「一体型」を含めた今後の方向性を示

第3章　地域で展開される子育て支援

図表9-1　国の取り組みの現状

	放課後児童クラブ （放課後児童健全育成事業）	放課後子供教室
所管	厚生労働省	文部科学省
趣旨	共働き家庭などの小学校に就学している子どもを対象として、放課後に適切な遊びや生活の場を提供する。	すべての子どもを対象として、学習支援や多様なプログラムを実施する。
スタッフ	放課後児童支援員 ※支援の単位ごとに2人以上配置。一定の条件で、うち1人を除き補助員の代替可 補助員（放課後児童支援員を補助する者）	地域学校協働活動推進員等 教育活動推進員 教育活動サポーター　ほか
予算額	725.3億円（2017年度）	64.3億円（2017年度）
実施か所数	23,619か所（2016年5月） ※登録児童数1,093,085人 →2019（平成31）年度末までに、約122万人まで拡大する。	16,027か所（2016年10月） →2019（平成31）年度末までに、約2万か所まで拡大する。
実施場所	小学校53.7% その他（児童館など）46.3% （2016年5月）	小学校75.5% その他（公民館など）24.5% （2016年10月）
今後の方向性 ※2019（平成31）年度末まで	全小学校（約2万か所）で、両事業を一体的にまたは連携して実施する。そのうち、1万か所以上を一体型で実施する。 放課後児童クラブの登録人数は、約122万人まで拡大する。 放課後児童クラブの新規開設分の約80%を小学校内で実施する。	

出典：厚生労働省雇用均等・児童家庭局総務課少子化総合対策室、2017年の資料をもとに作成

しています（図表9-1）。

2019（平成31）年度末までに、全小学校区（約2万か所）で、放課後児童クラブと放課後子供教室を一体的にまたは連携して実施し、このうち1万か所以上を「一体型」で実施することをめざすとしています。

なお、一体型とは、両事業を統合してしまうのではありません。一体型とは、同一の小学校内等で両事業をそれぞれ実施しながら、放課後子供教室において、放課後児童クラブの児童を含めたすべての子どもを対象とする共通プログラムを実施することをいいます。したがって、一体型の場合は、特に放課後児童クラブがもつ生活の場としての機能を十分に担保することが重要です。

新たに放課後児童クラブまたは放課後子供教室を整備する場合には、学校施設を徹底的に活用することになっており、このうち新たに開設する放課後児童クラブの約80%を小学校内で実施することをめざしています。すでに、小学校外で放課後児童クラブを実施している場合についても、地域のニーズに応じて、小学校の余裕教室などを活用することが望ましいとされています。

また、国は、これらの取り組みの内容について、「**次世代育成支援対**

レッスン9　放課後子ども総合プラン

図表9-2 「『放課後子ども総合プラン』について」で示された留意点

○全ての児童の安全・安心な放課後等の居場所の確保

・両事業を小学校内で実施することにより、共働き家庭等の児童の生活の場を確保するとともに、全ての児童の放課後等の多様な活動の場を確保することが必要であること。
・特別な支援を必要とする児童や特に配慮を必要とする児童の受け入れとそれらの児童が安心して過ごすことができる環境への配慮にも十分留意すること。

○全ての児童を対象とした、多様な学習・体験活動のプログラムの充実

・両事業を一体的に実施することにより、共働き家庭等か否かを問わず、全ての児童が一緒に学習や体験活動を行うことが必要であること。
・共通のプログラムの充実を図り、学校での学びを深めたり広げたりする学習や、補充学習、文化・芸術に触れあう活動、スポーツ活動等、児童の興味・関心やニーズ、地域の資源等を踏まえた多様なプログラム、児童が主体となって企画したプログラムを充実すること。
・児童によるボランティア活動など、低学年だけでなく高学年の児童の学ぶ意欲を満たす内容や、異年齢児交流を促す内容も充実することが望ましいこと。
・活動場所の広さや安全管理上の都合等により、参加人数を一定数に制限しているプログラムがある場合にも、両事業の従事者・参画者が連携して情報を共有するなどして、希望する放課後児童クラブの児童が参加できるよう十分留意すること。

策推進法」に定める行動計画策定指針に記載することになっており、市町村は、国の行動計画策定指針に即して、市町村行動計画の策定に盛り込むことになっています。

参照
「次世代育成支援対策推進法」
→レッスン2

2　一体型の留意点

「放課後子ども総合プラン」についてには、一体型の放課後児童クラブおよび放課後子供教室を実施するにあたって、図表9-2で示された点に留意しつつ、一体型の利点を生かした取り組みの推進を図ることが重要であることが示されています。

3．市町村および都道府県の取り組み

1　市町村の役割

①市町村の事業計画

市町村（特別区を含む）は、計画的に放課後児童クラブおよび放課後

105

第3章　地域で展開される子育て支援

子供教室の両事業を進めていけるよう、「放課後子ども総合プラン」に基づく取り組みについて、「次世代育成支援対策推進法」に基づく市町村行動計画に盛り込むことになっています。

【市町村行動計画に盛り込むべき内容】

・放課後児童クラブの2019（平成31）年度に達成されるべき目標事業量
・一体型の放課後児童クラブおよび放課後子供教室の2019（平成31）年度に達成されるべき目標事業量
・放課後子供教室の2019（平成31）年度までの整備計画
・放課後児童クラブおよび放課後子供教室の一体的な、または連携による実施に関する具体的な方策
・小学校の余裕教室等の放課後児童クラブおよび放課後子供教室への活用に関する具体的な方策
・放課後児童クラブおよび放課後子供教室の実施に係る教育委員会と福祉部局の具体的な連携に関する方策
・地域の実情に応じた放課後児童クラブの開所時間の延長にかかる取り組み　　　　　　　　　　　　　　　　　　　　　　等

市町村事業計画には、具体的な整備計画や目標事業量のほか、教育委員会と福祉部局との具体的な連携を講じることなどが規定されています。なお、市町村行動計画の策定にあたっては、放課後児童クラブおよび放課後子供教室にかかわる事項のみの策定とすることや、「**子ども・子育て支援法***」に定める「市町村子ども・子育て支援事業計画」と一体のものとして策定することも差し支えないとされています。

「子ども・子育て支援法」第3条第1項には、市町村の責務として、「子どもの健やかな成長のために適切な環境が等しく確保されるよう、子ども及びその保護者に必要な子ども・子育て支援給付及び地域子ども・子育て支援事業を総合的かつ計画的に行うこと」が規定されています。この場合は、放課後子ども総合プランに関する事項が、市町村子ども・子育て支援事業計画のなかに盛り込まれることになります。

②運営委員会の設置

市町村は、域内の地域学校協働活動の運営方法等の検討の場として、運営委員会を設置することになっています。このような運営委員会が設置されることにより、市町村の教育委員会と福祉部局が連携を深めることが期待されています。さらに、学校の教職員や放課後児童クラブの職

⊛ **用語解説**
「子ども・子育て支援法」
2012（平成24）年　法律第65号。2015（平成27）年4月から本格実施され、放課後児童健全育成事業は、「地域子ども・子育て支援事業（全13事業）」に規定。
→レッスン3

員および放課後子供教室のスタッフとの間で、共通理解や情報共有を図ることができるなど、適切な体制づくりに努めることが規定されています。

【運営委員会の主な検討内容】
・教育委員会と福祉部局の具体的な連携方策
・小学校の余裕教室等の活用方策と公表
・活動プログラムの企画・充実
・安全管理方策
・ボランティア等の地域の協力者の人材確保方策
・広報活動方策
・放課後児童クラブおよび放課後子供教室実施後の検証・評価
等

---

2 都道府県の役割

①都道府県の事業計画

　都道府県は、「放課後子ども総合プラン」の実施主体である市町村において、円滑な取り組みの促進が図られるような関わりを行います。具体的には、「次世代育成支援対策推進法」に基づく国の行動計画策定指針に即して、都道府県行動計画に盛り込む主な内容が、以下のように規定されています。

【都道府県行動計画に盛り込むべき主な内容】
・地域の実情に応じた放課後児童クラブおよび放課後子供教室
　の研修の実施方法、実施回数等の研修計画
・放課後児童クラブおよび放課後子供教室の実施にかかる教育
　委員会と福祉部局の具体的な連携に関する方策　　　　　等

---

②推進委員会の設置

　都道府県等は、市町村において円滑な取り組みの促進が図られるよう、域内の地域学校協働活動の総合的なあり方についての検討の場として、推進委員会を設置することになっています。

【推進委員会の主な検討内容】
・教育委員会と福祉部局の具体的な連携方策

第3章　地域で展開される子育て支援

　・都道府県内における放課後児童クラブおよび放課後子供教室
　　の実施方針
　・安全管理方針
　・人材確保および質の向上のための従事者・参画者の研修の企
　　画・充実
　・広報活動方策
　・事業実施後の検証・評価　　　　　　　　　　　　　　　　等

◆補足
インシデント
インシデントは、「問題」
や「課題」が生じている
とされる、ひとつの「場
面」「状況」を切り取った
ものを指す。似たような用
語に「エピソード」がある
が、インシデントと異なる
ところは、そこに問題や課
題を見出さないということ
である。「事例」というのは、
基本情報がある程度整って
おり、援助方針や計画など
を協議するために用いるも
のである。

インシデント　両事業の連携によるイベント

　小学校の余裕教室で毎日（月曜日〜土曜日）事業を実施している
A放課後児童クラブでは、週末の取り組みとして、竹細工による工
作イベントを企画することになりました。これは、子どもたちから
のリクエストによるものでしたから、子どもの最善の利益の視点か
らも大切にしたい企画でしたが、放課後児童支援員たちはいずれも、
これまで竹細工を扱ったことがありませんでした。

　一方、B放課後子供教室は、同じ小学校内で週に2回（水曜日と
土曜日）事業を実施しており、日常的にA放課後児童クラブと実施
日が重なることがありました。

　ある日、両事業の職員たちが、たまたま体育館で一緒になり、放
課後児童支援員が、B放課後子供教室のコーディネーターに相談を
もちかけたところ、地域住民のなかに竹細工の得意なボランティア
がいることを知りました。実は、B放課後子供教室でも同様のイベ
ントを模索していたのですが、教材費を捻出することができずに断
念した経緯がありました。

　そこで、A放課後児童クラブとB放課後子供教室は、連携して当
該ボランティアをお招きすることを決め、同じ日に共同で工作イベ
ントを実施することになりました。

　A放課後児童クラブにしてみれば、教材費は捻出できるけれど竹
細工工作の手段がありません。逆に、B放課後子供教室にしてみれ
ば、竹細工工作の手段は用意できるけれど教材費が捻出できないと
いう状況のなかで、両事業の連携によって念願のイベントが開催で
きることになったわけです。

　「放課後子ども総合プラン」でいうところの「一体的にまたは連
携」するということは、このように両事業がお互いに補完すること
によって、結果的に子どもの最善の利益を確保することなのです。

レッスン9　放課後子ども総合プラン

4．放課後子供教室の概要

1　放課後子供教室の事業内容

　文部科学省では、放課後子供教室の前身となる事業として、2004（平成16）年度から2006（平成18）年度までの3か年に、「地域子ども教室推進事業」を実施しています。また、2007（平成19）年度からは、「放課後子ども教室推進事業」となりましたが、その趣旨や活動内容については、いずれも、「放課後子ども総合プラン」における「放課後子供教室」の取り組みと大きな変わりはありません。現在は「地域学校協働活動推進事業」の一部として実施されています。

　活動内容は、参加する子どもの学習活動、スポーツや文化・芸術などの体験活動、多世代や異年齢集団の交流活動、昔遊びなどの提供などです。毎日実施する場合もあれば、定期的（週1〜2日程度）に実施する場合もあるなど、開設日数の制限はありません。実施場所は、学校の余裕教室などのほか、公民館や児童館などの地域の公共施設が想定されています。

2　放課後子供教室のスタッフ

　スタッフには、地域学校協働活動推進員等のほか、教育活動推進員、教育活動サポーター、土曜教育推進員、土曜教育サポーターがいます。

　このうち、地域学校協働推進員等は、域内の地域学校協働活動等の総合的な調整役を担う者（「社会教育法」第9条の7に規定する地域学校協働活動推進員もしくは同様の役割を担う地域コーディネーター）をいいます。

　教育活動推進員は、地域学校協働推進員等と連携・協力して、地域学校協働活動の支援を実施します。教育活動サポーターは、地域学校協働推進員等と連携・協力しながら、さまざまな地域学校協働活動の実施にあたり、プログラムの実施のサポートや子どもたちの安全を管理します。

　土曜教育推進員は、土曜日等における学習支援・体験・交流活動等のプログラムを中心に実施します。土曜教育サポーターは、土曜日等のプログラムの実施のサポートや子どもたちの安全を管理します。

　また、大学生、地域の高齢者、民間教育事業者、文化・芸術団体等のさまざまな地域人材が、活動に参画することができます。

　いずれのスタッフも1時間当たりの謝金が設定されており、地域の実情に応じて必要な人員配置が可能です。すべてのスタッフが謝金の対象

109

第3章　地域で展開される子育て支援

となります。

5．放課後児童クラブの概要

1 放課後児童クラブの事業の基準

「児童福祉法」に規定されている放課後児童健全育成事業を実施する場のことを放課後児童クラブといいます。

放課後児童クラブについては、2014（平成26）年に「放課後児童健全育成事業の設備及び運営に関する基準」が規定され、さらに、2015（平成27）年に「放課後児童クラブ運営指針」が規定されています。

2 「放課後児童健全育成事業の設備及び運営に関する基準」

放課後児童クラブは、2016（平成28）年5月現在、2万3,619か所と2万か所を超え、登録児童数は109万3,085人と100万人を超えています。さらに国は、2019（平成31）年度末までに約122万人まで拡大することを決めていて、量的な確保と同時に、質的な確保が課題となっていました。なぜなら、放課後児童クラブには、おおむね2013年度末まで、全国的な統一基準がほとんどなかったからです。

そこで、2014（平成26）年に「放課後児童健全育成事業の設備及び運営に関する基準」（以下「省令基準」という。）が規定され、全国的な一定水準の質の確保が担保されるようになりました。これは、国によって初めて示される放課後児童クラブの基準です。支援の目的のほか、定められた基準には次のようなものがあります（図表9-3）。

なお、すべての市町村は、「省令基準」を踏まえて、放課後児童クラブの基準に関する市町村条例を定めることになっています。この市町村条例は、地域の実情に応じて策定されることになるため、実際には、この市町村条例の内容にしたがって放課後児童クラブが運営されることになります。

図表9-3 定められた主な基準

設備	専用区画等の設置、児童1人につきおおむね1.65㎡以上
職員	放課後児童支援員原則2名以上配置、そのうち1人を除き補助員に代替可
児童の集団の規模	おおむね40人以下
開所日数	原則1年につき250日以上
開所時間	原則1日につき平日3時間以上、週末長期休業期間等8時間以上

☑ **法令チェック**

「児童福祉法」　第6条の3第2項
この法律で、放課後児童健全育成事業とは、小学校に就学している児童であつて、その保護者が労働等により昼間家庭にいないものに、授業の終了後に児童厚生施設等の施設を利用して適切な遊び及び生活の場を与えて、その健全な育成を図る事業をいう。

☑ **法令チェック**

「放課後児童健全育成事業の設備及び運営に関する基準」（2014年4月30日　厚生労働省令第63号）

3 放課後児童クラブの運営指針

上記の「省令基準」はいわゆる最低基準に該当するものですが、それとは別に、放課後児童クラブにおける「育成支援」の内容や、職員である放課後児童支援員の役割などを規定する必要があります。それが、2015（平成27）年の「放課後児童クラブ運営指針」（以下「運営指針」という）です。子どもの最善の利益を考慮した育成支援の具体的な内容を定めるものであり、これが**放課後児童支援員認定資格研修**[*]の科目・内容に反映されることによって、放課後児童支援員の質の向上に寄与することが期待されています。

6. 放課後児童クラブの育成支援の内容

1 放課後児童支援員などの役割

これまで、放課後児童クラブの職員は、指導員あるいは放課後児童指導員とよばれてきました。しかし、これらには、専門性を担保するための裏づけがなく、採用されれば即名乗ることができるものでした。そこで、国は2015年度から全国統一の体系的な研修制度を導入し、公的資格を創設することになりました。それが、放課後児童支援員です。

放課後児童支援員は、「豊かな人間性と倫理観を備え、常に自己研鑽に励みながら必要な知識及び技能をもって育成支援に当たる役割を担うとともに、関係機関と連携して子どもにとって適切な養育環境が得られるよう支援する役割を担う必要がある」（「運営指針」第1章3（3））とされています。また、放課後児童支援員が行う育成支援について補助する補助員も、放課後児童支援員とともに同様の役割を担うよう努めることが求められています。

放課後児童支援員の資格を取得するためには、放課後児童支援員認定資格研修を修了することが必要です。この研修は、2015年度以降、毎年各都道府県で実施され、16科目（24時間）の研修を修了することにより、修了証が交付されます。修了者は都道府県が管理する名簿に登録されますが、資格は全国共通で有効です。放課後児童クラブには、原則2名以上の有資格者（放課後児童支援員）の配置が義務づけられていて、いわば必修研修といえます。

また、補助員とは、放課後児童支援員を補助する者をいいますが、資格規定はありません。ただし、補助員は、別途**「子育て支援員」研修**[*]における「放課後児童コース」（14科目17時間）を受講することが望ま

☑ **法令チェック**

「『放課後児童クラブ運営指針』の策定について」（2015年3月31日　厚生労働省雇用均等・児童家庭局長通知）

なお、これにより、「放課後児童クラブガイドラインについて」（2007年10月19日　雇児発第1019001号）は廃止された。

⊕ **補足**

育成支援

「放課後児童クラブ運営指針」には、「子どもの健全な育成と遊び及び生活の支援」を総称して「育成支援」というと解説されている。

✳ **用語解説**

放課後児童支援員認定資格研修

雇児発0521第19号　2015年　厚生労働省雇用均等・児童家庭局「職員の資質向上・人材確保等研修事業の実施について」。

職員は修了することが必須となっているが、2019（平成31）年度末までに修了が見込まれる場合は、修了前であっても放課後児童支援員とみなされる。

「子育て支援員」研修

基本的に都道府県が実施する研修であり、保育や子育て支援の仕事に関心をもち、子育て支援分野の各事業に従事することを希望する者などを対象としている。放課後児童コースのほかに、社会的養護コース、地域的子育て支援コース、地域保育コースがある。どのコースを選ぶにしても、「基本研修（8科目8時間）」を共通に受講しなくてはならない。

しいとされています。

2 育成支援の内容

放課後児童支援員は、放課後児童クラブにおいて育成支援を実施することになります。放課後児童クラブにおける育成支援は、「子どもが安心して過ごせる生活の場としてふさわしい環境を整え、安全面に配慮しながら子どもが自ら危険を回避できるようにしていくとともに、子どもの発達段階に応じた主体的な遊びや生活が可能となるように、自主性、社会性及び創造性の向上、基本的な生活習慣の確立等により、子どもの健全な育成を図ることを目的とする」（「運営指針」第1章3（1））とされています。

具体的な育成支援の主な内容は以下の通りです（「運営指針」第3章1（4））。

【育成支援の主な内容】
①子どもが自ら進んで放課後児童クラブに通い続けられるように援助する。
②子どもの出欠席と心身の状態を把握して、適切に援助する。
③子ども自身が見通しを持って主体的に過ごせるようにする。
④放課後児童クラブでの生活を通して、日常生活に必要となる基本的な生活習慣を習得できるようにする。
⑤子どもが発達段階に応じた主体的な遊びや生活ができるようにする。
⑥子どもが自分の気持ちや意見を表現することができるように援助し、放課後児童クラブの生活に主体的に関わることができるようにする。
⑦子どもにとって放課後の時間帯に栄養面や活力面から必要とされるおやつを適切に提供する。
⑧子どもが安全に安心して過ごすことができるように環境を整備するとともに、緊急時に適切な対応ができるようにする。
⑨放課後児童クラブでの子どもの様子を日常的に保護者に伝え、家庭と連携して育成支援を行う。

演習課題

①自分が住んでいる地域に、放課後児童クラブや放課後子供教室がある
　かどうか調べてみましょう。そのうえで、両事業が、市町村子ども・
　子育て支援事業計画にどのように盛り込まれているのかを確認して
　みましょう。

②もし自分が、放課後子供教室のコーディネーターになったら、地域の
　どのような人たちや社会資源と連携をとって、子どもたちと出会わせ
　てみたいか話し合ってみましょう。

③自分たちが子どものころ、放課後にどのような遊びや生活をしていた
　か話し合ってみましょう。可能ならば実際に、地域の放課後児童クラ
　ブや放課後子供教室を訪問して、子どもたちと交流してみましょう。

レッスン **10**

地域で展開される多様な支援活動

乳幼児とその親を対象とした地域子育て支援拠点事業、小学生とその家庭を対象とした「放課後子ども総合プラン」などのほかにも、地域ではさまざまな子育て支援の取り組みが展開されています。本レッスンでは、ファミリー・サポート・センター事業、子育てサークル・サロンの活動、児童館における子育て支援活動、プレーパークの活動を取り上げ、それらの具体的な内容や意義について学びます。

1. ファミリー・サポート・センター（子育て援助活動支援）事業

1 ファミリー・サポート・センター事業とは

同じ地域（コミュニティ）に暮らしているにも関わらず、住民どうしの関係が希薄になっている現代社会において、夫婦共働きの世帯やひとり親の世帯の保護者が、子どもの一時預かりなどの援助を祖父母や友人・知人から受けられることは、もはや大きな幸運といえるかもしれません。子どもにとって、日常的に祖父母と関わりをもちながら育つこと、親子にとって友人・知人家族と一緒にでかけたり遊んだりして交流がもてることは、孤立した核家族の多い都会の子育て家庭にとっては、なかなか味わうことのできない、かけがえのない経験といえるでしょう。

仕事など家庭の事情により、このような援助（あわせて、関わりや交流）の機会を奪われている家族にとって、それとよく似た援助が受けられる端緒が開かれたのは、1994（平成6）年に、労働省（現：厚生労働省）が創設したファミリー・サポート・センター事業です。これは、仕事と子育ての両立支援が大きな課題となり始めていた時期に、地域の住民どうしによる子育て支援システムの一つとして構築されたしくみです。

なお、この事業は2012（平成24）年に成立した「子ども・子育て支援新制度」にともない、2015（平成27）年度からは、「地域子ども・子育て支援事業」のなかの"子育て援助活動支援事業"として運営されています。

2 ファミリー・サポート・センター事業のしくみ

ファミリー・サポート・センター事業のしくみの概要を、神戸市ファミリー・サポート・センター（社会福祉協議会）を例にあげて説明します。

まず、市町村単位でファミリー・サポート・センターという場（事務

レッスン 10 地域で展開される多様な支援活動

図表 10-1 依頼会員、協力会員、両方会員の条件等

依頼会員	・市内在住または在勤で、おおむね生後3か月から小学校6年生までの子どもを持つ人が登録できる。 ・センターが実施する説明会（1時間半）に参加することが条件。 ・依頼会員は、以下のようなときに預かりを依頼できる。 　　・保育所（園）・幼稚園などの送迎と預かり 　　・学童保育（放課後児童クラブ）開始前と終了後の預かり 　　・病気からの回復期（協力会員と相談のうえ、了解を得れば） 　　・病院通院・買い物など外出の際の預かり 　　・保護者がリフレッシュしたいとき 　　・冠婚葬祭のとき 　　・兄弟（姉妹）の学校行事のとき 　　・その他
協力会員	・市内在住で、心身ともに健康で保育に熱意をもっており、自宅で子どもを預かることができる人が登録できる。 ・資格を問われることはないが、センターが実施する講習会（2日間9.5時間）を受講することが条件。
両方会員	・依頼会員と協力会員に関する両方の条件と手続き等が求められる。

出典：神戸市社会福祉協議会のホームページ内「子どもの広場 ファミリー・サポート・センター」の情報をもとに作成

所機能をもった場所）にアドバイザーとよばれる職員が置かれます。神戸市では、神戸市社会福祉協議会が運営主体となっている大型児童館「こべっこランド」に、このセンターとアドバイザーが置かれています。

神戸市ファミリー・サポート・センターのホームページや関連サイトには、「『子育ての応援をしてほしい人』と『子育ての応援をしたい人』の出会いをお手伝いします」と書かれています。さらに、子育ての応援をしてほしい人（依頼会員）、子育ての応援をしたい人（**協力会員**）、依頼・協力を兼ねる人（両方会員）になるための条件、登録の方法、利用の条件やきまり、資格などについて書かれています。それを整理したものが図表10-1 です。

市町村によって細かな点では条件などが異なりますが、基本的なしくみは同じです。

➕ 補足
協力会員
神戸市では、子育てを応援したい人を「協力会員」と呼んでいるが、多くの自治体では「提供会員」とよんでいる。

3　ファミリー・サポート・センター事業のメリット

以上が、この事業のしくみの概要ですが、吉村は、この事業のメリットを次のように整理しています[1]（図表10-2）。

▶ 出典
[1]　吉村恵「ファミリー・サポート・センター事業の可能性と課題──"育児の助け合いと育ちあい"からコミュニティの再生へ」小伊藤亜希子・室崎生子編『子どもが育つ生活空間をつくる』かもがわ出版、2009年、52-53頁

図表 10-2 ファミリー・サポート・センター事業のメリット

依頼会員の側	・民間サービスを利用するよりもずっと低価格で預かりの援助を受けられる。 ・時間帯や子どもの年齢など、ある程度の制約はあるものの、支援を求める親のニーズにこたえてくれる。 ・親族や知り合いが身近にいない人にとっては、それに近い感覚で子どもを託せる。
提供（協力）会員の側	・特別な資格や資質をもっていなくても、援助の気持ちと時間さえあれば、一定の研修後に活動でき報酬を得られる。 ・子育て経験があり、社会参加・社会貢献を希望する意向にマッチし、その力を活用できる。

115

第3章　地域で展開される子育て支援

　こうしたメリットがあるため、会員数は着実に伸びていきました。主な統計を、一般財団法人女性労働協会が2012（平成24）年度と2016（平成28）年度に実施した全国調査から取り出して整理（2012年度→2016年度の順）してみます。全会員数は436,174人→600,628人、うち、依頼会員は308,534人→447,974人、提供会員92,231人→114,486人、両方会員35,409人→38,168人となっており、全体に人数は増加しています。市町村がセンターを直接に運営している割合は42.7％→41.7％、市町村がセンターの運営を委託している割合は55.7％→56.4％と、ほとんど変化していません。委託先も、2回の調査結果の比率が、社会福祉協議会（約48％）、NPO法人（約32％）、公益／一般法人（財団法人、社団法人）（約10％）とほとんど変化はありません。

4 ファミリー・サポート・センター事業の成果と課題

　では、創設されてから20年以上にわたって発展してきたこの事業で得られた成果は何でしょうか。この事業の今後の課題は何でしょうか。これらについても、吉村の分析を借りたいと思います[2]（図表10-3）。

▶**出典**
†2　†1と同じ
63-66頁

　図表10-3に示されている課題に加えて量的な面に注目してみると、上述した全国調査の結果からも明らかなように、依頼会員の数に対して

図表 10-3 ファミリー・サポート・センター事業の成果と課題

【成果（到達点）】
・援助する側からも援助される側からも高く支持されているこの事業は、親の負担を軽減し、安心感をもたらしているのに加えて、親と子が提供会員との関わりを通じて学び、地域に目を開き、地域のつながりのなかで生活する契機となっている。
・依頼会員のなかには、将来、自分も育児支援をする側に回りたいと希望するようになった人が多く、さらに、提供会員のなかには、援助活動を通じて、改めて地域で子どもを育て合うことの大切さと喜びを実感している。
・このように、コミュニティの担い手を育てる「インキュベーター」の役割をこの事業は担い始めている。

【課題】

利用料の公的補助	地域で孤立し、育児不安・ストレスを抱え、一人で子育てをする低所得の母親の増加を視野に入れて、利用料に関する公的な援助を検討する必要がある。
提供会員の継続性	提供会員が、さらに必要な知識や力量を身につけて、不安になることなく援助活動が続けられる条件を整備する。
対応困難ケースをつなげる体制	子どもの発達、虐待、DVなど提供会員単独では対応が難しいケースを迅速に自治体の専門機関につなぐしくみを整備する。
アドバイザーの処遇改善	依頼・提供会員間のコーディネーターであり、トラブルの仲介役であり、研修・交流を深める教育者であり、地域での関係性形成に会員を誘うファシリテーターといった多様な資質が求められるアドバイザーが、キャリアを積みながら、その能力を十分に発揮できる条件を整備する。

提供会員の数が不足している点も課題です。筆者の住む地域でも「ファミリー・サポートを利用したいが、実際に近所には提供会員が住んでいない」という声が多く聞かれます。

　しかし、このようなさまざまな課題はあるものの、今後ますますこの事業が発展していき、依頼会員から提供会員へという循環が充実していき、地域の子育て力が高められていくことが望まれます。

2．子育てサークル・サロンの活動

1　子育てサークル、子育てサロンとは

　子育てサークルと聞けば、子育ての主体ないしは当事者である親（主に母親）が、自発的につながって、何らかの目的をもってグループ活動を展開するといったイメージが浮かぶのではないでしょうか。これに対して、子育てサロンと聞いたとき、どんなイメージが浮かぶでしょうか。

　京都市社会福祉協議会と京都市内各区社会福祉協議会が実施した「平成16年度地域における子育て支援推進事業　子育てサロン・サークルの実態調査報告書（2005年）」では、調査対象を、年に6回以上継続的に子育てに関わるサロン活動（親子が集える居場所）やサークル活動（親子等自身が自主的に結成して集まっている）を実施しているグループ・団体・ネットワーク組織等（ただし、児童館等が主体となって児童館等内を拠点に実施され、親子が利用者の立場となっている「幼児クラブ」等は対象外）としています。ここでは、何らかの地縁団体が主催をしている集まりを「サロン」、地縁団体とは無関係の自主的集まりを「サークル」ととらえているようです。

　また、豊中市社会福祉協議会のホームページ「子育てサークル・サロンマップ」をみてみると、校区福祉委員会（市の社会福祉協議会内の組織）の呼びかけで月1回程度地域の親子が集まる場が「サロン」とされているのに対し、「サークル」の説明としては、「ひとりの親だけでは、なかなかできなかったことも体験でき、一緒に子育てする仲間がみつけられる。いろんな子どもや大人と出会いながら成長できる。それが子育てサークルのメリットでしょう」と書かれていることから、校区福祉委員会が関与していないグループ活動を「サークル」ととらえていることがうかがえます。

◆補足
母親クラブ
子育てサークル、子育てサロンのほかに、母親クラブと呼称する地域・自治体もある。

第3章　地域で展開される子育て支援

2　子育てサークルの活動内容と意義

　筆者が活動する神戸市灘区のホームページ「子育て育児支援サイト」内の「灘区地域の子育て　子育てサークル」には、2017年7月7日の時点で、16の子育てサークルが掲載されています。開催場所の多くが「地域福祉センター」となっていることからもわかるように、小学校区ごとに設置されている地域福祉センターを運営している「ふれあいのまちづくり協議会」が、民生委員や主任児童委員の協力を得て、その立ち上げを働きかけ、運営にも協力するという形でスタートした子育てサークルがほとんどです。

　このように、何らかの地縁団体や地域のステークホルダーが運営をサポートする場合と、そうしたサポートなしに運営する場合とがあるものの、子育てサークルや子育てサロンでは、自分たちグループ成員の力で、自分たちがしてみたい活動を、自分たちで決定して楽しむという内実を備えています。

　少し古い調査資料ではありますが、兵庫県・家庭問題研究所による2003（平成15）年の調査では、調査協力者約1,500名のうち約40％が子育てサークルに参加しています。このように、かなり高い比率で「育児の当事者である保護者（母親）が中心となって、相互支援的な活動を展開している地域性のあるグループ」を一括して「子育てサークル」ととらえ、その活動内容と意義（効果）を、横川・小田は次のように整理しています[3]。

▶ **出典**
[3]　横川和章・小田和子「子育てサークルへの参加による子育て意識の変化」『兵庫教育大学研究紀要』40、2012年、19-27頁

　○**子育てサークルの活動内容と意義**

【活動内容】

・横川・小田（2012年）が調査した自治体では、サークルを「子育て学習室」とよんでいる。子育て支援事業の一つとして幼稚園区ごとに地域の親と子がともに育つ場として設置されている。参加者が意見・アイデアを出し合って活動内容を企画するといった自主運営である。月1〜2回程度活動している。

・活動内容は、ふれあい遊びなどの親子遊び、クリスマス会・人形劇などの親子参加活動、講演会やおやつづくりなど多様である。

・参加対象は、各幼稚園区に居住する乳幼児とその親が中心で、各子育て学習室の規模は、親子30組から90組程度である。

・活動場所は、各地域の幼稚園の空き教室や園庭、地域の公的施設や公園などである。

レッスン10　地域で展開される多様な支援活動

・各学習室の代表など運営スタッフが毎年選出され、運営や活動内容などの情報・意見交換や研修の場として、年6回の運営スタッフの会が市の主催で開かれている。

【意義（参加による効果）】
　参加した母親全体の傾向として、子育てサークルに参加し始めるときに比べて、約8か月後（当該年度のサークル活動終了時期）には、子育ての不安が低下していた。自分の仲間がほしかったことを参加理由としてあげていた母親は、子育ての負担感が低下していることが確認された。また、サークルには積極的に参加できたと自己評価している母親は、子育ての充実感が高まっていた。子どものことを家庭で話すことが増えたと自己評価している母親は、親としての成長感が高まっていた。

　以上のように、子育てサークルへの参加は、母親の子育てに対する意識や態度に望ましい影響を及ぼすことがうかがえます。特に、積極的なサークルへの参加や家庭において子どもの話題が増える（おそらくは、サークル参加中の子どものようすをパートナーなどに伝えること）は、不安や負担の低減というネガティブな状態から抜け出すという効果もありますが、それに加えて、育児の充実感や親としての成長といったポジティブな状態に移行するという効果にもつながっています。

3　子育てサークルの課題

　最後に、子育てサークルの課題を述べておきたいと思います。第2節で紹介したサークル（子育て学習室）は、自治体の後押しを受けた地域の団体やステークホルダーによる運営面における支援を受けていました。こうした安定した組織や団体などの関与の有無は、サークルの主体性とサークルの存続性という2つの側面と深く関わっていると思われます。他組織・団体が関与してくれれば、サークル存続の危機からは免れますが、どうしてもその組織・団体に依存しがちになり「自分たちで作り上げていくサークルなのだ」といった自発性・主体性は育ちにくくなります。これに対し、他組織・団体による関与がなければ、自発性・主体性は維持され・発展しますが、サークル存続の危機に常にさらされることになります。リーダー的・スタッフ的役割を引き受けていた参加者の子どもが成長すれば、サークルを卒業することになりますが、それを引き継ぐリーダー役やスタッフ役がみつからず消滅していくサークルの事例

119

は、よく耳にします。

　自発性・主体性を保ちながらサークルを存続させていくための特効薬はないのですが、すでに第2節で紹介した神戸市灘区の子育てサークルのうちの一つが、発想の転換ともいえる大変ユニークなしくみを編みだし、サークルを確実に存続させています。それは、参加者（乳幼児の母親）からスタッフをだすのではなく、サークルの卒業生の先輩ママがスタッフを務めるという方法です。先輩ママは、月1回90分の活動時間の間、参加者ママがリラックスして楽しめるよう、託児も引き受けます。また、自分が参加者の立場にあったころ（わが子が乳幼児であったころ）に「ぜひしてみたかったこと」「してみて大変よかったこと」をプログラム（活動計画）に組み込むよう助言しますので、好評を得ることにもつながります。

　先輩ママがスタッフとして再び参加する（戻ってくる）ことの原動力は、自分がかつて参加者ママだったときに受けた支援を次の世代の参加者ママにお返ししたい、という気持ちです。こうした感謝の循環がサークルの存続を担保しています。さらに、このサークル創設を働きかけたふれあいのまちづくり協議会のメンバーや民生委員・主任児童委員も、時折、このサークルに関わっています。

　関わったメンバー一人ひとりが、自分の役目は終わりだと区切りをつけたり縁を切ったりせず、いつまでも気にかけ続け、無理せず何らかの形でかかわり続けるといったスタイルが地縁型コミュニティを生むと思われますが、それが、この地域では、子育てサークルを契機に成立しているといえるでしょう。

3. 児童館における子育て支援の活動

1 児童館の各類型と特徴

　児童館は、「児童福祉法」第40条に規定された児童厚生施設の一つで、屋内型の福祉施設です。同じ第40条に規定されている児童遊園は屋外型の福祉施設となります。厚生労働省が2016（平成28）年10月1日に実施した調査によると、児童館は全国に4,800館あります。同時期の児童遊園は全国2,832か所です[4]。

　児童館は、その機能によって、小型児童館、児童センター、大型児童館A型、大型児童館B型に分かれています。児童健全育成推進財団のホームページを参考にして、児童館の各類型の特徴を整理してみます

☑ 法令チェック

児童館

児童館は、「児童福祉法」第40条〔児童厚生施設〕において「児童厚生施設は、児童遊園、児童館等児童に健全な遊びを与えて、その健康を増進し、又は情操をゆたかにすることを目的とする施設とする」と定められている。

▶ 出典

†4　厚生労働省「平成28年社会福祉施設等の調査の概況」「第1表 施設の種類別調査対象施設数」

レッスン 10　地域で展開される多様な支援活動

図表 10-4 児童館の各類型の特徴

小型児童館	小地域を対象として、児童に健全な遊びを与え、その健康を増進し、情操を豊かにする役割を果たす。さらに、母親クラブ、子ども会などの地域組織活動の育成促進を図るなど、児童の健全育成に関する総合的な機能を果たす施設。
児童センター	上記の小型児童館の機能に加えて、遊び（運動を主とする）を通じて、児童の体力増進を図ることを目的とする事業・設備のある施設。また、大型児童センターでは、中学生、高校生などの年長児童に対しての育成支援も行っている。
大型児童館	原則として、都道府県内や広域の子どもたちを対象とした活動を行っている。以下の2つに区分されている。 <A型児童館> 都道府県内の小型児童館、児童センターの指導や連絡調整等の役割を果たしている。 <B型児童館> 豊かな自然環境に恵まれた地域内に設置され、子どもが宿泊をしながら、自然を生かした遊びを通じて、児童の健全育成活動を担っている。そのため、宿泊施設と野外活動設備がある。

（図表10-4）。

　2016年10月1日現在の全国児童館の類型別箇所数を見ると、小型児童館は2,863、児童センターは1,792、大型児童館A型は17、大型児童館B型は4、その他の児童館は124となっています[5]。

▶ **出典**
[5]　[4]と同じ

2　児童館の歴史と現状

　児童館の簡単な歴史、児童館の現状（現在の役割も含めて）、児童館の課題と今後の方向性について、藤丸を参照しながらまとめます[6]。

　児童館の原型は、保護者の経済的な事情や就労状態によって、家庭での養育が行き届かない子どもを主な対象として組織され、それらの子どもを、遊びを通して集団的・個別的に指導していた児童クラブだとされています。この点では、現在の学童保育のしくみに近く、ここから、今でも多くの児童館で放課後児童健全育成事業が実施されていることがうなずけます。

　その後、児童館の設置と運営に関する国庫補助制度が、1963（昭和38）年に創設されました。これにともなって、公営の児童館が増加していきました。こうして、昭和40〜50年代に数多く建てられた児童館は、現在、老朽化が大きな課題となっています。また、自治体の財政難などから閉館するところも増えてきており、公営の児童館の総数は2006（平成18）年の4,718をピークに微減傾向に転じました[7]。さらに、国庫補助が徐々に一般財源化（地方交付税措置）となり、2003（平成15）年に、「地方自治法」が改正されて指定管理者制度が可能となったことから、民営（ほとんどが公設民営）の児童館が増加してきました。

▶ **出典**
[6]　藤丸麻紀「児童館の意義・役割に関する分析」『和洋女子大学紀要』（55）2015年、51-64頁

▶ **出典**
[7]　[6]と同じ

121

◆補足
少年
ここでの「少年」は、男児だけを指すのではなく、男児・女児を総称している。

児童館の対象（利用する子ども）についても、徐々に広がってきました。1964（昭和39）年の厚生省「国庫補助による児童館の設置運営について」においては、「**おおむね３歳**以上の幼児又は小学校１～３年の**少年**であって、家庭環境、地域環境及び交友関係等に問題があり、指導を必要とする者」となっていましたが、1986（昭和61）年の厚生省「児童館の設置運営について（改正）」においては、「おおむね３歳以上の幼児又は小学校１～３年の少年であって、留守家庭等で児童健全育成上、指導を必要とする者」となり、さらに、1988（昭和63）年の厚生省「児童館の設置運営について（改正）」においては、「対象となる児童は、すべての児童とする。ただし、主に指導の対象とする児童は、おおむね３歳以上の幼児又は小学校１～３年の少年（以下、「学童」という）及び昼間保護者のいない家庭で児童健全育成上、指導を必要とする者」と変更されました。

まとめると、主な対象は以前から変わってはいませんが、現在では、「児童福祉法」で児童と定められている18歳未満の子どもすべてに拡張されたといえます。こうした変化は、時代の流れのなかで児童館に求められる役割が増えてきたことに対応しています。

３ 児童館の役割と目的

現在、児童館に求められる役割とその目的（内容）を図表10-5に、児童館の活動内容・事業の具体例を図表10-6に整理します。

図表10-5内の「①発達の増進」は、児童館がもともと果たしてきた役割です。遊ぶことを中心に据えた児童館のなかでの経験によって発達の増進が期待されます。「②日常生活の支援」は、子どもの遊び場の減少、共働きの保護者の増加などが理由で、小学生の安全な居場所が必要となってきたことと関連しています。「③問題の発生予防・早期発見と対応」と「④子育て家庭への支援」は、孤立する核家族の増加や児童虐待といった社会問題を背景に、その必要性が高まった役割だといえるでしょう。「⑤地域組織活動の育成」は、地域コミュニティにおける対人関係の希薄化と関連しています。東日本大震災などの災害を契機に、改めて地縁の重要さが認識され、子どもが成長して青年以降になっても、児童館を核として地域性の高いコミュニティづくりをめざすことが求められるようになったといえるでしょう。

図表10-6に記載されている活動・事業内容は、現在、必ずしもすべての児童館で実施されているわけではありませんが、図表10-5の役割や目的に準じて、実施されることが望まれます。特に、乳幼児期から保

レッスン 10　地域で展開される多様な支援活動

図表 10-5 児童館に求められる役割とその目的（内容）

役割	目的（内容）
①発達の増進	子どもと長期的・継続的に関わり、遊びをとおして子どもの発達の増進を図る。
②日常生活の支援	子どもの遊びの拠点・子どもの居場所となり、子どもの活動のようすから必要に応じて家庭や地域の子育て環境の調整を図ることによって、子どもの安定した日常生活を支援する。
③問題の発生予防・早期発見と対応	子どもと子育て家庭が抱える可能性のある問題を予防し、かつ早期発見に努め、専門機関と連携して適切に対応する。
④子育て家庭への支援	子育て家庭に対する相談・援助を行い、子育ての交流の場を提供し、地域における子育て家庭を支援する。
⑤地域組織活動の育成	地域組織活動の育成を支援し、子どもの育ちに関する組織や人とのネットワークの中心となり、地域の子どもを健全に育成する拠点としての役割を担う。

出典：厚生労働省雇用均等・児童家庭局「児童館ガイドラインについて」2011年

図表 10-6 児童館の活動とそれに応じた事業内容

活動	事業内容
遊びによる子どもの育成	登録制・一般自由来館を問わず、乳幼児から中・高生までの子どもに「遊び場」を提供。運動、造形、音楽、読書など自由に過ごすことで、好奇心・協調性が養われる。
子どもの居場所の提供	昼間に保護者が家庭にいない児童を対象とした放課後児童クラブとは別に、主に小学生が放課後を、子どもどうしがふれあいながら安全に過ごす場の提供。
保護者の子育て支援	幼い子どもを育てている保護者の育児不安などに対応するため、保育所や幼稚園に通っていない主に3歳未満児を対象とした乳幼児クラブ・母親クラブなど定期的に通える場の提供。こうしたクラブによって、子どもには遊ぶ場を、保護者には育児相談を提供するなど、子育て支援機能が充実してきている。
子どもが意見を述べる場の提供	子ども会議、子ども実行委員会を開き、小学生に児童館が実施するイベントなどの企画・運営を手伝わせる。
地域の健全育成の環境づくり	乳幼児クラブや放課後児童クラブなど集中的に通う時期が過ぎた中・高生になっても、一般来館者として児童館のイベントなどを手伝う、保護者も支援を受けた側から子育て相談にのる側に回るなど、地域の一員として青少年の健全育成に参画・貢献し続けられる環境をつくる。
ボランティアの育成と活動	子ども・地域・OBなどを巻き込んで、地域一体型イベントの企画・運営を行うことを通して、地域のボランティアを育成する機会を設定する。
放課後児童クラブの実施	昼間に保護者が家庭にいない小学校1年生～6年生の子どもを対象に、登録制によって小学校下校時から夕方まで生活の場（居場所）を提供。
配慮を必要とする子どもへの対応	障害のある子どもなど配慮を必要とする子どもについては、子育て相談にのるなどの対応を行う。

出典：藤丸麻紀「児童館の意義・役割に関する分析」『和洋女子大学紀要』(55) 2015年、55-56頁

護者と一緒に地域の児童館に親しんだ子どもが、小学生、中学生、高校生、それ以降のそれぞれの段階で、児童館とさまざまな形で関わることが大切になってくると思います。

第3章　地域で展開される子育て支援

4　児童館が抱える課題と今後の方向性

　これまで長い間、必ずしもすべての児童館ではありませんが、数多くの児童館が実施してきた取り組みが、厚生労働省が所管する「放課後児童健全育成事業（放課後児童クラブ）」です。これと、学校の余裕教室などで実施されていた文部科学省が所管する「放課後子ども教室推進事業」との連携（放課後子どもプラン）が、すでに2007（平成19）年度から模索されていました。昨今、小学生の放課後の居場所に対するニーズがさらに高まり、以前よりも待機児童数が増加したこと、**放課後児童クラブの対象**が小学6年生まで広げられたことから、2014年に「放課後子ども総合プラン」が策定されています。このプランについては、レッスン9**「放課後子ども総合プラン」**でくわしく学びましたが、このプランとの整合性を図りながら、これまで大切にしてきた役割や事業をどのように維持・発展させていくのかが、児童館の今後の大きな課題となっています。

4．プレーパーク（冒険遊び場）の活動

1　プレーパークとは

　プレーパーク＊とは何かについて、NPO法人日本冒険遊び場づくり協会のホームページと梶木講演録を参照しながら、まとめてみたいと思います[5]。

　まず、プレーパークとは、子どもたちが「制約なしに（禁止事項はほとんどなく）自分の好きなように」「自然に働きかけたり、自然素材を活用したりして」「置いてある道具・器具なども使いながら」遊びを創りだしたり工夫したりできる場所です。たとえば、木に登る、かまどで火をおこす、自分たちで道具をつくる、川に木材を渡して橋をつくるなど、プレーリーダーによる見守りのなかで、子どもたちは、のびのびと遊びを展開します。

　プレーパークの始まりは、デンマークのコペンハーゲン市郊外に、1943年につくられた「エンドラップ廃材遊び場」だといわれています。「こぎれいな遊び場よりも、ガラクタの転がっている空き地や資材置き場のほうが、子どもたちは喜んで遊ぶ」という長年の観察に基づいて、造園家が提案し、建築家がデザインし、初代プレーリーダーと子どもたちによって、この「エンドラップ廃材遊び場」ができました。こうした冒険遊び場がデンマークに広がり、それをみたイギリス人のアレン・オ

✚補足

放課後児童クラブの対象

放課後児童クラブの対象は、「子ども・子育て支援新制度」（2015年度より発足）のなかに位置づけられて以降、小学1年生〜6年生までと変更されている。

✳用語解説

プレーパーク

日本においてプレーパークとよばれている遊び場の起源は、海外での取り組みにある。海外では、一般に「冒険遊び場」とよばれている。

▶出典

†5　梶木典子　演題「全国の冒険遊び場活動の実態、遊び環境の課題」一般社団法人日本公園緑地協会主催平成26年度「公園を活用したすこやか健康づくり」シンポジウム（2014年11月11日京都会場）

✚補足

造園家、建築家、プレーリーダー

造園家の名前はソーレンセン、建築家の名前はダン・フィンク、プレーリーダーの名前はジョン・ベルテルセンである。

レッスン10　地域で展開される多様な支援活動

ブ・ハートウッド卿夫人が、この取り組みを本国に持ち帰りました。こうしてイギリスで広まった冒険遊び場は、やがて全世界に広まっていきました。日本初の冒険遊び場である「**世田谷区羽根木プレーパーク**」は1979（昭和54）年に開設されます。わが国では1990年代後半から全国各地で、冒険遊び場が増加していきました。

2　プレーパークの運営

　このような遊び場を成り立たせている大切な条件は、何といっても、プレーリーダーあるいはプレーワーカーとよばれる子どもの遊びを見守る大人の存在と、地域の大人による遊び場の運営です。

　2013年度に、上記の協会が実施した「第6回冒険遊び場づくり活動実態調査」の結果を、調査協力者である梶木が講演のなかで紹介しています。まず、活動団体は、関東（全体の43.4％）が圧倒的に多く、次に関西（17.5％）に多くあります。また、70％以上の団体が2002年以降に立ち上げられており、プレーパークは、比較的最近になって注目されてきた子どもの発達を支える居場所といえるかもしれません。常設（週5日以上）が望ましいのでしょうが、そうした団体は全体の10.0％に過ぎず、週1日〜2日と月1回〜数回を合わせて58.9％となっています。場所は、50％以上の団体が都市公園・児童遊園などを利用していますが、私有地の提供を受けている団体も20％を超えています。

　運営の形態については、行政が直営しているケースはきわめて少なく、行政とパートナーシップをとりながら事業を実施している団体（指定管理、委託、補助の3形態）が32.4％、それ以外の協力を行政ととりながら事業を実施している団体が41.8％という状況にあります。協力には、広報、場所の提供、資金の提供、物品の提供・貸出、相談・アドバイス、職員の派遣があります。プレーリーダーが配置されている団体が67.6％となっていますが、その雇用は決して安定的とはいえません。

　すでに述べたように、プレーパークで子どもが自由にのびのびと遊びを展開できるかどうかは、プレーリーダーの存在と継続性、また、プレーリーダーの資質などに大きく左右されると思われます。先の調査結果では、30％以上のプレーパークにプレーリーダーがいないこと、プレーリーダーのうち、主たる職業として給与（平均して月額15万〜20万円程度）を受けている者が22.8％、お金は支払われるが給与ではない者が31.5％、アルバイトの者が18.1％、完全にボランティアである者が27.6％となっています。より多くの子どもたちに、「のびのび」と「いきいき」と遊べる機会を保障していくために、プレーリーダーの安定的

✚ 補足

日本初のプレーパーク
アレン・オブ・ハートウッド卿夫人の著書「Planning of Play」を翻訳した大村虔一・璋子夫婦が、日本初のプレーパークを世田谷区に誕生させる素地を築いた。

✚ 補足

「第6回冒険遊び場づくり活動実態調査」
全国339の活動団体に郵送によって協力を依頼し、212団体から回答（回収率53.1％）を得ている。

125

第 3 章　地域で展開される子育て支援

雇用と資質の向上をめざした取り組みを中心に、行政の施策として、このプレーパークが発展していくことが望まれます。

演習課題

①児童館で提供されている乳幼児期クラブや母親クラブでは、実際にどのような支援が展開されているのかを、調べてみましょう。
②2007（平成19）年度から策定された「放課後子どもプラン」と2014年に策定された「放課後子ども総合プラン」の共通点と相違点を整理してみましょう。
③プレーパークにおいて、プレーリーダーは実際にどのような役割を果たしているのかを、調べてみましょう。

参考文献···
レッスン8
伊藤篤「ブリティシュコロンビア州における子ども家庭支援（カナダ）——多様な属性とニーズをもつ子どもと親（家庭）へのコミュニティ支援」神戸大学大学院総合人間科学研究科 ヒューマン・コミュニティ創成研究センター 障害共生部門（津田英二）編『インクルーシヴな地域社会をめざす拠点づくり』2007年 104-110頁
伊藤篤・岡田由香・川谷和子「児童館におけるドロップイン・センター『ふらっと』の試み——1次予防と2次予防を目指した地域ネットワーク事業としての子育て支援」『神戸大学発達科学部児童発達論講座編』8 2005年 21-29頁
奥山千鶴子・大豆生田啓友『おやこの広場びーのびーの』ミネルヴァ書房 2003年 54頁
財団法人児童健全育成推進財団 平成18年度全国児童館実態調査結果
　http://www.kodomo-next.jp/pdf_files/research06report.pdf
土田美世子『保育ソーシャルワーク支援論』明石書店 2012年 58-59頁
寺村ゆかの「保育所における子育て支援」子育て支援プロジェクト研究会編『子育て支援の理論と実践（MINERVA保育実践学講座16）』ミネルヴァ書房 2013年 72-73頁
内閣府公表資料（平成26年1月24日付）利用者支援事業について
　http://www.city.eniwa.hokkaido.jp/www/contents/1393831189214/files/siryou1.pdf
レッスン9
植木信一編著『児童家庭福祉（新版）』北大路書房 2014年
喜多明人・荒牧重人・森田明美ほか編著『子どもにやさしいまちづくり（第2集）』日本評論社 2013年
深谷和子編集代表『『放課後児童クラブ』の可能性』『児童心理臨時増刊』（1027） 金子書房 2016年
レッスン10
伊藤篤「日本子育て学会第4回大会ラウンドテーブル［先輩参加者が支える子育てサークル］報告 子育ての相互支援と地縁型コミュニティ」『子育て研究』3 2013年 38-39頁
NPO法人日本冒険遊び場づくり協会ホームページ

http://bouken-asobiba.org/modules/play/index.php?content_id=10
京都市社会福祉協議会と京都市内各区社会福祉協議会「平成16年度地域における子育
　て支援推進事業　子育てサロン・サークルの実態調査報告書」2005年
　http://www.syakyo-kyoto.net/shiritai/machidukuri/kosodatesalon.pdf
厚生労働省ホームページ「平成28年度社会福祉施設等調査の概況」
　http://www.mhlw.go.jp/toukei/saikin/hw/fukushi/16/index.html
神戸市社会福祉協議会ホームページ　神戸市ファミリィー・サポート・センター
　http://www.with-kobe.or.jp/cgi-bin/news/index.cgi?mode=top&genre=1
神戸市灘区ホームページ「灘地域の子育て　子育て自主サークル」
　http://www.city.kobe.lg.jp/ward/kuyakusho/nada/kosodate/kosodate/area/
児童健全育成推進財団ホームページ　児童館とは？
　http://www.jidoukan.or.jp/what/support/childrens-center.html
豊中市社会福祉協議会ホームページ「お困りごとナビゲーター　子育てのこと　子育
　てサークル・サロン」
　http://toyonaka-shakyo.or.jp/kosodate2002/html/kosodate_home.htm
兵庫県家庭問題研究所「地域における子育て支援についての調査研究報告書」
　http://www.hemri21.jp/kenkyusyo/seika/katei/pdf/h14_02.pdf

おすすめの 1 冊

**畑千鶴乃・大谷由紀子・菊池幸工『子どもの権利最前線 カナダ・オンタリオ州の挑
　戦──子どもの声を聴く コミュニティハブとアドボカシー事務所』かもがわ出版
　2018年**
　地域（コミュニティ）ベースの子育て支援拠点は、あらゆる観点から子育て家庭を
　支援できる統合的サービス提供の「ハブ」であると同時に、子どもの声（権利）を
　重視した「アドボカシー拠点」でもあるべきだという本書の主張は、わが国におけ
　る地域拠点の方向性を示してくれている。

第4章

海外に学ぶ
子育て支援

本章では、海外の子育て事情について学んでいきます。アジア（中国、韓国、台湾）、オセアニア（オーストラリア・ニュージーランド）、北米（カナダ）、北欧（スウェーデン）、西欧（フランス）の子育て支援を学びましょう。

レッスン11　アジアにおける子育て支援
....
レッスン12　オセアニアにおける子育て支援
....
レッスン13　北米における子育て支援
....
レッスン14　北欧における子育て支援
....
レッスン15　西欧における子育て支援
....

レッスン11

アジアにおける子育て支援

本レッスンでは、東アジアのなかでも日本と長い交流の歴史がある中国、韓国、台湾での子育てと子育て支援の実情を学びます。さらに、国際間を比較した調査結果を参考にしながら、日本で暮らしている多文化な背景をもつ家庭での子育て生活と、そうした家庭に対する子育て支援のあり方などについての理解を深めます。

1. 中国の子育て支援

1 中国の教育・保育制度

中国では、1979年から導入された「一人っ子政策」が、2015年に廃止されました。そして、この間に起こった**晩婚・晩産**[*]によって急速に少子化が進みました。多くの託児所では、0歳児クラスが廃止となり、その後、1歳児クラスも園児数が減少しました。現在、都市部では、2歳前の乳幼児は、家庭で親や祖父母あるいはベビーシッターによって養育されています。

一人っ子政策後に生まれた親世代は、幼少時は**小皇帝**[*]として育ち、同じく現在の子どもたちも、両親とその祖父母の**6つポケット**[*]という経済環境のなかで育てられています。従来は、衛生部が管轄する託児所に0〜2歳の子どもが、その後は、教育部が所轄する**幼児園（幼稚園）**[*]に3〜6歳（就学前）の子どもが通うという制度でした。幼児園の学年編成は、小班（年少組）、中班（年中組）、大班（年長組）です。しかし、数が大きく減っている託児所のなかには、3歳児も受け入れるところが現れる反面、小小班（年少々組）を設定して2歳からでも受け入れる幼児園も現れ、託児所と幼児園が競合する状況になってきています。

2 特色ある幼児園・託児所の種類と格付け

幼児園は、国公立と私立に分かれています。また、職場内託児所・幼児園があったり、私立の婦人連合会が運営するものなど多様です。教育時間は全日制が中心ですが、「**全託**[*]」という寄宿制もあります。幼児園の種類は、国レベルの実験幼児園も存続していますが、省や市レベルでは、示範幼児園（モデル園）、一級幼児園、二級幼児園、三級幼児園に分類されています。これらの格付けは、各園を総合的に評価した得点に

✳ 用語解説

晩婚・晩産
中国政府が少子化政策のもとで推奨した遅めの結婚と出産のこと。

小皇帝
中国において一人っ子は、両親とその下に祖父母がいるピラミッドのトップに位置するため、小さな皇帝とよばれた。

6つポケット
少子化の子どもをめぐって、両親（2人）とそれぞれの祖父母（4人）の合計6人のポケットからお金が出費されるという比喩が生まれた。

幼児園（幼稚園）
保育形態・内容は日本の保育所と幼稚園を兼ね合わせた性格をもつ。

✳ 用語解説

全託
家庭から通園するのではなく、子どもが寄宿舎で生活しながら保育を受ける制度のこと。

➕ 補足
幼児園の格付けの呼称や評価基準は、各省や市・区などでも異なる。

レッスン11　アジアにおける子育て支援

よって決まります。「上海市託児所・幼児園運営等級基準（試行）」（2003年）によると、評価は「基礎的基準」（85点）と「発展的要求」（15点）で構成され、基礎的基準には「乳幼児の発達水準」（20点）、「園（所）の運営条件」（12点）、「園（所）業務内容」（12点）、「保育・教育業務」（23点）、「衛生保健業務」（18点）の5項目があり、それぞれに細かな下位指標項目があります。発展的要求には「チームづくりの効果」「教育科学研究の成果と園（所）の全体的発展」「カリキュラムづくりの重視と運営特色」「独自で豊富な管理改革経験」「良好な園（所）文化の創出」の5項目で構成されています。

そのほか、音楽・芸術などに特化した幼児園、モンテッソーリや**レッジョ・エミリア教育**を導入している幼児園、英語教育を行う幼児園も増えています。また、近年は、私立の幼児園が急増しており、なかには、園児数が本園と分園を合わせて1,000名以上、大勢の専門家や職員を抱える大規模幼児園もあります。

3　中国での子育て支援とは

子育て支援策の基軸は、2011（平成23）年に公布された「中国児童発展網要2011-2020年」にあります。それまで10年間の網要となっていた「子どもの健康」「子どもの教育」「子どもの保護の法的整備」「子どもをめぐる環境整備」という4領域の目標が達成されたことで、時代の流れに即応する形で、「子どもの教育」という領域のなかに、「0～3歳児の**早期教育**の促進」などが加えられました。したがって、2013年からは、0～3歳児を対象にした乳幼児教育が、教育部によって全国的に始動しています。上海市を例にすると、市内17区に設置された公立の早期教育指導センターでは、育児カウンセリング（家庭訪問サービスも含む）、親子ゲーム、親子サロン、子どもが遊ぶ施設、幼児教育プログラム、教育指導、講座などが低料金で提供されています。こうしたサービスの利用実績や利用の際に得られた子どもの個人情報は、ファイル化されて、連携先の幼児園とも共有されています。

中国は広大な国土に55の少数民族が居住し、都市部と地方農村部では育児生活に大きな隔たりがあるため、育児手当は各地で異なっています。たとえば、上海市の育児手当は、父母の勤務先から月額で各自50元、子どもに障害がある場合は70元、両親のいずれかが失業、ひとり親家庭、軍人や農民の場合もそれぞれ異なった支給額となります。経済的に困難な場合は、幼児園を通して申請すると、年額で1,000元の補助金がでます。

◆ 補足

レッジョ・エミリア教育
イタリアのレッジョ・エミリア市発祥の幼児教育実践法。個々の子どもの意思を大切にしながら、その表現力やコミュニケーション能力、探究心、考える力などを養うのを目的としている。1991年に「世界で最も優れた10の学校」に選ばれたことから、世界的に有名になった。

◆ 補足

早期教育
中国語では、乳児（幼児）教育を早期教育と表現する。

早期教育指導センター：上海市
http://www.izaojiao.com/event/shgongbanzaojiao/

◆ 補足

託児所・幼児園に入園後の育児手当：上海市
http://sh.iyaya.com/zhinan/yuanxiao/10932-184255

131

第 4 章　海外に学ぶ子育て支援

中国では、各市地区に「少年宮」とよばれる子ども対象のカルチャーセンターがあります。ここでは、習字、美術、舞踊、バレエ、古典楽器、西洋楽器、英語、パソコン、各種スポーツなどが豊富にそろっていて、教育熱心な親は、教育費を優先して、子どもを少年宮に通わせています。

4 ▶ 調査から見る中国の母親の育児に対する意識

筆者は、日本に住む幼児を抱える多文化な保護者を対象にした11言語12種類による子育て生活と支援状況に関する質問紙調査を実施しました。その中での育児意識の設問項目と同じ内容を**中国・韓国・台湾での現地調査**でも尋ねました[1]。

中国の調査から母親の回答だけを抽出した結果では、毎日の子育て生活での「子どもの気になる性格や態度・ようす」として、「かんしゃくをよく起こす」「気になる癖」「少食や食べ物の好ききらいがある」「親の言うことを聞かない」は2人に1人の親が手を焼いていました。

また、「心がけているしつけや生活習慣」について多くの母親が選択した上位6位までの項目は、「友だちと仲良く遊ぶ」「家族やまわりの人へのあいさつ」「親や先生との約束を守る」「自分から手を洗う」「自分で服を脱ぎ着する」「食事のマナー」で、それらの回答率は97〜92%でした。

さらに、「子育て以外のことで充実感を感じている」母親は76.7%、「子どもを持つことで自分自身が成長したと感じている」母親は95.7%となっていました。特に、「母親としての自分に満足している」は65.8%と、自己評価については、日本の母親よりも29ポイントも高い結果でした。その反面、「子どものしつけのしかたに自信がもてない」は62.3%と、ほかの国や地域よりも高くなっており、子どものしつけや教育への期待感と現実のはざまで揺れる親心が読み取れます。自己評価は高いが、しつけの方法は気がかりというのが中国の母親の一つの特徴といえるでしょう。

2. 韓国の子育て支援

1 ▶ 韓国の教育・保育制度と種類

韓国における就学前の教育・保育制度は、基本的に日本と類似しています。国公立と私立の満3歳から満5歳児までを対象とする幼稚園があり、日本の文部科学省に相当する教育部が所轄しています。新学期は

◆ 補足
中国・韓国・台湾での現地調査
日本での多文化子育て調査および日本・中国・韓国・台湾での4つの結果は随時本レッスン内で紹介していく。

▶ 出典
†1　山岡テイ『多文化子育て支援の研究』国際文献社、中国調査、2013年、84-93頁

3月から始まり、**数え年**[*]でいうと、4歳（年少児）から6歳（年長組）の子どもが幼稚園児となります。幼稚園の教育時間は、長い間、5時間未満の半日制でしたが、時代の要請によって、1990年代半ばから、2時間の延長制あるいは8時間以上の全日制で運営されるクラスが増えていきました。

保育所は、日本の厚生労働省にあたる保健福祉部が所轄しています。

韓国の保育所の設置主体は、国公立、社会法人、宗教およびその他の法人、民間、家庭、職場、父母協同の7つに分けられています。これらの保育所は、オリニチプ（韓国語で「子どもの家」という意味）とよばれており、0歳から5歳までの子どもを対象としています。

オリニチプは、午前7時30分〜午後7時30分までの12時間保育が原則です。さらに、午後9時30分まで2時間の延長保育がありますが、保育費用は親の負担になっています。オリニチプによっては、延長保育を行わないところもあります。その他にも、24時間保育、休日保育を行っているオリニチプもあります。

また、公的な保育・教育機関ではない「ハグォン（学院）」とよばれる施設があります。一般的には、幼稚園や保育所が終わったあとに通い、音楽・美術・スポーツ・英語などの習い事をしています。

2 急速に進んだ保育費の無償化

韓国の子育て支援施策は、この十数年間で大きく変化してきました。1997年12月には、「初・中等教育法」によって、5歳児教育の無償化が定められましたが、この時点では、生活保護家庭や僻地での園児がいる家庭など、限られた対象への支援でした。2004年1月の国会本会議で「幼児教育法」が新たに決定された以降も、長い間、一部の低所得家庭への支援にとどまりました。

しかしながら、2009年の出生率が1.15となり、2012年に「幼児教育法」が改訂されたことによって、急速に、0歳児・1歳児・2歳児と5歳児が保育費無償の対象となりました。2013年からは、幼稚園とオリニチプに通う0歳から5歳までのすべての園児の保育・教育費が無償となりました。

さらに、保護者が家庭で養育する場合には、0歳児20万ウォン、1歳児15万ウォン、2歳児10万ウォン（いずれも月額）が支給されます。

しかし、この育児支援制度は、政府と地方自治体の財政負担をともなうため、地域によっては、過重な追加的負担が生じ、大きな問題となっています。

✱ 用語解説

数え年（かぞえどし）
生まれた年が1歳で、翌年の1月1日には2歳になるという年齢の数え方。韓国・中国・台湾では公的には満年齢だが、今も一部地域ではこの数え年が使われている。

第 4 章　海外に学ぶ子育て支援

用語解説
ヌリ課程
韓国語で「ヌリ」は世の中という意味。2011年に名称公募で決定した。

補足
幼保統合の共通カリキュラム
「ヌリ課程」は幼保統合の一つの表れである。こうした幼保統合の共通カリキュラムとして有名なのは、ニュージーランドの「テ・ファリキ」である。

用語解説
人性教育
全人的な人間性・人格教育を指す。

出典
†2　全国幼稚園・保育所情報
http://e-childschoolinfo.
moe.go.kr/

†3　アイサラン保育ポータル
http://www.childcare.go.
kr/

用語解説
エコロジカル
（ecological）
生態学的な観点から、自然や環境と調和した生活を送ろうとする志向性のこと。

---

3 ▶ 共通カリキュラム「ヌリ課程」と幼稚園評価

　韓国では、2013年から、幼稚園と保育所に通う 3 歳児・4 歳児・5 歳児を対象に**ヌリ課程***という共通カリキュラムを導入しています。このカリキュラムは、「身体運動・健康」「意思疎通」「社会関係」「芸術経験」「自然探求」という 5 つの活動領域で構成されています。ヌリ課程は、長時間子どもを保育する保育所も全日制を導入している幼稚園も同様に、保育・教育の質向上を目標として、幼児期から自分自身への関心とまわりへの思いやりの心、自然や芸術に親しむなど**人性教育***をめざしています。

　韓国では、幼稚園・保育所のよりよい活動展開と教育の質的向上を目的にして、2008年から、3 年間を一周期とした幼稚園評価が実施されています。現在は第 3 周期（2014〜2016年）が終了したところです。この評価基準（共通指標）は教育部が策定しています。第 3 周期の幼稚園評価の共通指標は、「教育課程」「教育環境」「健康及び安全」「運営管理」の 4 領域に分類されており、さらにそれらは11指標・30項目に細分化されています[†2]。書面調査（園の運営計画書、自己評価書、公開情報を参考にして実施）と実地調査（観察調査と面談）を通して総合的に評価されます。なお、この評価結果や園情報はインターネットで閲覧できます[†3]。

　保育所では、ヌリ課程以降にも幼稚園評価とは異なる「評価認証」という基準で保育所評価を実施しています。幼保統合の一環として、2015年の秋には、統合指標が提示され、それに基づいていくつかの選ばれた幼稚園と保育所において示範評価がなされていますが、いまだに統合指標は全国に広まっていません。

4 ▶ 調査からみる韓国の母親の育児に対する意識

　ここでは、前節の 4 での中国における母親の育児意識で紹介したものと同じ内容で、韓国での現地調査から得られた結果に基づき、韓国における母親の育児意識を概説します。

　韓国では、幼児や小学生の習い事に関して、ほかの東アジア諸国の親と比べても勝るとも劣らないほど熱心な親が多く、それに対応するように特色ある教育理論を取り入れている園が数多くあります。たとえば、伝統的な遊びや音楽の伝承に加えて、昔からの**エコロジカル***な食育や礼節を重要視するなど、子どもの人性教育をめざしています。母親たちは多くの園情報や習い事情報を友人やインターネットを駆使して入手しています。しかし、その反面で、子どもの教育に対する不安感と子育て

に起因する焦燥感が高いことを調査結果は示していました。

　調査結果を、韓国、中国、台湾、日本の間で比較すると、韓国の母親は「子どもには自分以上の学歴をつけさせたい（66.8%）」や「子育てだけでは社会に取り残されていく感じがする（63.4%：平均値より24.1ポイント多い）」の回答率が極めて高く、一方では「子育て以外のことで充実感を感じている（50.5%）」の回答率は他の3つの国や地域より低く、中国に比べると26.2ポイントも低くなっていました。子どもの教育活動に力を注ぐ教育熱心な母親を志向する一方で、一人の人間として十全に生活できない焦燥感をもっていることが推測できます。

3．台湾の子育て支援

1　台湾の教育・保育制度と種類

　台湾では、2011年6月に、「幼兒教育及照顧法」（幼児教育及びケア法）が発令されました。翌2012年1月1日からは、幼托整合（幼保一元化）のため、従来の幼稚園と託児所を統合して幼児園（幼兒園）とし、教育部の「国民及**学前教育**[*]署」が所轄しています。それ以前は、託児所（保育所）は生後1か月児から就学前の5歳児までを対象とする社会福祉施設で、幼児園は4歳児から就学前の5歳児までを対象とする幼児教育施設でした。幼保一元化後の幼児園施設は、満2歳から就学前の5歳児までを対象とするようになり、国公立と私立のほかに、新たな「非営利幼児園」政策が推進されるようになりました。

　0～2歳児の託嬰中心（ベビーセンター）は、衛生福利部の「社会及家庭署」が管轄しています。その他には、園児や小学生を対象とした安親班（学童保育）や才藝班（習い事やスポーツ教室）など、従来は、私立のみでしたが、幼保一元化後は公立園でも放課後の課後留園（保育事業）を行うようになりました。

2　さまざまな民族への子育て支援策

　2010年から論議が開始されていた5歳児の無償化プロジェクトは、その後、2011年7月に修正案が決議されて、同年8月1日から運用が開始されました。「5歳児免学費教育計画」は、5歳児を対象にした就学補助金制度です。加えて、幼児園の教師の質的向上や時間外の教育サービスへの補助金が支援されることも特徴です。少子化傾向が続くため、2012年の幼托整合政策の実施を契機に、育児手当や失業者家庭の

＊ 用語解説
学前教育
小学校就学前の教育のこと。

＋ 補足
衛生福利部は日本の厚生労働省、教育部は文部科学省に相当する。

第4章　海外に学ぶ子育て支援

特別育児手当政策が実施されるようになりました。また、育児不安を軽減するため、衛生福利部は、「育児親職網」などの親のための育児情報サイトを開設しています。一方、教育部は、幼児園に関する「全国教保資訊網」を立ち上げて、政府が推進している幼児園評価などの情報も公開しています。

　台湾には、政府公認の16の先住民族に加え、長く台湾の地に居住している多様な民族がいます。2004年から開始された「国民教育幼児班計画」は、先住民族や外国人配偶者家庭への多文化対応策です。また、離島や先住民族地域の5歳児にも無償で幼児教育を行っています。具体的には、経験豊富な保育者である専任巡回指導員が、家庭訪問をして生活教育を担当したり、各自治体の専門官が指導を行ったりするなど、きめ細かで長期的な訪問支援サービスが実施されています。

◆ 補足
一般には、先住民族とよぶが、台湾では昔から居住していたことを意味する「原住民族」が正式な呼称。

3　幼稚園・託児所評価の推移

　台湾は、東アジアのなかでは、早い時期から幼稚園の教育評価を開始していました。1985年には、台北市が自治体としてはじめて「幼稚園評価」を行いました。その後、それに追従するように、幼稚園評価は他の地方自治体に広がっていきます。1993年には、教育部がCIPPモデル*の採用を公布し、2001年には、全国一斉に幼稚園評価が始まりました。さらに、幼稚園の質的向上のために評価結果を情報公開し、台北県では、2003年度に、評価の「事前指導」と「事後指導」を行いました。異なる評価委員による適切で細やかな訪問指導を実施することを通して、評価方法は現状に即して改訂されてきました。

　幼稚園評価のサイクルは、全国レベルでは平均して3年周期です。2005年度に、その後の幼保一元化に向けて、幼稚園評価は一時的に中断されましたが、2013年から再開されました。

　2012年に公布された幼児園評価弁法によると、幼児園評価は「基礎評価」「専門性評価」「追跡評価」の3種類に分類されます。2013年8月から5年をめどに、各県市は、すべての所轄する幼児園に基礎評価を実施しています。教育部が定めた幼児園の基礎評価指標は、「設立と運営」「総務と財務管理」「教保活動課程」「人事管理」「飲食と衛生管理」「安全管理」の6項目に分類されており、合計47の下位指標があります。託児所評価に関しては、その所管が福祉部門から教育部門に変わっており、評価指標の決定など、検討課題が多く残されている実情です。

✳ 用語解説
CIPPモデル
「幼稚園評価及び奨励計画」のこと。CはContext、IはInput、PはProcess、PはProductを意味する。

4　調査からみる台湾の母親の育児に対する意識

136

ここでも、前々節・前節で紹介した中国・韓国における母親の育児意識に関する調査と同様の方法で実施された台湾での現地調査から得られた結果に基づいて、台湾における母親の育児意識を概説します。

台湾の母親たちは、祖先のルーツが異なる人々が集合して、古きよき時代の伝統を子どもに継承する一方で、最新の教育法を積極的に取り入れる進取の精神にもあふれています。また、都市部では少子化が進み、子どもの教育に対する期待と不安感が高く、これはほかの国の都市部の結果と共通した傾向です。

台湾での「母親の子育て生活の受け止め方」については、上位10項目のなかで、「子どもを持つことで自分自身が成長した（97.4％）」の回答率は、調査対象となったほかの国や地域よりも高い値でした。また、「子どもを感情のままに叱りつけることがある（82.7％）」「子どもが悪いと自分の責任のように思える（80.0％）」「叱りすぎるなど、厳しくしすぎているのではないかと思うことがある（66.0％）」の回答率も、ほかの国の母親たちよりも、10ポイント以上高い結果でした。ここから、母親たちは、子育てをとおして自己成長を実感している一方で、日々のネガティブな関わりを省みて罪悪感をもっていることがうかがえます。しかし、自由記述の結果からは、子どもへの温かな情愛があふれており、台湾の母親は、情感豊かな熱血派の一面も持ち合わせているようです。

4．外国にルーツをもつ多文化な家庭での子育て

1 日本における多文化の状況

2016年末における日本の在留外国人数は、238万2,822人で、前年末に比べ15万633人増加しており、その増加率は6.7％です。出身国の構成順位は、1位が中国（29.2％）、2位が韓国・朝鮮（19.0％）、3位がフィリピン（10.3％）、4位がベトナム（8.4％）、5位がブラジル（7.6％）となっています。従来、最も多かった韓国・朝鮮人は、特別永住者の減少のために、1991年末をピークに、その後は減少し続けています。2007年末に中国の構成比が28.7％に上昇してから、現在まで中国人が最多の約3割を維持しています[†4]。

筆者らが実施した「第2回多文化子育て*調査」[†5]の対象者である保護者の国籍は、日本全国の在留外国人統計を反映しており、「中国、フィリピン、ブラジル、韓国・朝鮮、ペルー」が上位5位を占めていました。

✦補足

在留外国人とは、2012年7月から従来の外国人登録制度に代わり施行された在留資格をもち中長期間在留する外国人のことをいう。

▶出典

†4　法務省入国管理局「平成28年末現在における在留外国人数について（確定値）」2017年

✳用語解説

多文化子育て

「多文化な背景をもつ家庭での子育て」を略した筆者らの造語。多様な違いを受け入れながら豊かな子育てをともにめざすという思いを込めている。

▶出典

†5　多文化子育て調査（第1回・第2回）報告書
http://www.tabunkakosodate.net/japanese/report.html

第4章　海外に学ぶ子育て支援

✱ 用語解説

多文化

性差、民族、国籍や地域、宗教などの違いだけではなくて、心身発達の個人差、成育の背景としての異なる環境、世代間や価値観の違いをも含む包括的な概念である。

2　多文化子育て調査報告書の概要

　1　で示したように、外国人居住者や国際結婚の増加にともない、園や学校でも日本語を母語としない**多文化***な家庭の子どもが増えてきました。日常生活で私たちと多文化な家族とが出会う場は地域の園であることが多いため、園児の親を対象にして、筆者らは日本で初めての11言語12種類の質問用紙を用いた「多文化子育て調査」を2度にわたって実施しました。

　第1回調査（2000年2月〜9月実施）の報告書は2001年9月に、第2回調査（2010年10月〜2011年3月実施）の報告書は2013年3月に公表しました。第1回調査の有効回答者数は2,002人（65カ国籍）、第2回調査の有効回答者数は2,065人（77カ国籍）でした。調査対象は、園に子どもを通わせている保護者であり、彼らに子育て生活の状況や子育てに関する意識・意見を尋ねました。第1回目調査、第2回目調査ともに回答者の80％以上が母親であり、彼女らの国籍は、　**1**　で示した日本全国の在留外国人の統計的な分布を反映しており、第1回目では「中国、韓国・朝鮮、フィリピン、ブラジル、タイ」が上位を、第2回目では「中国、フィリピン、ブラジル、韓国・朝鮮、ペルー」が上位を占めていました。

　この第2回の調査とほぼ同時（2012年）に、日本との交流の歴史が長い韓国、中国、台湾においても、同じ質問項目を含む国際比較調査を実施しました。以下、多文化子育ての実態への理解を深めるために、これら5つの調査を通して得られた結果に基づいて、日本、韓国、中国、台湾での子育ての状況も比較しながら紹介していきます。

3　園での気がかり・子育てでの気がかり

　多文化な保護者に、子どもの通う園に関しての気がかりは何かを、複数の選択肢のなかから選んでもらったところ、1位は「裸足保育や薄着の習慣（30.9％）」、2位は「いじめられているのではと心配（30.0％）」で、3位が「日本人保護者とのつきあい（17.6％）」、第4位が「準備するものが多い（15.9％）」であり、「日本の食べ物などに慣れすぎ」と「参加行事が多い」がともに13.9％で5位になっていました（図表11-1）。

　また、子育て生活のうえで何が最も気がかりなのかを、複数の選択肢のなかから選んでもらったところ、1位は「母語の教育や文化を学ばせること（15.3％）」次いで「少食や食べ物の好き嫌いがある（8.6％）」、3位が「病気やケガ（8.1％）」、以下、「子どもの教育費などお金のこと（6.2％）」「子どものほめ方、叱り方（5.9％）」、「言葉の発達が遅れてい

図表 11-1 園での気がかり

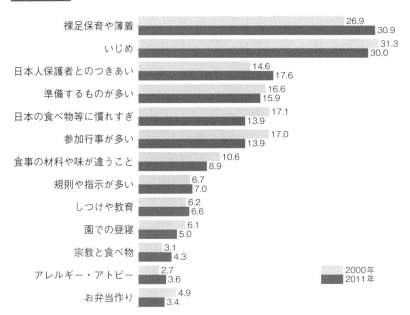

図表 11-2 子育ての一番の気がかり

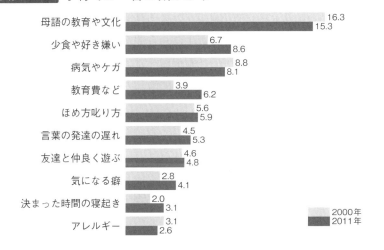

る（5.3％）」の順でした。母語教育や言葉の発達、教育費、食文化などの悩みは、自由記述においても数多く詳細に記述されており、それらが深刻である実情がうかがえました（図表11-2）。

5．5つの調査における子育て情報環境

1 子育ての基準枠となる情報源

個人の意見・態度・価値判断の基準となる枠組みを「準拠枠」といい

ます。そして、こうした枠組みを提供してくれる人々のことを「準拠集団」とよびます。養育者や保育者がどのような準拠集団の基準枠を重視したり参考にしたりするかは、子育てに大きな影響を及ぼします。

たとえば、どの国や地域でも、準拠集団の代表は「家族」や「親戚」「親しい友人」です。また、準拠枠としては「生きるよりどころ」や「宗教」などがあります。日本では「世間」という目にはみえない準拠集団が提供する準拠枠も有効に機能しています。実際に、子育て家庭は多様な情報環境に囲まれて生活をしていますが、保護者は、自分にとって必要で信頼できると判断する情報源を確かな基準枠で選択しています。

前述の「多文化子育て調査」において、多文化な母親が最も信頼する情報源を尋ねています。上位5位について、第1回調査結果→第2回調査結果の順に記載すると、1位は「配偶者（15.4％ → 17.2％）」、2位「実家の親（11.1％ → 15.5％）」、3位「園の先生（10.8％ → 11.7％）」、4位「育児書や教育書などの専門書（8.6％ → 6.7％）」、5位「インターネットやブログ（0.6％ → 4.7％）」となり、2回の調査で順位は変わっていませんでした。

この結果から、携帯電話やパソコンによる情報入手の比率が明確に高くなっていることがわかりますが、1位から3位は、人からの直接的な情報収集となっています。1位の「配偶者」は、最も身近な相談相手であり、2位の「実家の親」は、母国にいて離れていても、子育ての準拠枠を与えてくれる「心のよりどころ」、3位の「園の先生」は、わが子をともに育ててくれて、日本でのしつけ・教育情報を日々得られる信頼するキーパーソンであるといえるでしょう。

▣2 情報源を信頼できると判断する理由

また、同調査において多文化な母親が、しつけや教育に関する情報源を「なぜ信頼するのか」を明らかにするために、複数の判断理由を用意し、それらをどの程度重視しているのかを「とても重要である」から「まったく重要ではない」までの4段階で尋ねました。その結果、重要視される理由は大きく「4つの要因」に分類されました。その4つの要因について、本節の ▣3 で紹介する4つの国際調査の関連結果と合わせて紹介します。

1つ目の要因は「経験や体験内容が豊富だから」「子どものことをよく知っているから」「同じ年ごろの子どもがいてわかり合えるから」「身近で相談しやすいから」などの理由であり、これらを＜親近実用性＞としました。これは、日本調査でも上位に位置づく要因です。2つ目の要

因は「正確な情報が手に入るから」「最新情報が手に入るから」などであり、これらを＜専門性志向＞としました。これは、中国調査および台湾調査でも重要視されている要因です。3つ目は「自分が育ったように子どもを育てたいから」「夫が育ったように子どもを育てたいから」「自分の家らしい子育てをしたいから」などであり、これらを＜ファミリー意識＞としました。これらは、韓国調査で上位に位置づけられた要因です。4つ目の要因は「個人的なことが守られるから」「自分の身内であるから」などであり、これらを＜独自性＞としました。

3 母親が最も信頼する情報源と最も不安になる情報源

図表11-3と図表11-4は、4つの国・地域を対象とした調査において、母親が、しつけ・教育に関して「最も信頼する情報源（高信頼情報源）」と「最も不安になる情報源（高不安情報源）」が何であるのかを比較した結果です。国・地域別に高信頼情報源をみていくと、日本では「配偶者（夫）」「実家の親」「近所の友人」が、韓国では「近所の友人」「園の先生」「インターネットやブログ」が、台湾では「専門書」「園の先生」が、中国では「園の先生」「専門書」が上位を占めています。

国・地域別に高不安情報源をみると、日本・台湾・中国では、いずれも「インターネットやブログ」「テレビ・ラジオ」が上位となっており、韓国では「インターネットやブログ」「配偶者の親」が上位となっています。さらに、韓国では、「習い事や教室の先生」も不安になる情報源とみなされています。

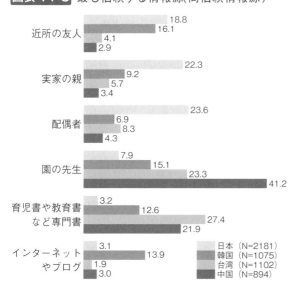

図表 11-3 最も信頼する情報源（高信頼情報源）

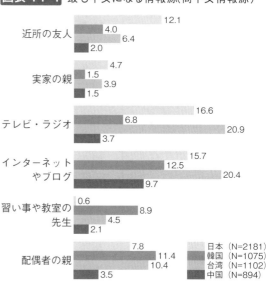

図表 11-4 最も不安になる情報源（高不安情報源）

第4章　海外に学ぶ子育て支援

　その他の特徴として、日本では、高信頼情報源と高不安情報源の3位が同じ「近所の友人」となっています。同一人物について信頼したり不安になったりというケースは少ないとは思いますが、近隣に住む友人が両義的（信頼できる情報源とする母親と不安になる情報源とする母親がいる）な存在であるともいえます。韓国では、「インターネットやブログ」が高信頼情報源としては3位、高不安情報源としては1位となっており、インターネット自体が両義的な特徴をもつことを示しています。韓国の母親たちは、インターネットによって育児不安を解消し、さらに不安を増幅させている実態が浮き彫りになっていました。

6. 多文化な子育て支援への提案

1 日本と海外の多文化な園での活動実践例

　日本や海外には、地域に根ざした多文化な園があります。ここでは、それらの園が行っている子育て支援や園での活動実践例を、筆者が長年にわたって行った参与観察調査と面接調査に基づいて紹介します。

A. 確かな保育哲学がある園での活動を通して、子どもが自分を好きになれる芽を育む

　国や地域によって、教育・保育制度は異なりますが、園長をはじめ教職員の確かな保育哲学は伝わってきます。一人ひとりの子どもが言語の壁を越え、毎日の活動を通して、「自尊感情（自分を肯定して好きになり、自信がもてる）」が育つ確かな機会を、実践を通して提供しています。

B. 特別な支援が必要な家庭への配慮マニュアルを作成し、専門機関による早期介入を図る

　多文化国家では、国と行政が未就学児の言語発達を保障する制度が整備されています。言語発達への特別な配慮を継続的に行うと同時に、就学後の母語教育も行っている国も多くあります。特別支援が必要な園児は、地域の早期介入センターへ通います。言語療法士や専門家が家庭訪問をする地域もあり、さらに、多文化家族向けの細かな配慮マニュアルは、園や地域で書き加えられて受け継がれています。

C. 国際的な教育理論は地域や風土に合わせたアレンジや工夫をする

　各国で、モンテッソーリ、シュタイナー、レッジョ・エミリア、**IB教育**＊などの教育理論に基づいた運営をする園や学校は増えており、統合教育の園でもそれらを導入している園や学校も多くあります。順調に機

✚ 用語解説
IB教育
International Baccalaureateの略。
国際バカロレア協会による独自の教育理念に基づいて世界各地の認定校で行われている教育。

142

能している園では、地域環境と民族の風土や芸術意識とを融合するための工夫が随所にみられます。

D. 地域の家族や子どもが参加し一体化する「開かれた行事」を開催する

日本でも、さまざまな多文化行事は定着しつつあります。園や学校が核になり、住民に「開かれた多文化イベント」を企画・実施し、母語、文化、食べ物や音楽などを親・子・地域の人が交流しながら、どの民族の家庭も主役となれる好機を提供しています。

E. 施設の設置環境や伝統文化を生かした教育・保育の特色を維持・発展させる

各国の多機能保育サービスや環境の特色を生かした園には共通点があります。それは、地域コミュニティに根づき、世代や民族の橋渡しとなり、子どもや家族の心のよりどころになっているという点です。行事や活動を通して、伝統音楽や遊びを継承して未来へとつないでいます。

2 保護者が提案する子育て支援の比較

これまで紹介してきた5つの調査（多文化子育て調査、日本、韓国、台湾、中国における調査）では、自由記述欄を設けて、調査の対象者である保護者が、毎日の子育て生活で実感している「子育て支援への意見や提案」を自由に書いてもらいました。保護者は、国や地域が異なりますので、異なる育児文化や準拠集団、さらに社会構造といった背景のもとで子育てをしていますが、この自由記述からは、以下に示す3つの共通した内容を取り出すことができました。

・国や行政による公的サービス：主に公的な経済的支援や子育て手当の保障、教育・保育費や医療費の減額や無償を求める声です。特に、韓国調査では、国策への強い関心と意見が寄せられました。
・地域活動の活性化：調査対象となった地域が都市部のためにでてきた声だと思われます。子どもが近所で安心して遊べる施設の要望、低額や無償の習い事や教育活動の供給、個別の教育情報や育児相談などを希望していました。
・園生活に関する要望：少子化と保護者の高学歴化によって、子どもに対する教育の期待が高い保護者の声です。園の先生の専門性の向上、園生活を通した子どもの生活習慣の育成など、さらなる教育の強化を望んでいるようすがうかがえます。特に、中国調査では、個人の園生活に関する希望に焦点が当てられていました。

次に、同じ自由記述から、日本に住む多文化な保護者たちと４つの国際比較調査によって得られた保護者の特徴的な要望を整理した結果を紹介します。これは、言い換えれば、「保護者の子育て支援への提言」ということになりますが、各調査の上位５項目を図表11-5にまとめました。

これをみますと、各国の教育・保育政策の実情の相違や地域性が明確にでています。たとえば、日本での多文化子育て調査では、母語通訳や外国語での情報の必要性、子どもへの学習支援、母語や母文化の教育への要望などが日本の現状では十分ではないことが浮き彫りになっていました。日本調査では、待機児童や保育所の入所の困難さ、核家族の一時保育や病児保育の困難さなどの厳しい現況を看取することができます。

また、これらの調査が実施された2010年代の前半は、韓国や台湾では、政権交代も見据えて、教育・保育政策も激動の時期でした。つまり、幼児期の教育・保育施策の改変による幼保一元化へと始動する過渡期であり、その力動性が保護者の意見や提案にも如実に表れていました。

まさに、「子育ては、歴史と時代を映す鏡」であり、東アジアの都市部での生活環境を反映しながら刻一刻と変化し続けてきましたし、これからも変化を続けていくでしょう。

図表 11-5 ５つの調査での子育て支援への提言（上位５項目）

順位	多文化子育て調査	日本調査	韓国調査	台湾調査	中国調査
1	母語通訳や外国語での情報の必要性　17.9%	一時保育サービス　19.5%	政府からの養育手当、経済・教育費援助、国策への提言　25.7%	扶養手当。経済的な保育教育費援助　38.8%	（子どもに合った）子育て教育情報・親への育児相談　34.4%
2	現状に満足感謝（園の先生や支援状況）　13.9%	病児保育　13.9%	保育費や教育費支援　15.0%	一時保育サービス　20.0%	よい習慣や自立心を養う園での教育を期待　28.2%
3	子育て手当ての増額・経済援助・家事援助　10.8%	子育て相談や教育支援・親への育児情報　11.7%	地域の安全な遊び場や施設。子ども向け活動習い事　12.1%	園の受託時間を長くしてほしい・保育施設の増設　13.8%	専門的な指導法・最新情報の入手　15.4%
4	子育て相談や教育支援・親への育児情報　10.5%	地域の安全な遊び場や施設。子ども向け活動習い事　11.5%	園の受託時間を長くしてほしい・保育施設の増設　11.1%	子育て相談や教育支援・親への育児情報・心のケア　13.6%	子どもの心身の健康・性格育成　14.8%
5	母文化・母語教育や学習支援の機会　10.2%	親子で参加できる場やイベント　9.7%	年齢・所得を限定しない教育費の支援10.9%	子育て政策の充実・国策への提言　11.8%	先生との情報交換　11.7%

演 習 課 題

①日本国内の在留外国人（日本に住む外国人）や海外在留邦人（海外に住む日本人）の状況は毎年変化します。法務省入国管理局の統計や外務省の海外在留邦人数調査統計などをチェックして、国別の人数の推移やその理由などを調べてみましょう。

②身近に日本以外のアジア出身の知人や友人がいれば、園や習い事のようす、幼児教育観などについて、自国と日本との違いを話してもらう機会をもちましょう。なお、外国人には、各地にある国際交流協会でも知り合うことができます。

③東アジアの子育てについて学習してみて、それらと「現在の日本の子育ての特徴」や「自分が育った日本の子育て」との違いや共通点を、まわりの友人と話し合ってみましょう。機会があれば、子育て中の保護者からも話を聞いて、自分の考えと比較してみましょう。

レッスン 12

オセアニアにおける子育て支援

本レッスンでは、オセアニア地域の子育て支援を、特にオーストラリアとニュージーランドに焦点を当てて学びます。この2つの国は、先住民・移民を交えた多文化国家であり、国民の多様性に起因する大規模な教育改革とグローバル化を見据えた改革の迅速さが注目されています。

1. オーストラリアの子育て支援

1 オーストラリアの幼児教育と保育

オーストラリアは、6つの州と北部準州、首都キャンベラがあるオーストラリア首都特別地域（ACT）という8つの独立したエリアから構成された連邦国家です。そのため、保育・教育システムはエリアごとに異なった制度で運営されています（図表12-1）。

オーストラリアの人口は約2,413万人（2016年6月）です。そのうち

図表12-1 オーストラリアの保育・教育システム

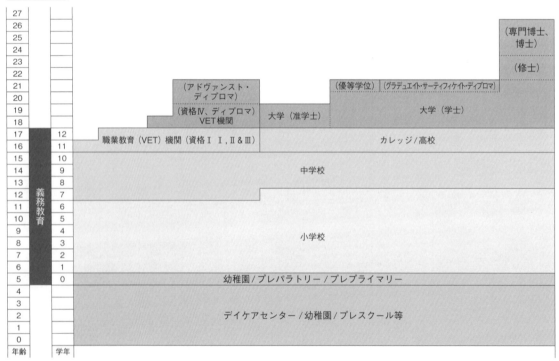

出典：世界の幼児教育レポート「オーストラリアの基礎データ」Child Research Netをもとに作成

の約87万人の幼児が、約1万4,000か所の幼稚園やデイケアなどに通っています。政府から許可を受けたこれらの施設は、子ども1人当たり週平均17時間のサービスを提供しています。しかし、国内の幼児教育・保育サービスの48%が民営であったため、最近まで、幼児教育の国家的な枠組みがありませんでした。また、これらのサービスを利用する家庭の費用負担が大きく、非就労世帯や移民世帯など社会的弱者が利用できないことや、保育者の資格、保育者1人当たりの子どもの数などにばらつきがありました。

　そこで、**幼児教育・保育への投資対効果に関する調査報告**[*]を受けて、オーストラリア政府は、全豪レベルの質の枠組み（NQF）を導入し、2012年1月から施行しています。幼児教育課・保育課（OECECC）が示す枠組みの重点目標は、以下の通りです[†1]。

○教育・保育（サービス）を受ける子どもたちの安全、健康、福祉を保障する。

○教育・保育を受ける子どもたちの教育および発達上の成果を向上させる。

○質の高い教育・保育サービスを提供するにあたっては、継続的な改善を推進する。

　オーストラリアでは、学校教育（義務教育）は6歳から始まりますが、その前の1年間、つまり5歳からPre-Year1という準備教育を受けることもできます。それ以前の保育サービス・幼児教育は、デイケアセンター（保育所）、プレスクール（幼稚園）、オケージョナルケアセンター（託児所）で提供されています。プレスクールは週15時間、年間40週というスケジュールであり、デイケアセンターは週40時間、年間48週というスケジュールです。働く親が主に利用するのはデイケアセンターになるのですが、それでもさらなる保育の時間を必要とする保護者もいます。そこで、政府は、オケージョナルケアセンターという臨時保育サービスを用意し、生後6週間から就学前の子どもを受け入れるようにしました。また、学校の始業時間前や放課後、学校が休みの間の受け入れも実施しているので、保育所と放課後児童クラブが一体化したような施設です。この施設に子どもを通わせる親には、経済的援助が受けられるしくみになっています。

　また、オーストラリアの国土は広大で、内陸部は人口密度も低く、農家が点在する田園地帯です。こうした保育所や幼稚園施設が少ない地域

✲ 用語解説

幼児教育・保育への投資対効果に関する調査報告

プライスウォーターハウスパーク、ボストンコンサルティング、アクセスエコノミーが、それぞれオーストラリアで実施した大規模調査のこと。幼児教育・保育への投資は、大きな経済的利益をもたらし、社会全体に還元されることを示した。これは、アメリカの労働経済学者ヘックマンの研究成果とも一致している（Child Researchi Net「【オーストラリア】オーストラリアにおける幼児教育・保育の改革：子ども、ジェンダー、投資対効果」）。

◆ 補足

NQF
National Quality Frameworkの略語。

OECECC
The Office of Early Childhood Education and Child Careの略語。

▶ 出典
† 1　http://www.deewr. Rov.au/Early Childhood/ OECECC/Pages/home. asdx

第4章　海外に学ぶ子育て支援

◆補足

DoCS

Department of Community Servicesの略語。

DEEWR

Department of Education, Employment and Work place Relationsの略語。なお、2013年9月よりこの省はDepartment of Education and TrainingとDepartment of Employmentに分かれている。

▶出典

†2　山岡テイ「世界の多文化子育てと教育　第27回　オーストラリアの遠隔地での移動保育所」愛育ネット

http://www.aiikunet.jp/practice/education/10424.html

▶出典

†3　山岡テイ「世界の多文化子育てと教育　第20回　オーストラリアの地域コミュニティでの子育てグループ」愛育ネット

http://www.aiikunet.jp/practice/education/12424.html

✴用語解説

ACT

Australian Capital Territoryの略。首都キャンベラを含むオーストラリア首都特別地域。

では、保育ママのような「ファミリー・ディケア」に加えて、「モバイル・サービス」（移動保育）も行われています。大きなトラックで保育道具一式を運び、地域の市町村ホールや集会場で「一日保育所」が開催されます。

　この移動式保育サービスは、1999年に設立され、2000年から本格的にスタートしました。運営母体はコミュニティを基盤としたNPO組織ですが、州政府の家族・コミュニティサービス省（DoCS）と連邦政府の教育・雇用・職場関係省（DEEWR）から資金援助を得て、カウラ幼児サービス（Cowra Early Childhood Services Co-op Ltd）が運営しています[†2]。家にいるときは、きょうだいでしか遊べない子どもたちが、ここでは自分と同年齢の子どもと遊ぶことを楽しみます。こうした子どもどうしの交流が、社会性や好奇心を育み、子どもたちの成長にとって大きな意義のある取り組みとして評価されています。

2　育児支援事業

　2008年にオーストラリアの視察をした山岡テイによると、オーストラリアでは、親子での「プレイグループ」とよばれるサークルが日本の子育てグループと同じような活動をしています[†3]。

　2008年現在、全国には8,500のプレイグループがあり、10万5,000人以上の家族が参加しています。首都キャンベラがある**ACT**[*]地区において、1973年にスタートしたプレイグループは、この26年間に200以上に増え、およそ2,200家族が参加しています。

　その中の一つ、キュッパクス・ユナイティング・コミュニティ・センターでは、月曜から土曜まで午前・午後の2時間ずつ12の子育てグループが活動しています。生後間もない乳児から就学前の子どもたちを連れた親子が集まってきます。火曜の「イスラム教の女性たちのグループ」、水曜の「おやじの会」、木曜の「多文化グループ」など親のニーズを受け止めたグループづくりがされています。

　このセンターでは、トレーニングを受けたおばあちゃん世代のヘルパーが各グループの世話役として参加しています。さらに、グループ全体をコーディネートしている人がおり、産後うつや育児不安で深刻な状態の親にはグループセラピーを提供したり、個別のカウンセリング相談も専門家を交えて行ったりしています。はじめて参加するときには会費や約束事を説明しますが、オーストラリアではピーナッツのアレルギーの子どもが多いので、子どもの食べ物アレルギーについても尋ねるなど、細やかな対応と栄養指導などもするそうです。

また、障害児や特別な援助が必要な子どもたちへのサービスも行われています。ACT 地区には、「チャイルドケア・サポートチーム」があり、さまざまな子育て支援活動を行っています。このチームは、「リソース・リンク」の組織に所属しており、園や保護者からの要請に応じて専門サポーターを派遣しています。特別な援助を必要とする機能障害の子どもたち用の遊具や教材、**アボリジニ**[*]を含む多文化理解のための玩具、絵本、人形、ゲームや多言語カードや音楽教材などの素材を収集したり、それらを製作したりして、貸し出しを行っています。

バサースト市にあるバサースト幼児教育介入サービス（BECIS：Bathurst Early Childhood Intervention Service）には、主に自閉症やADHD、ダウン症の子どもたちが早期療育を受けるために親子で通っています。BECISでは、音楽や絵画の芸術療法にも力を入れており、新しい取り組みとして、「**出前サービス**[*]」も始めています。

3 ワークライフバランス対策

オーストラリアの女性の約57％は大学卒業生であり、彼女らは労働人口の約45％を占めています。15歳から65歳の年齢層の女性の就業率は約74％です。一方、オーストラリアの現在の合計特殊出生率は2.0で、このレベルは今後20年間維持されるといわれています。このように、オーストラリアは、働く女性に対する質の高い支援とその子どもたちに対する質の高い支援という2つの課題に取り組んでいます。

オーストラリア証券取引所は、この現実を認識し、上位200社に対して**ダイバーシティ**[*]と**ジェンダー**[*]の平等への取り組みを毎年報告するよう求めることを決定しました。主要企業の多くにおいては、働く母親を支援する方針をしっかり定着させ実践するようになり、母親および父親の有給の出産・育児休暇、フレックスタイム制などの育児支援が行われています。企業が共同で幼児教育・保育の施設を設立し、提供しているところもあります。

ロバート・D・ストローム[*]は、「よりよい幼児教育を提供するためには、親や保育者は、子どもの発育における心理的、肉体的側面を知るべきである。適切な訓練を受けることによって、保育者は子どもの社会的限界を受け入れられるようになり、なわばり遊びに干渉しないことの必要性を知り、互いの権利を保護し、けんかを建設的に解消する方法を子どもに教えることができるようになる」[†4]と述べています。子どもの成長において重要なのは、1日をとおして子どもが関わる人間関係の質であるということです。そして、ヒレル・ワイントラウブは、「オーストラ

※ **用語解説**
アボリジニ
オーストラリアの先住民。

◆ **補足**
バサースト（Bathurst）市
キャンベラのあるニューサウスウェールズ州内にある地方都市の一つ。

※ **用語解説**
出前サービス
都市から離れた過疎地域にある可動式サービス。保育や就学前教育から、プレイグループやおもちゃ図書館、児童のための活動まで幅広く行う。

ダイバーシティ（diversity）
多様性のこと。社員一人ひとりがもつ違い（性別、人種、国籍、宗教、年齢、学歴、職歴など）を受け入れ、その価値を生かすことで、企業の競争力につなげようという考え方。

ジェンダー
性別に基づいて社会的に要求される役割などの社会的性差。

👤 **人物**
ロバート・D・ストローム（Robert D. Strom）
アリゾナ州立大学教授であり、あらゆる年齢層を教育する指導者を支援するための研究を行っている。

▷ **出典**
†4 ヒレル・ワイントラウブ「【オーストラリア】オーストラリアにおける幼児教育と保育」チャイルド・リサーチ・ネット http://www.blog.crn.or.jp/lab/01/31.html

第 4 章　海外に学ぶ子育て支援

▶**出典**
†5　†4と同じ

リア政府が、『学習』や『就学への意向』に対してだけでなく、子どもの重要な発育時期に、親と地域が相互に支え合うための支援や在宅保育への支援にも関心を払い、子どもたちが健やかに成長できる落ち着いた環境づくりのための支援をすすめることが重要な課題である」†5と述べています。オーストラリアでは、多様な文化があり、保育についてのさまざまな理論や方法論が混在しています。そのうえ、経済的要因や親の教育レベルの違いによってさらなる違いがもたらされています。このような格差に対して、官民が協力して格差是正に取り組もうとしていることは、日本の幼児教育・保育の推進のモデルとして学ぶところが大きいといえます。

2．ニュージーランドの子育て支援

1 ニュージーランドの幼児教育と保育

　ニュージーランドは、オーストラリアの東、約1,600キロメートルの南太平洋に位置する島国です。面積が日本の約7割で人口が約469万人（2016年）と人口密度が低く、牧畜・酪農といった第1次産業を中心に

図表 12-2 ニュージーランドの保育・教育システム

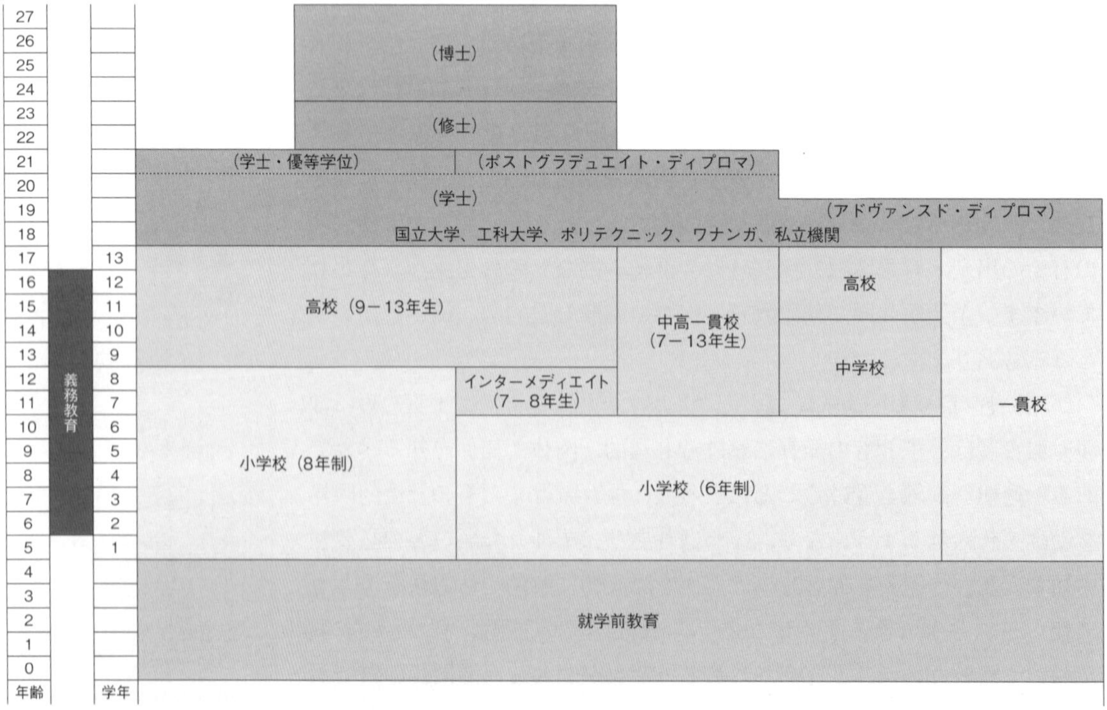

出典：世界の幼児教育レポート「ニュージーランドの基礎データ」Child Research Netをもとに作成

発展した国です。また、イギリスの植民地であったことから、ヨーロッパ系民族をはじめとして、マオリ、太平洋島嶼系民族（サモア、クックアイランド、トンガなど）、アジア系移民といった多様な民族から構成される多民族国家です。

1960年代に高度福祉国家となったニュージーランドは、英国のEC加盟や二度のオイルショックによって、1980年代からは、高度福祉国家から脱却せざるを得なくなりました。しかし、教育行政システムが地方分権から中央集権へ転換された結果、すべての国民が5歳の誕生日から19歳の誕生日後の1月1日まで、公立学校において無償で教育を受けることが保障されるようになりました（1989年「**教育法**」第3条）。教育全体の質の保証という観点から、「全国教育指針」が土台となり、ナショナルカリキュラムが制定されました。これを受けて、幼児教育の質の向上にも力が入れられることになり、幼児教育の**ナショナルカリキュラム**[*]が1996年に導入されました。これは、「テ・ファリキ」と名づけられ、**独自のカリキュラム**[*]として世界から注目されています。テ・ファリキは、ニュージーランドの先住民の言葉であるマオリ語で「編まれた敷物」を意味する言葉で、多様な背景をもつ子どもたちの「誰もが乗ることのできる敷物」を象徴しています（図表12-2、12-3）。なお、テ・ファリキは2017年に改定されました[†6]。

ニュージーランドには多様な幼児教育・保育施設があります。教師が主体となって行う、公立幼稚園（Kindergartens）、私立保育園やプレスクール（Education and care centers）、家庭託児所（Home-based education and care services）、保護者が主体となるプレイセンター（Play centres）、**コハンガ・レオ**[*]（Kohanga Reo）、プレイグループ（Play groups）などがあります。

図表 12-3 敷物上に描かれたテ・ファリキ

▶ **補足**

ニュージーランドの「教育法」
1989年に成立した「教育法」は、労働党政権のロンギ内閣時代につくられた政策（Tomorrow's School）に基づいて、教育省の権限縮小、教育委員会制度の廃止、教育評価機関の設置、人事・財政権のある学校理事会の導入などが盛り込まれている。

※ **用語解説**

ナショナルカリキュラム
ナショナルカリキュラムは、1989年にイギリスで国家基準として導入された教育の枠組みのことである。このように、国として学校で教える内容を定めたものをいう。

独自のカリキュラム
多様なサービス、多様な価値観を包括し得るカリキュラムの作成を要請されたマーガレット・カー（Margaret Carr）をはじめとした執筆者たちが、6年もの歳月をかけ、保育の実践者、研究者、マオリ族の意見を集め、ボトムアップで作成した子どもの「今ここにある生活」を重視する保育観に依拠するプログラムである。

▶ **出典**

†6 Te-Whariki-Early-Childhood-Curriculum-04-11-low-res

※ **用語解説**

コハンガ・レオ
マオリ語で「言葉の巣」という意味。マオリの子どもたちを対象に、マオリ語で教育する保育施設で、1980年代の初頭に急速に拡大した。

ニュージーランドでは、ほぼ無償だけれども保育時間が短い公立幼稚園は、夫婦共働きの家庭にとって利用は難しく、女性の社会進出もあいまって、サービスを選択する権利や平等な補助、幼児教育の質の確保という気運が高まりました。また、マオリの幼児教育への参加率向上、南太平洋諸国からの移民の幼児教育参加率向上なども大きな課題でした。そこで、1986年に教育省と厚生省の2つの省が管轄してきた幼児期の教育・保育サービスが、教育省だけで管轄されることになりました。地域や民族のニーズに応じて、民間が保育サービスを立ち上げてきたという歴史的な背景もあり、多種でユニークな教育・保育サービスが多くなっています。

ここで改めてテ・ファリキについて、くわしく説明します。テ・ファリキは、従来型のカリキュラムである「子どもが何かできるようになる」ことを目的とするカリキュラムではなく、以下に示すように4つの原則（図表12-4）と5つの要素（図表12-5）を柱にした理念を重視したカリキュラムです。テ・ファリキは、子どもたちを、こうした原則と要素を編むように、社会文化的背景に即して育てていくことをめざしています。

このテ・ファリキに基づく幼児教育では、どのように子どもを評価するのかという研究がすすめられ、考案されたのが**ラーニング・ストーリー**[*]です。これは従来の「誰が何をできるようになった」という目標達成型の評価ではなく、テ・ファリキが取り上げている原則と要素を意識しながら、子どものあるがままの状態を描写していくような評価法です。子どもたちが友だちや保育者との関係のなかで何にどのように興味をもち、それをいかに伸ばしていったのかという「学び手の成果」を、保育者がみとり記述します。ラーニング・ストーリーは、文章だけでなく、状況がわかる写真も使われることが多く、保育者どうしだけでなく、保護者や家族も読むことができ、遊びへの関わり方や発展のさせ方など

✳ 用語解説

ラーニング・ストーリー
ラーニング・ストーリーは「学びの物語」や「学びの軌跡」として抽出される。マーガレット・カーは、この評価方法は子どもを一つの物語としてとらえることで全体的な観点から子どもの成長や発達をとらえる点に特性があると示している。

図表 12-4 テ・ファリキの4原則

4原則	要点
エンパワメント（Empowerment）	カリキュラムは子どもが学び、成長するための力となる。
全人格的発達（Holistic Development）	カリキュラムは子どもが学び、成長している全人格的方法を考慮に入れる。
家庭と地域（Family & Community）	家庭や地域はカリキュラムに不可欠な一部である。
関係（Relationships）	子どもたちは人や場所、物との応答的で相互的な関係を通して学んでいる。

図表 12-5 テ・ファリキの5要素

5要素	要点
幸福（Well-being）	子どもの健康と幸福が守られる。
所属感（Belonging）	子どもたちとその家族は何かの一員としての所属感を実感できる。
貢献（Contribution）	子どもたちは公平な学びの機会があり、一人ひとりの貢献は尊重される。
コミュニケーション（Communication）	自身の文化、他の文化が培ってきた言語やシンボルが守られ、尊重される。
探究（Exploration）	子どもは能動的に環境を探究することを通して学ぶ。

について具体的に学ぶ機会になったり、子どもの成長を喜び合ったりできるものです。

　ニュージーランドの幼児教育・保育サービスのなかで、特徴的なのは「プレイセンター」です。プレイセンターは、1941年にウェリントンに住む3人の女性のアイデアから生まれた親主導のボランティアによる保育施設です。現在は、ニュージーランド政府から、幼児教育のための補助金と生涯学習のための補助金の両方を受けて活動しています。プレイセンターの理念は、「家族が一緒に成長する」です。親を子どもの人生の最初の教師としてとらえ、活動を通じて家族が成長していくことをめざしています。

　2010年現在、489か所のプレイセンターに1万1,014世帯の1万6,087人の子どもが通園しています。1セッションは2時間半で、開催日や参加費用などは各プレイセンターによって決められています。親は当番制で、人数の基準は、大人1人に子ども最大5人までです。当番でない日は親の参加は自由です。中心の活動は「コーナー遊び」で、当番の親はコーナー遊びの準備と遊びのサポート、片づけを毎回行います。基本的には、小麦粉粘土、砂遊び、水遊び、絵の具、積木など**16種類の遊び***コーナーを用意し、子どもが自由に遊べるように援助します。

　親の学習プログラムも用意され、それは、子育てや幼児教育に対する知識や技術に加え、子どもやほかの親たちとの共同作業を行うために必要なスキルを養成する講座で構成されています。国家による認可資格が得られるこの学習プログラムは、現在6段階に分かれており、全コース終了するのに約6年かかるため、最終段階への到達率はそれほど高くありません。しかし、親の能力に応じたエンパワメント効果もあり、地域の貴重な人的資源を養成する機会として、地域の活性化にも貢献しています。ちなみに、ニュージーランドのシップリー元首相もプレイセンターで活動を行った親の1人で、そこでの経験が、その後の政治活動やキャリア形成に役立ったそうです。

　日本でも、**日本プレイセンター協会***があり、ニュージーランドのプレイセンターに学びながら、その普及に努めています。

2 育児支援事業

　ニュージーランドでは、出産・育児・健康サポートが充実しており、妊娠中から子どもが生まれたあとまで継続して支援を受けられるのが特徴です。妊娠すると、ミッドワイフ（担当助産婦）が妊娠中の健診やサポートをします。出産後数週間はミッドワイフがサポートを行い、その

✴ 用語解説
16種類の遊び
小麦粉粘土、砂、水、コラージュ、絵画、アウトドア遊び、科学と自然、泥粘土、家族遊び、ファンタジー、音楽、ブロック、パズル、読書、大工、ぐちゃぐちゃ感触という16種類の遊びのプログラム。

➤ 補足
国の認可を受けるこの資格は「プレイセンター・ディプロマ」とよばれており、これを取得することによって、プレイセンターのスーパーバイザーになる道が開かれている。

✴ 用語解説
日本プレイセンター協会
日本プレイセンター協会は、日本総研の池本美香を初代代表として2000年9月に発足した。

第4章　海外に学ぶ子育て支援

✳用語解説
プランケット協会
（Plunker Society）
ニュージーランドの乳幼児をもつ家庭の9割以上が利用している育児支援機関。1907年、精神科医のキング（F.T.King）氏によって始められた無償の活動。国からの補助も受けているが、寄付による運営が基本。

後はプランケット協会（Plunker Society：子育て支援団体）*に引き継がれ、定期健診や予防接種なども行われます。また、24時間の子育て相談にも対応しています。このように、官民一体となった子育て支援の仕組みは世界的にも評価され、世界母親指標2012（セーブ・ザ・チルドレン調査）では、ニュージーランドは世界4位（1位ノルウェー、2位アイスランド、3位スウェーデンに次ぐ）の評価を受けています。

3 ワークライフバランス対策

　ニュージーランドでは、1980年代前半までは、国の補助金が幼稚園などの教育施設に多く配分され、保育所の補助金は低く抑えられていました。そのため、保育所の質は悪く、子どもの福祉が守られていないことと**女性の就労**が抑制されていることが大きな社会問題となっていました。しかし、1989年、保育の助成金に関する制度が改革され、いかなる幼児教育・保育施設であっても平等に補助金が算出・配分されるようになりました。

　これによって働く親が増えたため、親たちが自分たちで子どもの教育活動を担うようなプレイセンター活動への参加者は減り続けてきました。しかしながら、大規模圏から外れた地域には、就学前教育・保育施設として、コミュニティと密接につながりながら継続されているプレイセンターが多いため、2010年、国はプレイセンターを週20時間無償政策の対象としました。そして、保護者が就学前教育・保育施設を選択する場合の指標の1つとする教育評価局（ERO：Education Review Office）による2009年の報告書によれば、この政策は概して高く評価されています。

◆補足
キウイハズバンド
ニュージーランドの国鳥であるキウイは、メスではなくオスが巣作りや子育てをする。それになぞらえて家事や育児に協力的な夫のことを「キウイハズバンド」と呼ぶ。しかし、ニュージーランドも日本と同じように、夫が働き、家事や育児は女性がするという役割分業が伝統的であった。

　ニュージーランドのワークライフバランスに関する研究によると、子育ての初期は、親にとってもキャリアを形成する時期で、家族がともに過ごすことは容易なことではないようです。親の労働時間や共働き世帯の増加は、家族がともに過ごす時間を減らし、地域社会への参加を難しくしています。そのようななか、プレイセンターの親教育プログラムは、子育ての方法や子どもについて学ぶ機会となり、家庭教育の質も向上し、子どもの福祉も向上するなど、非常に意義のあるものです。また、プレイセンターで学習し、運営スキルを高めた親どうしがつながり、市場経済システムの広がりにより分断されかけた地域における人々とのつながりを再び結ぶ役割を担う可能性も高いといえます。

　以上のように、子ども自身を有能な学び手としてとらえる子ども観、教育スタイルの多様さは尊重しつつも、幼児期の保育の質の重要さを理

154

解し、子どもとともに親も成長することを含めた教育プログラムなど、
日本が学ぶべき視点が多くあります。

演 習 課 題

①多文化共生を意識した保育とはどのようなものか、話し合ってみま
　しょう。
②日本の「幼稚園教育要領」や「保育所保育指針」とニュージーランド
　の「テ・ファリキ」との違いは何か、比較しながら考えてみましょう。
③親が教師として運営するプレイセンターを紹介しましたが、それと、
　日本のプレイセンターとを比較してみましょう。

レッスン13

北米における子育て支援

本レッスンでは、カナダにおける子育て支援について紹介します。カナダでは、子育て支援のことを「ファミリーサポート（子育て家庭支援）」とよんでおり、子育てをする家庭に対して、生活全般を支える取り組みが実施されています。カナダの子育て家庭支援の展開や実際の支援活動の取り組みについて解説しますので、学びを深めましょう。

1. 多文化主義国家であるカナダ

1 教育施策を行うのは州政府

　カナダは、世界第2位の広大な土地を有し、その大きさは日本の国土の約27倍にもなります。農業に適した肥沃な平野、広大な山岳地帯、多くの湖や河川があり、最北には北極ツンドラへと続く原生林がそのまま残っています。いまだに開発されていない土地が国土の3分の2ほどあり、隣国アメリカの国境線に沿った地域に人口の大半が分布しています。

　カナダは、10の州と3つの準州で構成された連邦制国家で、連邦政府、州政府、市町村の3つのレベルで成り立っています。この3つのレベルのなかで、各州が強い権限を握っており、教育施策の責任は連邦政府ではなく州政府にある点が特徴的だといえます（図表13-1）。教育施策は、各州の歴史や文化、地域性を反映してなされており、これは、多くの先進国ではみられないことです。また、教育の分野だけでなく、社会福祉施策（Social Service）についても、市民運動による活動や取り組みに基づいて、各州政府や市町村が独自の法律をつくるという下意上達によって成り立っています。

　参考のために、連邦政府、州政府、市町村が担当する内容を整理しておきます（図表13-1）。

◆補足

カナダの人口
2016年4月のカナダ統計局推計によると、カナダの人口は3,616万人であり、日本の約4分の1である。

図表 13-1 連邦政府、州政府、市町村が管轄している内容

レベル	内　容
連邦政府	外交政策、国際貿易、国防、漁業、運輸と通信、税制、金融制度、銀行、刑法、移民、人権など、国家全体の問題を管轄
州政府	裁判所、公民権、天然資源、州の税制、保育、教育、文化、地方自治体、住宅施策などの分野を管轄
市町村	行政サービス、図書館、公園などの整備を管轄

レッスン 13　北米における子育て支援

2　多民族国家となった歴史的背景

　カナダの最も大きな特徴は、200以上の民族からなる多民族国家であるということでしょう。1971年に世界ではじめて多文化主義政策を導入し、その民族の多様性から、「モザイク」や「サラダボウル」の国という言葉で表現されてきました。今日でこそ、異なる文化的背景を保護し、互いに尊重し合うという姿勢のもと、国際的にも人権先進国として紹介されるようになりましたが、そこに至るまでには、多くの葛藤があったのも事実です。

　もともと、カナダには先住民族が暮らしていましたが、15世紀末にヨーロッパの探検隊が到着して以降、主にイギリス人やフランス人をはじめとした多くの移民が入植し、国家を形成していきました。その後、先住民族とヨーロッパ人との対立があり、17世紀にはイギリスとフランスの対立が起こり、イギリス側が勝利を手にしたことで、1867年にイギリス自治領としてカナダが建国されました。一方で、多くのフランス人は現在のケベック州に留まり、独自の文化を守り続けました。現在、カナダで英語とフランス語の二言語が公用語として扱われているのには、こうした歴史的背景があります。そして、1860年代には大陸横断鉄道建設の働き手として多くの中国人が入植しました。1900年から1915年までに大量の農業移民を受け入れ、現在の多様な民族が共存する国の形が出来上がっていきました。

3　多文化主義政策の導入

　多文化主義政策は、こうした異なる文化的背景をもつ人々がカナダへの帰属意識を高めることを目的として導入されました。1982年には、「権利と自由の憲章」が加えられた「カナダ憲法」が制定され、「人種、民族的出自、皮膚の色、宗教、性別、年齢、もしくは精神的または身体的障害に基づく差別を受けることなく、法の平等な保護および利益を受ける権利を有する」（第15条）とあるように、人種差別撤廃に重点が置かれるようになりました。1988年に「多文化主義法」が制定されたあと、1997年には多文化主義政策の見直しが行われ、以下の3つが目標として掲げられました。

①あらゆる民族的・文化的背景をもつ人々がカナダへの帰属意識をもつよう、文化の多様性を尊重する社会を醸成すること。
②多様な人々の間にそれぞれのコミュニティおよびカナダの将来を形成する能力のある積極的な市民を育成すること。

◆補足

カナダの移民の受け入れ

1901年から1911年までの移民の受け入れは最高潮となり、この間にカナダの人口は500万人から700万人に飛躍した。大半はイギリス系であったが、ドイツ人、スカンジナヴィア人、ロシア人、ポーランド人、ウクライナ人、ポルトガル人、イタリア人、ギリシャ人の移民も無視し得ない数に上った（綾部恒雄、飯野正子編著『カナダを知るための60章』明石書店、2003年、154-162頁）。

157

第 4 章　海外に学ぶ子育て支援

③公正であらゆる民族的ルーツの人々を受容する社会を築くこと。

　新しい多文化主義政策のもとで、民族集団の伝統文化の保護・継承を堂々と積極的に行えるようになり、母語である親の言葉を保持し、発達させるというヘリテージランゲージエデュケーション（民族継承語教育）が実施されるようになりました。学校教育のなかでは、多文化教育を行う専門の担当教員がおり、絵本や教科書の挿絵には、さまざまな人種が登場するように工夫がなされるなど徹底されています。また、図書館やコミュニティセンターといった公共施設には、公用語である英語やフランス語以外にも、多言語で書かれたパンフレットやポスターが並ぶようになりました。現在では、40か国以上の言語で書かれた新聞、書籍が発行されています。

---

2. カナダにおける子育て家庭支援の展開

1　自助グループの取り組み

　カナダでは、植民地時代から1867年に連邦政府が成立するまで、イギリスやアメリカと同じように公的主体による生活保障はなく、子どもや家庭に対する生活支援としては、教会による慈善活動が主流でした。

　19世紀後半、先進諸国と同様に、急速な工業化によって、カナダの都市部では移民が急増し、貧困問題が社会のなかで顕在化してくると、イギリスを発祥とした**セツルメント運動***の影響もあり、民間による支援組織や住民どうしが生活を支え合う自助グループの取り組みが目立つようになりました。そうした取り組みでは、まず、働く親たちのために託児所が開設され、定期的に家族向けのレクリエーション活動を実施しながら、近隣住民が集える広場づくり（gathering place）が行われました。広場には、住民たちが集まり、たあいもない雑談から具体的な生活問題に関する話題が取り上げられ、この場所は情報交換としての機能だけでなく、地域への帰属意識を高める機能も果たしました。そのなかで、子どもの保育や教育活動、大人のための労働相談、新移民者のための識字教室、料理教室など、コミュニティのニーズに応じた日常生活を包括的・多面的に支援するしくみが形成されていきました。

2　アウトリーチ活動と家庭訪問

　1900年代の国家課題の一つとして、乳幼児の死亡率を引き下げるこ

✳用語解説
セツルメント運動
19世紀後半のイギリスに端を発した社会改良運動。民間有志の知識人らが貧困地区に住み込み、そこに住む人々と隣人関係を結んで、生活改善や自立向上を促し、地域の環境や制度の改善を社会に働きかけていく運動のこと。

とが掲げられました。この目的のため、**アウトリーチ活動***など、保健婦の家庭訪問による乳児の健康のチェックや母親への衛生保健教育が実施されるなど、家庭支援を行う取り組みが都市部を中心として発展しました。当初、乳児死亡率の引き下げが目的であったこの取り組みは、1920年代までに死亡率の減少を実現させただけではありません。保健婦による家庭訪問や親教育、親の自助グループの支え合いは、子どもの健康な発育・発達の保障へとつながりました。なかでも、特にアウトリーチ活動と家庭訪問は大きな効果を上げ、のちのカナダにおける家庭支援の重要な手法の一つとなりました。

　その後、1943年にカナダ連邦政府は「**マーシュ報告***」（Marsh Report）に準拠しながら、社会保障システムの体系を急速に制度化し、これまで民間主体の慈善活動として行われていた生活支援は、公的主体による生活保障のレベルにまで引き上げられました。

3 家庭型保育が主流に

　1960年代には、アメリカで巻き起こった公民権運動やウーマンリブ運動の影響を受け、世界に先駆けてより民主主義の成熟した社会をめざし、男女平等を追求していくという大きな流れがカナダにも起こりました。女性の就労率は、このころを境として上昇していくことになります。女性の就労率の上昇にともなって、国として統一された保育施策の導入も検討されましたが、カナダは各州の権限が強く、また地域の民間団体や自助グループによる支援が主流であったため、結果として現在に至るまで日本のような施設型保育（保育所など）による子どものケアは確立しませんでした。

　そのなかで、保育の需要対応してきたのは、ベビーシッターやナニー（住み込みの子守り）、ホームデイケアやファミリーデイケアとよばれる個人の自宅を開放して子どもを預かる家庭型保育のしくみでした。たとえば、オンタリオ州では、13歳以上の子どもが12歳以下の子どもを預かるベビーシッター制を取り入れていたり、民間団体がベビーシッターの講習会を開催して、認定証の授与をしています。10代前半の子どもたちが、日常生活のなかでベビーシッターとして自分よりも幼い乳幼児や小学生と関わることは、社会性や自己肯定感の育成に効果があるだけではなく、母性や父性を育み、将来の自身の子育てをする際にも役立つと考えられています。

✱ 用語解説

アウトリーチ活動

Outreachとは、「手を差し伸べる」という意味であり、社会福祉分野では、支援を要する人にその支援を届けるという意味をもつ。

✱ 用語解説

「マーシュ報告」

戦後における国民生活予防計画の一環として、包括的な社会保障システムを体系化するために、レオナルド・マーシュ（Leonard C.Marsh）がまとめた"Report on Social Security for Canada"という報告書のこと。1942年にイギリスにおいて「ベバリッジ報告」とよばれる「社会保険および関連サービス」（Social Insurance and Allied Services）がまとめられているが、「マーシュ報告」は、それを参考にしている。

第4章　海外に学ぶ子育て支援

4　ファミリーリソースセンターの開設

　カナダの思想ともいえるべき自助や相互扶助の精神は、地域を基盤として脈々と受け継がれてきました。1970年代ごろになると、ファミリーリソースセンターとよばれる子どもをもつ家庭への支援を専門とした民間の施設がカナダ全土に開設され、ファミリーリソースプログラムが実施されるようになりました。後にくわしく述べますが、ファミリーリソースセンターとは、「ファミリー（家族）」の「リソース（人的物的資源）」が集まる「センター（施設）」ということで、家族全体の**ウェルビーイング***を目的とした施設です。また、1980年はじめには、ノーバディズパーフェクトプログラム（Nobody's Perfect Program）という親教育プログラムが開発され、ファミリーリソースセンターにおいて取り組まれるようになりました。

5　その他のさまざまなプログラム

　1991年、カナダ連邦政府は「児童の権利に関する条約」を批准したあと、その具体的な行動として、1992年に子どものためのコミュニティアクションプログラム（Community Action Program for Children；CAPC）を開始させました。このプログラムは、低所得家庭や子育て経験の少ない若年の親、社会的・情緒的・行動的問題を有する家庭、ネグレクトや家庭内暴力、虐待があるといったリスク要因を有する家庭の0～6歳の子どもを対象とした支援プログラムです。このプログラムが開始されてから、連邦政府およびカナダ保健省は、子どもたちの発育・発達に関わる多くの事業に対し、助成金を交付するようになりました。父親の育児参加を促すプロジェクトが発足しはじめたのもこのころです。

　また、1997年には、低所得者の妊娠中の母親を対象とした産前栄養指導プログラム（Canada Prenatal Nutrition Program：CPNP）が導入され、主に食費補助、食事・ビタミン剤提供、栄養指導、産前産後教育が実施されるようになりました。こうした取り組みは、州政府や市町村が家庭支援を行っている地域の民間団体に助成金を交付する形で実施されています。

　その後、乳幼児期の健全な発達保障がその後の人生にとってあらゆる意味で重要であることが指摘されたことから、2000年には、乳幼児期の発達保障を優先的に推進するとし、幼児教育施策（Early Childhood Development Initiative）がカナダ連邦政府から発表されました。この発表を受けて、たとえば、ブリティッシュコロンビア州では、ストロングスタート（Strong Start）とよばれる就学前教育に力を入れ、公立の

* **用語解説**
ウェルビーイング
→レッスン8

160

レッスン13　北米における子育て支援

小学校やコミュニティセンターを活用し、保育の資格を有する専門のスタッフが絵本の読み聞かせやお遊戯、親子で遊べるゲームを実施し、今では多くの親子が参加しています。

　このように、カナダでは、地域の民間団体の取り組みを基盤とした子育て家庭への支援施策が展開され、その下支えとして連邦政府や州政府からの助成金の交付や公的支援が実施されているといえます。

3．カナダにおける子育ての現状

1　共働き世帯の増加

　子育ての現状を知るために、子育て家庭へのインタビュー調査を実施すると、特に乳幼児の子どもをもつ日本人の母親の場合、必ずといってよいほど父親の育児参加率の低さが話題に上ります。カナダでは、公園で父親と子どもが一緒に遊ぶ姿をよく見かけますし、ファミリープレイスとよばれる子育て広場にも多くの父親の姿を見かけます。父親へ子育てについてのインタビューを実施すると、「家族を大切にすることは当たり前」「子どもはすぐに大きくなるし、今、一緒にいられる時間を大切にしたい」という言葉が返ってきます。

　こうした発言の背景には、「男は仕事・女は家庭」といった性別役割分業意識ではなく、男女平等意識が生活のなかに根づいているのだと実感することができます。カナダは、共働き率も高く、育児休業を取得することも推進されており、特に企業内における子育て家庭への理解と配慮が進んでいるといえます。

　カナダの共働き世帯の割合は、1960年ごろから上昇しはじめました。

図表 13-2 1976年と2015年の共働き世帯の割合の比較（％）

	1976年	2015年
共働き世帯	35.9	69.4
専業主婦（主夫）世帯	58.6	26.9
どちらも働いていない	5.4	3.7

出典：Statistics Canada, Labour Force Survey, 1976 to 2015. をもとに作成

図表 13-3 1976年と2015年の各州の共働き世帯の割合の比較（％）

	1976年	2015年
サスカッチュワン州	39.7	74.1
ケベック州	28.7	73.2
マニトバ州	39.2	70.8
大西洋4州	26.9	69.4
オンタリオ州	41.8	69.3
ブリティッシュコロンビア州	36.4	67.0
アルバータ州	42.6	64.1
カナダの平均	36.1	69.4

出典：Statistics Canada, Labour Force Survey, 1976 to 2015.をもとに作成

161

第4章　海外に学ぶ子育て支援

図表 13-4 1976年と2015年の労働形態の比較(％)

	1976年	2015年
夫婦共にフルタイム	66.4	74.7
夫はフルタイム、妻はパートタイム	32.4	21.6
妻はフルタイム、夫はパートタイム	0.7	2.5
夫婦共にパートタイム	0.5	1.1

出典：Statistics Canada, Labour Force Survey, 1976 to 2015.をもとに作成

　2016年度のカナダ統計局の労働力調査結果によると、16歳以下の子ど
もが1人以上いる家庭の共働き世帯の割合は、1976年には約36％でし
たが、2015年には約69％となっています（図表13-2）。
　各州の共働き世帯の割合をみると、ケベック州の共働き世帯に至って
は、1976年の29％から2015年には73％となり、44ポイントの上昇がみ
られ、劇的に増加しました（図表13-3）。また、日本の場合、共働き世
帯といっても、男性がフルタイムの正社員で女性がパートタイム労働を
している場合が多いですが、カナダでは、男女ともにフルタイムでの就
労をしていることが特徴的だといえます（図表13-4）。

2 ▶ 男性の育児休暇

　日本の場合、女性は妊娠や出産によって、仕事を続けることが困難に
なることが多いですが、カナダでは、男女ともにフルタイムの就労を続
けることを実現しています。この背景には、父親の育児参加の高さと国
の育児休業制度が形骸化されず、労働市場において機能していることが
あげられます。母親が産休を取得することを英語でマタニティリーブ
（maternity leave）といいますが、父親が育児休暇を取得することをパ
タニティリーブ（paternity leave）とよび、男女が協力して子育てを
することは当たり前のこととして社会のなかで浸透してきています。
　日本の場合、2016年度の父親の育児休業取得率は3.16％でしたが、カ
ナダでは30.9％です。ケベック州に至っては、2006年に導入された
「ケベック親保険制度」（Régime québécois d'assurance parentale：
RQAP／Quebec Parental Insurance Plan：QPIP）の運用開始の効
果もあり、2013年の男性の育児休業取得率は、約83％となっています。
また、育児休業中の給付金額は、他州の支給額が給料の55％であるの
に対し、ケベック州は70〜75％です。ケベック州のこうした取り組みは、
収入の保障によって、子育て中も生活が安定し、父親が労働中心の生活
から脱却する施策として有効であることを証明しているように思います。

◆補足
ケベック親保険制度
ケベック親保険の基本プ
ランは、出産休業が18週、
親休業の32週のうち7週
まで休業前所得の70％、8
週以降は55％が給付され
る。特別プランは、職場復
帰を早期に行う人向けであ
り、休業期間を短縮する代
わりに、25週間75％まで
給付する。この親休業給付
期間は、連邦の制度と同じ
く、夫婦で合算したうえで
の最長の期間である。そし
て、これとは別に、父親限
定の父親休業給付制度と
して5週（特別プランは3
週）が設けられている。

162

4. 子育て家庭支援の取り組み——ファミリーリソースセンター

1 ファミリーリソースセンターとは

　ファミリーリソースセンターは、家族全体のウェルビーイングを目的とし、子育て家庭のあらゆるニーズに対応した地域密着型の民間組織です。「ファミリー（家族）」の「リソース（人的物的資源）」が集まる「センター（施設）」ということで、保育、医療・福祉、住宅問題から職業訓練に至るまで、包括的・多面的な支援プログラムが取りそろえられています。運営形態はさまざまで、コミュニティセンターや教会の一部を間借りして運営されている施設や、職員数も2人のところから20人の専門スタッフが常駐している施設まであります。現在では、カナダ全土に2,000か所以上あり、年間50万世帯に及ぶ子育て家庭への支援をしています。

　ファミリーリソースセンターの起源は、長い歴史をもつセツルメント活動や保育・保健事業、自助グループ・相互援助グループの活動、女性の権利運動、宗教活動などに由来しています。そのため、ファミリーリソースセンターとそのまま名乗っている施設もありますが、地域によっては、ファミリープレイスやデイケアセンター、コミュニティハウスというように名称はさまざまであり、子どもや家庭への支援プログラムを実施している施設の総称だといえるでしょう。

2 ファミリーリソースセンターができた背景と役割

　ファミリーリソースセンターには、はじめから包括的・多面的な支援プログラムがあったわけではありません。小出は、1970年代ごろから、核家族での孤独な子育てから抜け出す工夫として、親子が集まって話したり遊んだりできる自然発生的な"たまり場"が始まりであったと述べています[1]。たまり場と小出は訳していますが、英語ではドロップイン（Drop-in）といい、直訳すると「立ち寄る」という意味です。これは、親子が気軽につどい合って、母親どうしが子どもを遊ばせながら雑談をしたり、情報交換をしたりする場のことです。

　今でこそ、日本でも全国各地に地域子育て支援拠点事業（子育てひろば）が展開されていますが、カナダでは1970年代ごろから取り組まれていました。ファミリーリソースセンターにおける子育て家庭支援活動の内容はさまざまですが、共通の構成要素として、福川は、①ドロップインのスペースがある、②アウトリーチ活動を行っている、③子どもの

▶**出典**
[1] 小出まみ『地域から生まれる支えあいの子育て——ふらっと子連れでdrop-in!』ひとなる書房、1999年、103頁

第4章　海外に学ぶ子育て支援

発達に合わせたプログラムを用意している、④緊急時の子育て用品の提供と中古品のリサイクル活動、⑤親教育プログラムの実施、⑥子育て支援者の育成、⑦コミュニティディベロップメント（地域社会の環境や子育て力向上）を取り上げています[2]。特に、ふらっと立ち寄れるドロップインのスペースがあることは、センターの最も重要な活動として位置づけられており、子育ての孤立化を防ぐ役割を果たしています。

また、親教育プログラムにも力が注がれており、親どうしのコミュニケーションを通して子育てに対する肯定的感情を育み、子育てへの負担や不安を軽減させることを目的として取り組まれています。常駐するスタッフは、子育ての専門家としての指導役ではなく、対等な市民の立場として、親子を見守るというスタンスで運営にたずさわっています。

▶ **出典**
[2]　福川須美「カナダ──高い人権意識を持つ国」汐見稔幸編著『世界に学ぼう！　子育て支援』フレーベル館、2003年、166頁

■3 ファミリーリソースセンター事業の理念と手引き

カナダ全土で展開されているファミリーリソースセンター事業は、2002年にファミリーリソースプログラム全国協会（Canadian

図表 13-5 ファミリーサポートプログラムの基本理念と原理原則の手引き

ファミリーサポートプログラムの基本理念

ファミリーサポートプログラムは、（広い意味で子育てに関連する）政策づくり・調査を行い、また、家庭における「子育て力」を高めるための啓発・訓練を行い、それらの活動の推進に革新的・創造的リーダーシップを発揮する全国組織です。

ファミリーサポートプログラムの原理原則の手引き

① すべての家庭が支援に値するという考えに立つ、すべての家庭に開かれたプログラムです。
② 現在あるサービスを補完し、ネットワークづくりや連携を図って、家庭の子育て力をサポートする政策やサービス、制度を擁護します。
③ 要求されたニーズに応じるため、家庭や地域と共同して取り組みます。
④ 健康を促進することに焦点を当て、予防的な方法で働きかけます。
⑤ 向上の機会を増やすため、また、個人や家族、地域に力をつけるために活動します。
⑥ 家庭生活は相互依存的な性格をもっているというエコロジカル（生態学的）な視点に根ざした活動を展開します。
⑦ 相互の助け合い、仲間どうしの支え合いを価値あるものとし、奨励します。
⑧ 子育てとは、生涯学習の一環であると確信をもって主張します。
⑨ 提供するサービスに自主的、自発的に参加することを尊重しています。
⑩ 平等と多様性を重んじる関係づくりをすすめます。
⑪ 家族一人ひとりの安全を保障するため、暴力を許しません。
⑫ 何をすべきか、どのようにすべきかを十二分に考え、実践を改善する努力を続けます。

出典：皆地恵実「地域・NPO・企業・行政の子育てネットワーク（1）」研究代表者 福川須美「非営利・協同組合ネットワークの子育て支援のあり方に関する国際比較──カナダと日本をみる」平成15年度～平成16年度科学研究費補助金基盤研究（C）（1）課題番号15601010研究成果報告書、pp.27-28から抜粋

レッスン 13　北米における子育て支援

Association of Family Resource Programs）によって、活動内容の全国調査が実施され、基本理念とファミリーサポートプログラムの原理原則の手引きが作成されました。

　これらの基本理念や12項目からなる原理原則をみると（図表13-5）、ファミリーリソースセンターは、相互扶助や仲間との支え合いを重視し、すべての子育て家庭に開かれた支援をめざしていることがわかります。子育てを1人で担うという負担感から親を解放し、皆で協力し合って支え合うという姿勢を明示することは、子育てをしている親を励まし、結果的に子どもの健全な発育・発達保障へとつながる支援になるといえます。

5.　子育て家庭支援の取り組み──ネイバーフッドハウス

1　ネイバーフッドハウスとは

　ネイバーフッドハウスとは、イギリスのセツルメント運動を源流とし、セツルメントハウスやコミュニティハウスともよばれている地縁型コミュニティのことです。長年にわたる移民支援組織としての伝統をもち、ここでは、「すべての人を受け入れる」ことを理念として掲げ、対象者を限定しない取り組みが目指されています。

　提供されるサービスやプログラムは、乳幼児保育から学童保育、就労支援、シニアサービスなどで、その数は約30種類以上に上ります。これらのサービスやプログラムは、地元の大学生や地域住民、新旧移民者、留学生などがボランティアスタッフとなって提供し、活動をともに行っています。現在、カナダには100以上のネイバーフッドハウスが存在しているといわれています。

2　フロッグホローネイバーフッドハウスの事例

　ここでは、ブリティッシュコロンビア州のバンクーバー市にあるフロッグホローネイバーフッドハウスを事例として、多世代交流拠点における子育て家庭支援の取り組みを紹介したいと思います。

　フロッグホローネイバーフッドハウスは、バンクーバー市の中心市街地からバスで20分ほど東に進んだところにあり、1977年に開設されて以降、地域住民の生活支援および地域の交流拠点づくりにたずさわってきました。開設直後は、託児所の設置や移民のための識字教室を実施し、その後、子育て家庭への支援を強化するためにソーシャルワーカーを配

◆補足

ネイバーフッドハウス
2015年現在、バンクーバー市には15か所のネイバーフッドハウスがある。地域の特性（年齢、性別、人種、経済状況など）やコミュニティのニーズに合わせた形で多様な運営がなされている。バンクーバー市においては、2016年現在も新たなネイバーフッドハウスの設置が進んでいる。

165

第4章　海外に学ぶ子育て支援

置して運営を行ってきました。1994年には、子どものためのコミュニティアクションプログラム（CAPC）を導入し、無料の預かり保育や親のための雇用プログラム、新移民へのセツルメントプログラムが実施されています。現在では、図表13-6にある通り、32のサービス・プログラムを展開しています。

乳幼児を対象としたサービスやプログラムでは、**レッジョエミリアアプローチ**を取り入れた保育活動がされており、学齢期の児童・生徒を対象としたものには、学童保育やユースコネクションといったカナダの文化や歴史を学びながら英語の習得を目的としたプログラムも実施されています。カナダの文化を学ぶことは、移民の子どもたちが日常生活や学校生活におけるとまどいを軽減させることに役立っています。

また、家族を対象としたものには、ノーバディズパーフェクトプログ

参照
レッジョエミリアアプローチ
→レッスン11

図表 13-6 ネイバーフッドハウスで提供されるサービス・プログラム名と対象者・対象年齢

	サービス・プログラム名	対象者（歳）
1	乳幼児保育（Satellite Daycare Toddler Program）	1.5〜3
2	幼児保育（Satellite Daycare-3〜5 Program）	3〜5
3	幼児教室（PreSchool）	3〜5
4	預かり保育（Kindercare）	5〜6
5	キッズワールド（学齢期ケア）（Kids World School Age Care）	5〜12
6	ヌトカ学齢期ケアプログラム（Nootka School Age Care）	5〜12
7	プレティーンプログラム（Pre-Teen Program）	10〜14
8	ユースコネクション（Youth Connections）	10〜14（10〜18）
9	世代間交流プログラム（Generating Citizenship - Intergenerational Program）	13〜18
10	BASEプログラム（B.A.S.E.Building A Safer Environment）	13〜18
11	奨学金プログラム（Scholarship & Bursary）	13〜18
12	YACプログラム（Y.A.C Youth Advisory Committee）	13〜18
13	ユーススキルスボランティアディベロップメント（Youth Skills Volunteer Development）	13〜18
14	子どものためのコミュニティアクションプログラム（CAPA Community Action Program for Children）	0〜6歳までの子どもをもつ家族
15	ファミリードロップインとリソースプログラム（Family Drop-in & Resource Programs）	0〜6歳までの子どもをもつ家族
16	子どもの発達に関するプログラム（Early Childhood Development）	乳幼児の子どもとその養育者
17	親支援（Parenting Support and Development）	養育者
18	若年者雇用サービス（Youth Employment Services）	16〜30
19	フレイムスフィルムプロジェクト（Frames Film Project）	16〜30
20	シニアプログラム（知恵の和）（Wisdom Exchange Seniors Program）	50〜
21	キンホングループ（Kin-Hon Companionship Group）	50〜
22	太極拳（Morning Tai Chi）	50〜
23	ロッククワングループ（Lok-Kwan Companionship Group）	50〜
24	フロッグホッパーズグループ（Frog-Hoppers Companionship Group）	50〜
25	永住者やニューカマーのためのプログラム（Free Programs for Pemanent Residents and New Canadians）	永住者やニューカマー
26	母国語によるプログラム（Programs in First Languages）	すべての人
27	ガーデニング（Love to garden）	すべての人
28	コンピューターレッスン（Computer lessons）	すべての人
29	コミュニティサービス（Community Services）	すべての人
30	コミュニティプロジェクト（Community Projects）	すべての人
31	フリーインターネット	すべての人
32	貸教室	すべての人

出典：Frog Hollow Neighbourhood Houseのホームページおよびパンフレット、筆者によるフィールドワーク（2015.8.10-20）をもとに作成

ラムやマザーグースプログラムといった親教育、子育てに関する情報提供があります。若者を対象としたものには就労支援の照会があり、高齢者向けには、健康維持のための運動やネイバーフッドハウスを訪れる子どもたちとの交流会などが定期的にもたれています。図表13-6には、対象者の年齢もあわせて示していますが、これは目安として掲げられているものであり、たとえば高齢者の健康増進のための太極拳プログラムに子育て中の親が混ざって参加をすることもできるなど柔軟に受け入れがされています。

　フロッグホローネイバーフッドハウスでは、毎年夏季シーズン（7〜8月）にかけて、施設から徒歩10分程度の位置にある公園の一画にてファミリードロップインプログラムを実施しています（図表13-7）。ここでは、多世代がつどうことを意図して、親子だけでなく、シニアプログラムの一つである太極拳やヨガ教室も同時に開催され、また、ユースコネクションやB.A.S.Eプログラムに参加をしている10〜18歳までの若者がボランティアスタッフとして参加し、公園内にお絵かきコーナーや砂場遊びの道具の設置、子どもの見守り、ワークショップの補助、後片づけの手伝いを担っています。公園でプログラムを実施するので、地域住民に対して幅広く活動を見てもらう機会となり、活動を見かけた人が新たな参加者として加わるなど、フロッグホローネイバーフッドハウスの広報的役割も果たしています。

　こうした多世代がつどう場では、乳幼児や小・中・高校生が一つの場において活動をともにしていることから、年長者が年少者にとっての成長のロールモデルの役割を果たすと同時に、親が中高生のようすを見ることができるため、わが子の将来の成長に対し、具体的な願いをもつことができるという効果も期待できます。また、施設側が企画した異文化交流会に、親自身が出し物を自分たちで考え、用意し、取り組むことを

図表 13-7 公園におけるファミリードロップインプログラムのようす

第4章　海外に学ぶ子育て支援

とおして、子育て家庭支援のサービスを受ける側から提供する側へと回ることができます。ネイバーフッドハウスでは、親自身が自発的に地域社会と関わることのできるしくみが多様に提供されており、地域社会の一員という意識を育むことを可能にしています。また、さまざまな年齢、文化的背景をもつ人々と関わることで、他者を気にかけ、他者をケアするという能力の開発に一役買っているといえるでしょう。

6. 子育て家庭支援の取り組み──ノーバディズパーフェクトプログラム

1　ノーバディズパーフェクトプログラムとは

　ノーバディズパーフェクトプログラム（Nobody's Perfect Program）は、1980年はじめに、カナダ保健省と大西洋4州（ニューブラウンズウィック州、ニューファンドランド州、ノバスコシア州、プリンスエドワードアイランド州）の保健部局によって開発されました。1987年に全国的にこの取り組みが紹介されると、瞬く間にカナダ全土で普及し始めました。わが国では、2000年ごろから取り上げられ、その後、効果的な親教育プログラムとして有名になりました。

　このプログラムは、0歳から5歳までの子どもをもつ親を対象としています。プログラム開発当初は、①親となった年齢が若い者、②ひとり親、③社会的・地理的に孤立している、④所得が低い、⑤今まで十分な学校教育を受けていないなどの理由がある親の子育てを支えることを目的としていました。現在では、すべての親に幅広く活用されています。プログラムの参加者には、『PARENTS（親）』『MIND（こころ）』『BEHAVIOUR（しつけ）』『BODY（からだ）』『SAFETY（安全）』の5つで構成された冊子が無償配付され、内容には、「子どもの問題行動

> **補足**
> **ノーバディズパーフェクトプログラム**
> ノーバディズパーフェクトプログラムの開発の背景には、1960年代から、孤立した母親が養育の責任を背負い込むことは、子どもの発達や家族関係にとってリスクがあると社会的に認識され始めたこと、また、アメリカのヘッドスタートプログラムにおいて、家庭環境が乳幼児期の子どもの発達に及ぼす影響が取り上げられたことがある。これを機に、カナダでは、子どもの発達保障のための親教育の重要性が取り上げられるようになった。

> **補足**
> **カナダ保健省**
> カナダ保健省と記述しているが、当時は、カナダ保健福祉省である。

> **補足**
> **5つの冊子**
> この5つの冊子は、1987年に作成されたものである。1995年には、ブリティッシュコロンビア州の父親たちが、この5つの冊子に連動する形で『Fathers（父親）』を発行し、2005年には、カナダ公衆衛生局が『Feelings（感情）』を発行した。

図表13-8　ノーバディズパーフェクトプログラムの冊子

ノーバディズパーフェクトプログラム 冒頭部分
人は親として生まれたわけではない。私たちはまわりの人に助けてもらいながら、親になるのです。だれも完璧な人などいません。完璧な親も完璧な子どももいません。できるだけのことをするしかありません。親には親の人生があります。自分の時間をもつことは、身勝手や後ろめたいことではありません。親自身が自分を大切にしてこそ、子どもにとってもよい親でいられるでしょう。

にどう対処するか」「愛情と甘やかしの違い」「子どもがかかる病気」「子どものけがや事故を防ぐには」といった具体的な事柄が掲載されています。また、冊子の冒頭には、ノーバディズパーフェクトプログラムの理念ともいえるべき文言が掲載されています（図表13-8）。

ノーバディズパーフェクトプログラムの冒頭部分にもあるように、親自身の子育てに対する気持ちを和らげ、子育てを自分のなかだけで抱え込まず、助けが必要なときには遠慮なく声をかけ合い、助け合おうというメッセージが込められています。そのため、このプログラムは、「正しい」子育てのしかたを教えてもらうものではなく、親自身がもっている知識や経験をもとにして、参加者どうしの話し合いのなかから子育てについて学び合い、互いを支え合うことを重視しています。

2 ノーバディズパーフェクトプログラムの概要

プログラムに参加するには、申し込みが必要です。1セッション8回、週1回開催されます。1回のプログラムは2時間で、参加人数は10人程度までです。参加人数が多くなると、一人ひとりの意見や考えを聞くことができなくなるおそれがあるため、参加人数には規定が設けられています。また、グループでの参加となるため、途中参加は基本的に受け付けられていません。図表13-9は、プログラムの1セッションの流れ

図表 13-9 ノーバディズパーフェクトプログラム（1セッション）の流れの1例

回	プログラムの流れ
第1回	プログラムの説明と参加者どうしによる自己紹介 ・受け付けおよびファシリテーターとの面談 ・ファシリテーターによるプログラムとルールの説明 ・参加者どうしによる簡単な自己紹介 ・テキストの配付・説明
第2回	現在の家庭状況や子どものことについて話をする ・ファシリテーターによるアイスブレイク ・現在抱えている子育ての不安を紙に書きだす ・現在の家庭状況や子育ての悩み・不安を話す ・参加者の話をもとに、第3回から第7回までの子育てに関する話し合いたいテーマを設定する
第3回 〜 第7回	各テーマについて話し合う ・ファシリテーターによるアイスブレイク ・各テーマについて話し合う ・ファシリテーターから各テーマの参考資料の配付
第8回	振り返り ・ファシリテーターによるアイスブレイク ・プログラムで取り組まれた各テーマの振り返り ・ファシリテーターから子育て支援に関する情報提供

出典：ブリティッシュコロンビア州バーナビー市にあるBurnaby Family Life InstitutionでのNobody's Perfect ProgramのファシリテーターをしているClare氏へのインタビュー調査（2007.3.31.11am）をもとに作成

用語解説
ファシリテーター
グループ活動を円滑に進めるため、介入と促進を行う者のこと。

用語解説
アイスブレイク
参加者の不安や緊張をかたい氷(アイス)とし、その氷をこわす(ブレイク)という意味をもっている。たとえば、初対面どうしの緊張をほぐすための自己紹介や簡単なゲームを行い、コミュニケーションをとりやすい雰囲気をつくる手法のことである。

用語解説
アンガーマネジメント
1970年代にアメリカで導入された怒りの感情やいらだちをコントロールするための心理教育プログラムのこと。自分の気持ちや問題点を整理して相手に伝え、問題解決のために適切な行動がとれるようになるための学習プログラムである。

参照
レジリエンス
→レッスン8

出典
†3 カナダ公衆衛生庁(Public Health Agency of Canada)によるNo-body's Perfect Programのホームページ:http://www.phac-aspc.gc.ca/hp-ps/dca-dea/parent/nobody-personne/index-eng.php

---

です。

第1回は、プログラムが始まる前に、参加者は**ファシリテーター**[*]との簡単な面談をします。面談といっても、堅苦しい話ではなく、参加者の緊張をほぐすことを目的としたもので、参加のきっかけや日頃の子育てについて思いつくことを気軽に話します。その後、グループのメンバーがそろった時点で、ファシリテーターからノーバディズパーフェクトプログラムの成り立ちやプログラムの流れが説明され、参加者どうしも簡単な自己紹介をします。

第2回は、ファシリテーターによる**アイスブレイク**[*]が実施されたあと、参加者は現在の家庭状況や子育ての悩み・不安を紙に書きだし、それをもとに、参加者どうしで子育ての情報共有を行います。課題が出そろった時点で、子育てに関して話し合いたいテーマを参加者が決定します。1回に1つのテーマについて話し合いがされるため、参加者のすべての課題を取り上げることはできません。そのため、ファシリテーターがテーマ設定の調整を行い、第3回から第7回は、設定されたテーマに基づいて話し合われます。よく取り上げられる代表的なテーマは、子どものしつけのしかた、子どもの寝かしつけや夜泣きの対処、**アンガーマネジメント**[*]、パートナーとの関係です。話し合いが終わったあとに、ファシリテーターから、テーマに応じた参考資料の配付やテキストを用いた振り返りが行われ、各回が終わります。

第8回は、これまでのプログラムで取り組まれたテーマを振り返り、実生活のなかでどのように生かすことができたか、またはできなかったかを話し合います。

プログラムは、お菓子や飲み物の提供もあり、大変和やかな雰囲気のもとで実施され、誰もが来られる工夫として、バスケットの無料配付や託児サービスの利用が導入されています。プログラムは1セッション8回で終了となりますが、話し合いを重ねることで、参加者どうしの関係が深まり、一緒に買い物に行ったり、週末に家族どうしででかけるといった友人としての付き合いも始まります。カナダ公衆衛生庁(Public Health Agency of Canada)では、このプログラムを受講した効果として、①子育てに対する自信、②ストレスを対処する能力、③問題解決能力、④レジリエンス、⑤自立心が身につき、⑥肯定的な親子関係の相互作用がもたらされ、⑦しつけの方法、⑧地域にある支援を入手する方法がわかるようになるとされており、現在でも人気の高い親教育プログラムとして提供され続けています[†3]。

レッスン13 北米における子育て支援

演 習 課 題

①本レッスンを読んで、カナダと日本の子育て支援の違いについて、考えたことを友だちとディスカッションしてみましょう。

②カナダは移民の国です。言葉も文化も違う国ではじめて子育てをすることは、大変な不安がともないます。インターネットを活用して、移民者にはどのような困難があるのか、特に子育てにおける困難とは何かについて調べてみましょう。

③カナダ生まれのノーバディズパーフェクトプログラムは、日本でも広く普及しています。日本におけるノーバディズパーフェクトプログラムの取り組みを調べ、可能であればプログラムを実施している施設に行き、実際にどのような話し合いがもたれているのかフィールドワークをしてみましょう。

171

レッスン14

北欧における子育て支援

本レッスンでは、スウェーデンにおける子育て支援について学びます。平等や権利保障の理念に基づくスウェーデンの幅広い制度や柔軟なしくみに、日本との共通点や違いをみつけてみましょう。また、親支援の考え方についても視野を広げましょう。

1. はじめに——スウェーデンの社会と家族

1 子育てがしやすい北欧諸国

北欧と聞いてあなたは何を思い浮かべますか。インテリアや雑貨、静かな森や湖の風景でしょうか。「福祉や保育が充実していて、その分税金が高いらしい」などと聞いたことがある人もいるかも知れません。実際、「**母親に優しい国***」ランキング、男女平等のランキングなどでも北欧諸国の順位は高くなっています。子育てに関わる社会的な支援が充実している北欧のなかで、本レッスンではスウェーデンという国に注目し、その子育て支援をみていきます。

2 多様な家族の形

スウェーデンは人口約1,000万人（2017年1月）と小さい国ですが、合計特殊出生率は1.85（2016年）[†1]と先進国では上位にあります。今日のスウェーデンの家族の形は実にさまざまです。ひとり親家庭、再婚家庭はごく一般的ですし、未婚カップル（**サムボ***）の間に生まれる子どもが半数以上います。**国際養子縁組***で、海外から養子を迎えて育てる家庭も珍しくありません。また、多くの移民・難民を受け入れており、今では人口の約4分の1が外国に背景をもつ人々です。家族の形を含めて、多様性を尊重する国家といえます。

一人ひとりの個性と自由を基盤としつつ、スウェーデンという福祉国家は誰もが働き税金を納めることで成り立っています。18歳になればほとんどは親もとを離れますし、個々の自律が重視される社会です。そのため、スウェーデンの子育て支援は、「共働き夫婦・働く親」を前提に、「男女両方のワークライフバランス」を追求するかたちで成り立っています。

❋ **用語解説**

母親に優しい国
（世界母親指標
Mother's Index）
セーブ・ザ・チルドレンが毎年発表。2015年はトップ5か国が北欧諸国（ノルウェー、フィンランド、アイスランド、デンマーク、スウェーデン）となっている。

▶ **出典**

†1 SCB（スウェーデン統計局）

❋ **用語解説**

サムボ
法律婚ではないが、安定した関係をもつ同棲・事実婚のこと。

国際養子縁組
アジア諸国からの養子も多く、外見がまったく異なる親子もしばしばみられる。

３ 北欧型の福祉の理念

北欧諸国における福祉の施策は、次のような理念が特徴です。

・ニーズのあるすべての人が対象（＝**普遍的**[*]な福祉）
・ニーズのある人は、社会的支援を受ける権利がある（＝権利保障）
・誰もが地域で普通の暮らしを送ることができるべき（＝ノーマライゼーション）

　こうした平等と連帯の理念は、「高福祉高負担」のかたちで実現されています。高い税金を払うと同時に、誰もが人生のいろいろなステージで質の高いサービスや支援を受けられるのです。

　子育て支援も「すべての人に対する施策・サービス」を軸としつつ、「特別なニーズをもつ場合は、ニーズに応じた支援」を個別に提供して平等を達成することをめざしています。

　社会政策のなかでも、子ども関連のものは優先度が高くなっています。子どもは未来の担い手であると同時に、みずから選ぶことはできない親の状況によって発達や学力などに大きく影響を受ける存在だからです。スウェーデンの社会支出のうち、子ども関係（家族）の支出は13.2％と大きな割合を占めています。

４ 「親支援」の考え方

　スウェーデンの子どもに関する政策は、「子どもの権利保障」の視点が第一の基盤です。できる限り平等に、すべての子どもが発達や教育の機会をもてる環境を整えようとしています。

　もちろん親が子育てを担う第一の存在ですが、「**親であること**[*]」への支えが、子どもおよび社会にとっても重要と考えられています。政府は「親支援」の基本的な考え方を次のように示します[†2]。

・「よい親でいる」ための条件の一つは、よい生活環境を親に提供することです。
・そのため、家族への基本的な支援と保障として、児童手当、親手当（＝育休手当）、福祉的ケア、学校教育、余暇活動（＝学童保育）へのアクセスなどを提供します。

　「よい親でいる」ために社会がサポートするという視点は、ユニークです。政府は2008年に親支援を発展させるための国家戦略を発表し、「妊

✳ 用語解説

普遍的
対象を選別せず、すべての人を対象にするということ。ユニバーサルともいう。

◈ 補足

ノーマライゼーション
ノーマライゼーションの理念は1960年代に北欧（デンマーク、スウェーデン）から世界に広まった。

◈ 補足

子ども関係の支出
子ども関係（家族）の支出は、日本5.5％、ドイツ8.4％である。参考：OECD Social Expenditure Database, 2011年

✳ 用語解説

親であること
スウェーデン語にも英語の"parenthood"に似た言葉（föräldrarskap）がある。

▶ 出典

†2 Folkhälsomyndigheten "Föräldrar spelar roll- Vägledning i localt och regionalt föräldrarstödsarbete" 2014

◈ 補足

2009年の国家戦略
「親支援——すべての人にとっての利益」（Föräldrastöd -En vinst för alla）

第4章　海外に学ぶ子育て支援

娠期から18歳までの子どものいるすべての家庭に支援を提供する」と強調しました。そこでは、親支援の活動とは「親に対して、子どもの健康面、精神面、認知面、社会的な成長といった面の知識を与え、親の社会的ネットワークを強化すること」と定義されています。

> 【ミニコラム①】リンドグレーンと子どもの権利
>
> 　『長くつ下のピッピ』『山賊のむすめローニャ』などの作者、リンドグレーン（Astrid Lindgren, 1907-2002）はスウェーデンの児童文学作家です。彼女は子どもや動物の権利の擁護者で、あらゆる虐待に反対しました。世界初の、スウェーデン国内での子どもの体罰禁止法の制定（1979年）にも、大きく貢献しました。リンドグレーンのそうした理念から、自由で強い女の子ピッピやローニャの姿が生みだされたのでしょう。
>
> 　スウェーデンでは、**子どもオンブズマン**[*]（1993年〜）も子どもの権利擁護のための大事な存在です。さらに、2016年現在、「児童の権利に関する条約」を国内の法律にするための動きもあり、世界をリードする取り組みが進められています。

⊞ 用語解説
子どもオンブズマン
中立的な立場で子どもの意見を聴く政府機関。子どもの権利にくわしい法律家などが任命される。報告書を作成して政府に提言を行うほか、みずから調査も行う。

5　子育て支援の全体像

　スウェーデン語には日本の「子育て支援」にあたる言葉はありません。同じ言葉はなくても実際には、さまざまな分野（雇用・住宅・保健・医療・福祉・教育など）の制度やサービスが総合的に親子を支える、という形です。親子の生活を安定させることで、問題発生を防ぐアプローチといえます。子どもの貧困率の低さ（2014年：スウェーデン9.2%、OECD平均13.6%、日本16.3%）にも、それが現れています[†3]。

　歴史的にみると、スウェーデンは、1930年代ごろには早くも人口危機の視点から家族政策に力を入れ始めました。児童手当など子どものいる家族への手厚い支援が定着したうえで、1970年代ごろ以降は共働き子育て家庭のための支援や、子どもの権利保障の取り組みが発展しています。

　現在の社会福祉は、高齢・障害・児童などの対象に関わらず、「**社会サービス法**[*]」という法律が枠組みだけを定めています。そして、人々の生活に関わるほぼすべての事業（福祉、教育など）を、全国に290あるコミューン（市町村）が最終的な責任をもち対応しています。

　本レッスンでは、スウェーデンでの考え方に合わせて、幅広い意味合

▷ 出典
†3　OECD Family Database, 2014

⊞ 用語解説
社会サービス法
1982年施行、改正された。現行法は2001年施行。

いで「子育て支援」という言葉を使っていきます。

6 子どもの年齢別にみた子育て支援

スウェーデンでの子育て支援の柱を、子どもの年齢別に概観してみましょう。まず、妊娠・出産でかかるお金はほぼ無料で、**母子保健**[*]の部門がていねいに対応します。子どもが0～1歳のときは、充実した育休と親手当（＝育休手当）が柱です。1歳以降では、誰もが利用できる質の高い就学前学校（本レッスン第2節を参照）と学校・学童保育が、公的機関が親子につながる場の中心となります。

また、経済面では、0～15歳のすべての子どもに約1.5万円／月の児童手当、必要な家庭には住宅手当が支給されます。義務教育以降の教育（大学も含めて）と子どもの保健医療は無料です。さらに、社会全体の労働時間が短く、長い有給や看病休暇があります。こうした全国共通の土台のうえで、個別の課題へは保健・福祉・心理などの各分野から専門的に対応するスタイルです（本レッスン第4節を参照）。

日本と比べると、学童期以降の施策や活動が多いことも特徴です。市民団体や教会が独自の活動をしたり、学校や行政と連携したりすることもよくあります。一方で、日本とは違って、地域住民による子育てひろばなどはほとんどみられませんし、保育所が地域拠点としてどんどん役割を広げるような動きもみられません。

さて、次からは、この国の子育て事情を「乳幼児期の教育とケア（ECEC）」「個別支援ニーズをもつ親子への支援」「ワークライフバランス」に分けてくわしくみていきましょう。

> **✱ 用語解説**
> **母子保健**
> 伝統的に、妊産婦保健センターと小児保健センターが拠点。コミューンの助産師・保健師が地域での手厚い検診や親教育、情報提供などを行う。

2．乳幼児期の教育とケア（ECEC）

1 乳幼児期の教育とケアの種類

スウェーデンの「乳幼児期の教育とケア」は1～12歳が対象で、制度上は4つに区分されます（図表14-1）。長年これらは社会福祉の制度でしたが、1996年から「教育」制度に統合されてすべて「生涯学習プ

図表 14-1 スウェーデンの「乳幼児期の教育とケア」の種類

1～5歳	就学前学校
	教育的ケア（＝家庭保育室）
	オープン型就学前学校（専門スタッフがおり、乳幼児の親子が自由につどう）
6～12歳	学童保育（余暇センター、教育的ケア、開放余暇センター）

第4章 海外に学ぶ子育て支援

✳ 用語解説

家庭保育室
いわゆる保育ママが、自宅で低年齢児を中心に数名の子どもを保育する場。近年は利用率が大幅に減少。

◆ 補足

負担上限額
就学前学校の利用者負担は現在、1人目の子どもが家計収入の3%、2人目が2%。ただし全国統一の上限額（2015年、約1.7万円）がある。

▶ 出典

†4　スウェーデン学校庁
HP　www.skolverket.se

ロセスの一部」と位置づけられています。

　1〜5歳の子どもの教育・ケアの場は、主に「就学前学校」で、一部は「教育的ケア」（従来の**家庭保育室**✳）を利用しています。また、乳幼児の親子が自由に遊べる場所を「オープン型就学前学校」といいます。専門スタッフが相談にのってくれたり、多くの遊具があったりする、日本での地域子育て支援センターに近い存在ですが、数はあまり多くありません。

　6〜12歳の子どもが放課後に利用するのが学童保育で、余暇センターなどで実施されています。余暇センターは基礎学校（＝小中学校）と同じ敷地内にあることが多く、室内外で多様な遊びができる場所です。学童保育の利用率は高く、9歳までの子どもの7割以上が通っています。

　なお、6歳児は1年間「就学前クラス」（基礎学校の敷地内にあり、学習的な面が多い）に入る権利があり、この年齢の子どものほぼすべてが利用しています。義務教育である基礎学校（＝小中学校）は、7歳児からです。利用者負担は、基礎学校から大学院までの教育はすべて無料ですが、「乳幼児期の教育とケア」は有料です（オープン型就学前学校のみ無料）。ただし、親の収入と子どもの数に応じて料金が決まり、全国共通の**負担上限額**もあります。

　以下 **2** 〜 **4** †4では、「就学前学校」についてくわしく紹介します。

2 就学前学校の制度と現状

　1〜5歳の子どもの教育・ケアの場の中心は就学前学校です。ケアや教育の質の高さ、利用率の高さが国際的にも注目されています。スウェーデンでの利用率は、1歳で48%、2歳で88%、3歳で92%、4〜5歳が94%です（2015年）。

　今日では、親の就労状況に関わらず、3歳以上のすべての子どもに一定時間（3歳児で週15時間）の教育・ケアを無料で受ける権利が保障されています。すべての子どもに平等な機会を提供するためです。

　就学前学校の運営は、公立が約8割、私立が約2割です（全国平均）。スタッフには2種類あります。大学での専門教育（3年半）を受けて教員資格をもつ「就学前学校教員」と、主に高等学校卒業程度の教育を受けた「補助職員」です。有資格教員の割合はさまざまですが、全国平均では42%です（2015年）。

　驚くことに、スウェーデンには職員配置や面積の基準、有資格の職員割合などの細かな法規定はありません。税金を払っている住民の納得を

176

得られるように、各コミューンの政治家や行政がそれらを決定しています。

3 就学前学校の実際——エデュケアの伝統をもとに

就学前学校のなかは、普通、絵本や積み木などの**コーナー遊び**[*]の部屋、絵画・工作の部屋、ダイニングなど、目的別に区切られています。窓辺のソファなど、ゆっくり過ごす場所もあります（図表14-2）。全体は基本的に、3歳未満（年少）と3～6歳（年長）に分かれ、人数に応じてグループ分けがなされています。

実際の職員配置は、職員1人（フルタイム換算）当たり子ども5人、グループ規模は平均17人で、ここ10年ほど大きな変化はありません。教育分野に一元化される前の保育所（スウェーデン語では、「昼間の家」＝daghem）の時代から、スウェーデンの保育はエデュケーションとケアを一体化させたエデュケアとよばれていました。家庭的な雰囲気のなか、子どもを中心として、日々の生活や自由遊びを大切にした実践です。寒い冬も雨の日も、のびのびと外で遊びます。就学前学校になっても、その土台は変わっていません。一部には、毎日を野外で過ごす野外保育所のような場所もあります。

とはいえ、現在、就学前学校での教育・ケア内容は、「就学前学校カリキュラム」（1998年制定）という全国共通の枠組みによって定められています。遊びのなかで数字や文字を意識して教えるなど、義務教育や学童保育との連続性への意識も高まっています。近年、**ドキュメンテーション**[*]も重視されています。

4 就学前学校の役割

就学前学校は親子に最も身近な存在として、虐待の早期発見や障がいのある子どもの発達支援などの役割をもっています。コミューンによる

図表14-2 就学前学校の風景

※ 用語解説

コーナー遊び
遊びごとにコーナーを区分けして、関心に応じて少人数で遊べるように設定されている。

◆ 補足

野外保育園については、岡部翠『幼児のための環境教育——スウェーデンからの贈りもの「森のムッレ教室」』新評論、2007年にくわしい描写がある。

就学前学校カリキュラムについては、白石淑江『スウェーデン保育から幼児教育へ——就学前学校の実践と新しい保育制度』かもがわ出版、2009年に詳しい。

※ 用語解説

ドキュメンテーション
メモ、写真、絵画などさまざまな方法による、子どもの言動、子どもと教師の関わりなどの記録。

第4章　海外に学ぶ子育て支援

さまざまな事業の情報提供の窓口ですし、ほかの拠点にいる専門家（保健師や看護師、社会福祉士、臨床心理士など）との連携を重視します。

しかし、日本のように、保育・教育現場における長時間の延長保育や一時保育の拡大といった形での子育て支援は、まったくみられません。なぜでしょうか。

それは、子どもはできるだけ親と過ごさせるべきという社会の共通認識があるからです。スウェーデンでは、「1歳までは家庭で」という考えが定着しており、0歳児は就学前学校の対象外です。就学前学校に通い始めても、夕方5時ごろには帰宅するようなライフスタイルが一般的です。土日や子どもが病気のときも就学前学校は対応しておらず、親が仕事の融通をきかせます。

また、現在のスウェーデンでは待機児童問題はほぼみられず、話題となるのは質の保障と向上です。近年では、福祉や教育などの公共サービスは、**公的なウェブサイト**での情報公開と比較によって質の向上を促進することに力が入れられています。

✚ 補足
公的なウェブサイト
コミューンレベル、国レベルにおいて、学校や施設の情報を検索・比較できる公的サイトがある。

3.　個別支援ニーズをもつ親子への支援

1 親子に関わる福祉的支援の体制

いくら制度が充実しても、避けられない課題や家族内でのトラブルはもちろんあります。たとえば、親のドラッグやアルコール依存症、ネグレクトやその他虐待、子どもの情緒不安定や非行、DVなどです。

こうした子ども家庭福祉の個別ケースも、各コミューンの「ソーシャルサービス」とよばれる部署が最終責任をもち、担当します。日本の児童相談所よりもかなり幅広い内容を、小さなエリアごとに手厚く配置された**福祉専門職**[*]（ソーシャルワーカー）が中心になり、相談、アセスメント、対応の決定などを担います。

児童虐待についても、日本と比べて「早期発見・介入」の前後にある「予防的支援」と「治療的支援」も含めて、積極的に行われているのが特徴といわれます[5]。

2 家庭外ケアと在宅サービス

親子への支援は、普遍的な支援（すべての人が対象）から選別的な支援（何らかのニーズが特定された対象限定）まで、段階があるのはほかの国と同じです。ただ、スウェーデンでは、あくまで普遍的なアプロー

✳ 用語解説
福祉専門職
ソーシャルサービス関係を担当する福祉専門職（socialsekreterare）をコミューンが雇用。多くは、ソシオノームという国家資格（日本の社会福祉士に相当）を有する。

▶ 出典
†5　資生堂社会福祉事業財団「資生堂児童福祉海外研修報告書——スウェーデン・デンマーク児童福祉レポート」2012年

チを充実させることで、個別支援を必要とする親子を発見する機会を増やすことが重視されています。

いわゆる社会的養護にあたるのが、24時間の対応をする「家庭外ケア」です。スウェーデンでは、乳幼児期は、ほぼすべて里親のもとへ、ティーンエイジャーになると**小規模な施設**[*]に措置を行う形が一般的です。状況に応じて、親子で施設にしばらく滞在してもらいながら、専門職がアセスメントを行う場合もあります。また、里親のもとに措置される場合でも、複雑なケースには里親支援スタッフが毎週通って相談にのることもあります。

家庭外ケアにまでは至らなくても気になる親子、家庭は多くあります。そのグループに対して、さまざまな「在宅サービス」が準備されています。スウェーデンについて興味深いのは、メニューの幅広さです。日本では、あまりみかけない種類がたくさんあります。たとえば、家族相談、親との関係がうまくいかない青少年のグループ、性に関する相談支援、親むけの「子どもとの関わり方」講座、コンタクトパーソン（次の **3** で紹介）などです。

さまざまなアプローチによる支援をとおして、課題はあっても何とか親子でいる、親子であることを支えようとしているといえるでしょう。

> ### 【ミニコラム②】 親子とソーシャルワーカーで市民プールへ
>
> 子どもに対して暴力的であるなど、不適切な関わりをしている親がいるとしましょう。そうしたケースへの支援として、その親子と福祉専門職がともに時間を過ごすなかで、アセスメントや指導を行う場合があります。
>
> スウェーデン南部のヴェクシュー市では、住宅街のなかにある一軒家を「家族の家」と名づけ、家族支援の場としています。一緒にキッチンでホットケーキを焼いたり、庭でガーデニングをしたりしながら、様子をみてアドバイスをしたりします。ときには市民プールにでかけて、ほかの親子の様子もみながら、子どもとの適切な関わり方を自然と学べるように促す場合もあるということです。

3 個別支援のさまざまな形

子どもまたは親に何らかの課題がある際の、在宅での個別支援について、ここでは2つの例を紹介します。

✴ 用語解説

小規模な施設
施設はHVB（ケアと居住のためのホーム）とよばれる。専門職による24時間対応で治療的な要素も大きい。

第4章　海外に学ぶ子育て支援

＜親むけの研修プログラム＞

　子どもの年齢層ごとに、各コミューンでいろいろな親むけ研修プログラムが準備されています。認知理論を基盤とした、「親子のチームワークに焦点を当てる」などの内容が多くあり、基本的に無料です。

　全国で最もよく使われるプログラムの一つ「コメート（＝Komet）」は、親、教師と子どもの間でのけんかや対立を減らし、よい関係性を築くためのものです。現在は3〜11歳の子どもをもつ親むけと12〜18歳の子どもをもつ親むけのプログラムがあります。1〜2週間に一度集まって、あらかじめ定められた流れに沿って学ぶ形が一般的です。たとえば3〜11歳向けは、同じ悩みをもつ親たちとファシリテーターが11回集まり、経験や解決法を話し合います。就学前学校や学校、ファミリーセンター、民間団体学習サークル、ソーシャルサービスなど、多様な場所や主体が提供しています。

＜コンタクトパーソン＞

　子どもにとって、社会的なコンタクトやネットワーク構築が必要であるとコミューンが認定した場合、コンタクトパーソン（受け入れ先が家族の場合、コンタクトファミリー）を利用します。対象は、たとえば、ネグレクトの状態にあり社会のさまざまな活動に参加しにくい子どもや、難民としてスウェーデンに来て知り合いがいない子どもなどです。要認定のため利用率自体は子ども全体の1％弱[6]ですが、孤立しがちな個人と地域の人々をつなぐゆるやかなしくみとして社会に定着しています。

　コンタクトパーソンは、この活動を希望する地域のボランティアです。活動に対しては、実費程度の謝礼が行政から支払われます。コンタクトパーソンと子どもは、映画やスポーツにでかけたり、家で遊んだりと好みに合わせて過ごします。なお、このコンタクトパーソンは、大人の福祉分野（障害など）でも使われている一般的な制度です。

4　親支援における新たなニーズと取り組み

　スウェーデン政府は、2014年、各地での親支援の取り組みを整理し、アンケート結果に基づく報告書をだしました。そこでは、移民のバックグラウンドをもつ親が、一般の親向けの教育プログラムに参加しにくい状況や、障害のある子どもの親が情報収集に困っていることが、新たな課題として示されました。就学前学校や基礎学校（＝小中学校）が窓口になり、福祉部門との連携を強化すべきこともあげられています。

　また、2000年代以降、「ファミリーセンター」が定着しています。主に就学前の親子を対象として、従来の小児保健センターの機能、個別相

▶出典
†6　Socialstyrelsen "Barn och unga- insatser år 2014" 2015

談、家族相談、親研修プログラム、オープン型就学前学校、行政のソーシャルサービス担当部門などが1か所に入り、さまざまな専門職や団体との連携が強化されています。

5 未来への投資——シビアな視点

みなさんは、「貧困や虐待の連鎖」という言葉を聞いたことがあると思います。その連鎖を防ぐのはもちろん、一人ひとりの福祉（しあわせ）を保障する点にあります。しかし、スウェーデンではさらに、社会全体としてのコスト節約というシビアな視点も隠さずに語られます。

たとえば、ネグレクト状態におかれた子どもがいるとします。この状態を放置すれば、子どもの健康状態が悪くなったり、受ける教育レベルが低くなったり、それが理由で将来仕事に就けなくなったりする可能性が高まります。また、ネグレクトをしている親に精神疾患があった場合の入院や子どもの社会的養護といった、非常にコストの高い制度の利用が必要になる可能性も高まります。つまり、長い目でみれば、社会全体にとって税金で対応すべきコストは大変な額になります。

スウェーデンの場合、たとえば社会的養護の施設は専門職が24時間対応するためコストが非常に高く、子ども1人当たり1日約6万円[7]かかっています。それよりは、早い段階で個別の相談、家庭訪問での支援、親の通院や親プログラムの受講、コンタクトパーソンなどの制度を利用してもらうほうが、社会的コストの大きな節約になります。そうした意味で、子育て支援、親支援は未来への投資であると、政府のレポートにも堂々と書かれているのです。

▶ **出典**
†7　†6と同じ

4. ワークライフバランスの充実

1 短い労働時間

スウェーデンでは、父親や母親が就学前学校に子どもを迎えにくるラッシュアワーは、夕方の4〜5時ごろです。金曜は仕事を早めに切り上げることも多く、午後には公園で遊ぶ親子の姿が増えていきます。

スウェーデンで暮らした経験のある人たちに、日本との違いを聞くと、福祉サービスでも保育・教育でもなく、一番は「働き方」だと言います。スウェーデンでは子どもの有無を問わず、一般的な労働時間は週あたり36時間で、有給休暇が年間5週間です。有給休暇はすべて使うのが当たり前です。短時間でも集中して働き、労働生産性が高いため、経済力

◆ **補足**
スウェーデンの制度では、産前産後休暇と育児休暇の区別はない。

181

第4章　海外に学ぶ子育て支援

は世界でもトップクラスです。

　働く人全体の労働時間が短いということは、女性が働きやすい状況を生むだけにとどまりません。男女ともに子どもと過ごす時間、家事や余暇のための時間があるということなのです。

2　誰もが働いて支える社会制度

　スウェーデンは、世界で最も「女性の労働力が高く、出生率も高い」国の一つです。6歳未満の子どもをもつ女性の約8割が働いていています。子育て中は**短時間勤務***を選ぶ女性も多いとはいえ、三世代同居がほぼ存在しない社会でなぜそれが可能なのでしょうか。

　理由の一つは、子どもをもつ世代にも男女を問わず納税してもらうために、働きやすい環境を社会全体で整えているからです。スウェーデンの福祉国家を発展させたのは、もともと**労働運動***を基盤とする社会民主主義の考え方です。すべての人のワークライフバランスが重視され、労働時間も短いため、子育て中でも働きやすい状況となっています。

　2つ目に、若い世代がメリットを実感し、子育てが経済的負担にならないように社会保障のしくみがつくられているからです。無料の教育費、充実した児童手当や育休制度といった恩恵を誰もが享受できるので、安心して子どもを産み育てることができます。

　3つ目は、男女平等です。女性も男性も仕事をもち働くことが当たり前で、国会議員の約半分は女性です。社会保障の制度は個人単位（世帯単位ではなく）で、個人としての自立・自律が求められる社会です。そのため、ほかの国と比べると男女とも「仕事も、家事も子育ても」が当たり前で、母親にばかり子育ての責任や負担がかかることが少ないといえます。

【ミニコラム③】本棚をくぐって遊べる子ども図書館

　首都ストックホルムの中心の広場沿いに、劇場やホールのある文化会館という建物があります。この建物の4階の窓に「子どもの部屋」という看板がみえます。一歩中に入ると、何とも楽しそうな空間が広がっています！　木製の本棚全体が、子どもがくぐったりして遊べる設計の特別な図書館なのです。乳幼児用の部屋には、育休中とみられるパパやママが、小さな子どもを遊ばせながらくつろいでソファで本を手にとっている姿がたくさんみられます。

　お話会のための小部屋や、奥にはアトリエコーナーやイベン

✴ 用語解説

短時間勤務
社会保障は同条件で、労働時間はパートタイム（フルタイムの75％、50％など）で契約をすることも一般的である。

✴ 用語解説

労働運動
労働者が自分の利益を守るために、雇用主側に対して団結して行う運動。

レッスン14　北欧における子育て支援

トスペースもあり、季節や天気を問わず遊びに行くことができます。

地方の町の図書館でも、子どものコーナーが充実しています。特に、視覚や聴覚に障害のある子どものための、触覚で楽しめる絵本やCDブックが、目立つところにたくさん置いてあるのが印象的です。

3　育児休業制度と両親手当

出産・育児による休業（以下、育休と省略）は、権利として保障されており、柔軟に利用できるのがポイントです。1人の子どもにつき、最高480日（約16か月）までの育休期間中は、「**両親手当**＊」という手厚い現金給付（休みに入る前の所得の80％保障）を受けることができます。育休と両親手当は、子育てのスタート時点での最も重要な社会的支援です。育休取得はごく当たり前なので、たとえば企業や団体のホームページの職員紹介の欄に、「○○担当（氏名）〜月まで育休中」といった紹介をみかけることも、珍しくありません。

両親手当には最低額もあり、これは失業中であっても支給されます。最低額は、低所得の家庭の経済を安定させるために近年増額されており、約3800円／日です。13か月を過ぎた残りの育休期間には、所得に関わらず一律で約2700円／日が支給されます[8]。

4　子どもに関わる休業・休暇の柔軟さ

育休は子どもが3歳になるまで取得可能で、96日分はさらに12歳になるまで使えます。4分の1日、半日などと分割して使うこともでき、とても柔軟な制度です。子どもが8歳になるまで、親には勤務時間を最大25％短縮することができる権利もあります。育休中の親手当も、子

＊用語解説
両親手当
日本でいえば育児休業給付金。スウェーデンの親手当は、育休13か月までは、休業前の所得の80％（上限約665万円／年）。

▶出典
†8　スウェーデン社会保険事務所ホームページ
www.fosakringskassan.se

第4章　海外に学ぶ子育て支援

どもが8歳になるまでに分割して使うことができます。

　さらに、産前産後には、父親は10日間の父親休暇が取得できます。スウェーデンでは、出産時の入院は、特に問題がなければ1～2泊程度なので、父親が家にいて家事・育児をすることは必要不可欠です。

　子どもの一時看病休暇も、12歳未満の子ども1人につき60日／年と十分な日数が確保されています。これらを利用することで、親が仕事の融通をつけながら、ワークライフバランスを実現しているのです。一時看病休暇は、今後さらに日数が増やされる方向性です。

　育休のうち、3か月（かつては2か月だったが、2016年から延長）は母親と父親それぞれに与えられる期間で、相手に譲ることはできません。いわゆる、ママの月・パパの月（パパ・クオータ制）です。そのため、父親の育休取得率は9割弱ととても高くなっています。実際の取得日数は、父親が2割ほどであり母親のほうが長く取得しています[9]。

▶**出典**
[9]　[8]と同じ

５　社会保障が充実すると働く気はなくなるか

　上述した育休制度などを知り、「そんなに社会保障が充実していたら働く気がなくなるのでは」と思いませんか。実はそうならないしくみも、制度に埋め込まれています。

　スウェーデンでは、子育て支援をはじめとする社会保障制度は、基本的にすべての人の生活を守るために、「平等」を重視しています。しかし、同時に、「所得が高いほど得をする」しくみにもなっています。さまざまな理由で働けない（病気、妊娠、育児など）場合の手当は、休業前の所得の何％という計算で支給されます。

　育休なら80％ですから、若い人たちは一定仕事を続けて、所得が高くなってから子どもをもち休みを取ろうとする傾向にあります。年金ももちろん、働いていたときの所得に応じて金額が変わります。

　ですから、社会保障が充実すると働く気がなくなるというわけではないのです。むしろ、失敗しても社会的支援があるという安心感があるので、いったん働いてから大学で勉強したり、起業や転職にチャレンジしたりしやすいことが、スウェーデンの活発な経済を支えているともいわれています。

5.　終わりに

　スウェーデンは、国の規模や歴史文化、働き方や政治のしくみなど、

日本と違う点がたくさんあります。しかし、「子どもを育てやすい国」「将来に対して明るい展望を抱いている」と多くの親が堂々と口にだせるスウェーデン社会から、日本が学べる点も多いのではないでしょうか。

もちろん、現地にも多くの課題があります。平等をめざす社会であっても、最近では特にひとり親家庭の貧困率が上がったりもしています。

しかし、本レッスンでみてきたように、スウェーデンではすべての親子を対象として、まず家庭・仕事ともに基盤を安定させるための多くの制度が準備されている点が特徴です。また、長期的視野をもち、限られた財源（税金）を徹底的に有効に使うという方針で、ニーズに応じて実にさまざまな支援を提供しています。

子育てを支援する、親を支援するとはどういうことなのか。どんな方法がありえるのか。スウェーデンの事例を知ることは、私たちに新たな視点と刺激を与えてくれます。

演 習 課 題

①インターネットなどで、日本の育児休業制度、子どもの看病休暇について調べ、スウェーデンと比べてみましょう。

②日本とスウェーデンの子育て支援を比べて、共通点と相違点をあげてみましょう。そして、何が大きな違いだと思うか話し合ってみましょう。

③スウェーデンの例を踏まえて、「子育てがしやすい」「よい親でいる」とはどういうことだと思うか、話し合ってみましょう。

レッスン **15**

西欧における子育て支援

本レッスンでは、フランスを事例として、西欧における子育て支援について学びます。ヨーロッパのなかでも多産国の一つであるフランスが、近年、最も力を入れているのが保育政策です。フランスの子育てを取り巻く環境とその保育政策を学ぶことは、日本の子育て支援を考えるうえで大いに参考になるでしょう。

参照
合計特殊出生率
→レッスン1

▶ 出典
†1 INSEE Première, *(2017) Bilan démographique 2016*, janvier, p.1630. INSEE（Institut National de la Statistique et des Études）は、フランス国立統計経済研究所のこと。

▶ 出典
†2 Eurostat, code：ts dde220 - Indicateur conjoncturel de fécondité - Nombre d'enfants par femme, Dernière mise à jour：le 22 août, 2017.

参照
人口置換水準
→レッスン1

1．はじめに

　フランスは、北欧諸国と並ぶヨーロッパの多産上位国です。2016年のフランスの**合計特殊出生率**は1.93（暫定値）です[†1]。過去10年のデータをみても、この率は常に1.9以上2.1未満の間で推移しています。2015年の1.96よりも少し下がったとはいえ、ヨーロッパの合計特殊出生率（2015年）の平均値1.58やヨーロッパでも多産国として知られるアイルランドの1.92、あるいはアイスランドやイギリスの1.80と比べてみると、フランスの出生率が高水準であることがわかります[†2]。

　人口置換水準の2.05に迫ろうとしているフランスですが、かつては少子化問題に無縁だったわけではありません。第二次世界大戦後のベビーブームが終わると、ほかの先進諸国と同様に、フランスでも出生率が下がり始め、1994年には合計特殊出生率が1.68にまで落ち込みました。しかし、その後はもち直し、2000年に1.89、2004年に1.9を超えて以来、常に安定した高水準を維持しています。合計特殊出生率の堅調な数値をみる限り、この国は少子化を克服したといってもいいでしょう。

　少子化に直面している国々に共通する現象には、一般に第1子の出産を遅らせる「晩産化」と、それにともなって第2子以降の妊娠・出産をあきらめる「産み控え」があります。晩産化や生み控えは、なぜ起こるのでしょうか。その理由の一つは、出産・育児期が、職場でのキャリア形成期と重なり、女性にとって仕事と家庭の両立が困難になっているからだと考えられます。

　先進諸国の例に漏れず、フランスでも晩産化は進行しています。2016年の平均出産年齢は30.4歳（暫定値）であり、30年前に比べると3歳も遅くなっています。高齢出産の数も増大しており、2015年のデータでは、新生児の約60％が30歳以上の母親から、約24％が35歳以上の母

レッスン15　西欧における子育て支援

親から生まれています[†3]。

　しかし、フランスでは、25〜49歳の女性の労働力率が82.9%（2016年）と非常に高く、出生率が低迷している国々に特有の**M字カーブ**[*]はみられません。子ども（3歳未満児）を1人しかもたない母親に限ると、その81.8%（2016年）が就労しています[†4]。これは、フランス人女性が出産・育児期にも労働市場から退出せず、就労を継続していることを示しています。以下の節では、こうした30歳代を中心とした子育て期にある女性たちの高い就業率を支えている、この国の充実した子育て支援を具体的に紹介します。

2．ワークライフバランスを実現する支援

1　育児休業制度

　フランスの育児休業制度は1977年に創設されました。2子以上の子をもつ親であれば、子どもが3歳になるまで、つまり最長3年間の育児休業が保障されています。育児休業期間中は休業分の賃金は支払われませんが、「乳幼児基礎手当」や「育児分担手当」などの諸手当が支給されます。

　これまでフランスでは、育児休業は女性が取得するケースが圧倒的に多いという問題がありました。この問題を解決するために、2014年に「育児休業法」の改正が行われました。この改正は、父親にも積極的に育児休業を取得してもらい、それにともなって女性の社会復帰をより円滑にすすめることを目的にしています。

　法改正の目玉は、育児休業にクォータ制を導入したことです。これによって、第1子の場合、従来は最長6か月間だった育児休業が最長1年間取得できるようになりました。しかし、この1年間は、父親と母親の双方が6か月ずつを取得したときの期間です。両親のうち一方しか取

図表 15-1 子どもの数と育児休業期間

子どもの数	最長期間	取得条件
第1子	12か月	父親、母親それぞれが6か月ずつ取得した場合、12か月。一方のみが取得する場合は、最長6か月。ひとり親家庭の場合は12か月。
第2子以降	36か月	たとえば、父親12か月、母親24か月のように両親が分担して取得した場合、36か月。一方のみが取得する場合は最長24か月。ひとり親家庭の場合は36か月。多子出産の場合、延長がある。

▶ **出典**
†3　INSEE, Résultats, 《Les naissances en 2016》, paru le 30 août, 2017.

✳ **用語解説**
M字カーブ
女性の年齢階級別労働力率をグラフで表したときに描かれるM字型の曲線。出産・育児期にあたる30歳代で就業率が落ち込み、子育てが一段落したあとに再就職する人が多いことを反映している。

▶ **出典**
†4　INSEE, (2017) *Emploi, chômage, revenus du travail*, 《3. Activité, inactivité》, Édition 2017.

第4章　海外に学ぶ子育て支援

得しない場合は、従来と同様に最長6か月です。逆に、第2子以降の場合は、両親の一方しか取得しないと、最長24か月に短縮されます。従来の最長3年間の育児休暇を取得するためには、母親の24か月に加え、父親が12か月取得する必要があります（図表15-1）。

　フランスの育児休業制度は、職場復帰を前提とした「労働時間の選択制」となっています。そのため子どもが3歳になるまでは、週4日勤務や毎日午後3時半までの短縮勤務のような80%労働、週3日勤務や毎日半日勤務のような50〜80%労働、週2日勤務のような50%以下労働、あるいは全面休業など、個人のライフスタイルに合わせて労働時間を選択することができます。

■2▶ 労働時間の短縮と男性の家事・育児参加

　子育て中の家族にとって、いかにワークライフバランスを保つかは常に大きな課題です。日本では女性が家事・育児と仕事との両立が困難となって退職を余儀なくされるケースが多いといわれますが、フランスでも一般に育児休業を取得したり、パートタイム労働に移行したりと、子育てのために働き方の調整をするのはたいてい女性です。たとえば、育児休業のクォータ制導入以前は「就業自由選択補助手当」（現在は「育児分担手当」）を受給する人の97%、パートタイム就業者の85%を女性が占めていました。

　とはいえ、フランスの女性たちは家事・育児と仕事との両立が困難だから退職しようとか、子どもを産み控えようとは考えません。なぜなら、この国では社会通念上、男性の家事・育児への参加がごく当たり前のこととして考えられているからです。

　男性の家事・育児参加を可能にしている要因が、短い労働時間と長い有給休暇です。現在、フランスの法定労働時間は週35時間、有給休暇は5週間です。フランス人サラリーマンの年間平均労働時間は1,472時間（2016年）であり、OECD加盟国のなかでは低い水準にあります[5]。また、有給休暇は労働者の権利である、との考え方が社会に浸透しており、業種や職種、あるいは役職によっても多少異なりますが、その消化率は非常に高くなっています。

　以上のように、フランスは良好な労働条件を背景にワークライフバランスを実現しやすい環境にあるといえます。幼い子どもをもつ家庭では、男性も定時に帰宅し、家事や育児を分担するのが一般的です。さらに、家事代行サービスを比較的低料金で容易に利用できることや低年齢児保育の社会化が進んでいることも、女性の家事・育児の負担の軽減につな

▶**出典**

[5]　OECD.Stat
《 Average annual hours actually worked par worker 》
http://stats.oecd.org/
Index.aspx ? DataSetCode=ANHRS

レッスン15　西欧における子育て支援

がっています。

3．子育て費用を軽減するための支援

1 子育て費用と諸手当

　現代社会において、子育ては家計の大きな負担となっています。フランスでも有子世帯は無子世帯に比べて、家計への負担が2〜3割多いと認識されています。フランスには、この有子・無子による世帯間の格差を是正し、かつ有子世帯の子育て費用を軽減することで、子どもの貧困を減少させようとする家族支援のしくみがあります。それが、「全国家族手当金庫」という社会保険制度です。

　フランスの家族支援の柱は、いつの時代も現金を支給する家族給付ですが、この給付を担う組織が全国家族手当金庫です。財源は、労使で負担する社会保険料（全国家族手当金庫分は事業主負担のみで、賃金の3.45％または5.25％）や**一般社会拠出金**[*]（全国家族手当金庫分はそのう

✳ 用語解説

一般社会拠出金
（Contribution Sociale Générale）
社会保障の国庫負担。所得を賦課ベースとしており、現在の税率は7.5％または8.2％。

図表 15-2 主要な家族給付一覧（2017年現在）

名称	内容	支給月額（ユーロ）
子どもの扶養の負担を軽減するための給付		
出産手当	出産にかかる費用補償。支給対象に、家族構成を勘案した所得上限が設けられている。多子出産の場合、子どもの数だけ同額が支給される。	923.08（出産時）
乳幼児基礎手当	3歳未満の子の養育にかかる費用補償。支給対象に、家族構成を勘案した所得上限が設けられている。多子出産の場合、子どもの数だけ同額が支給されるが、3歳未満の子どもが複数いても1人分しか支給されない。	（2子までの支給金額）全額支給184.62／部分支給92.31
家族手当	2人以上の子ども（20歳まで）の養育にともなう費用補償。家族構成を勘案した所得要件があり、支給額が変わる。14歳以上の子どもには加算金（16.23〜64.93ユーロ）が支給される。	第2子32.47〜129.86／第3子74.06〜296.24／第4子以降（1子当たり）41.60〜166.38の加算
仕事と育児の両立を支援するための給付		
育児分担手当	3歳未満の子の養育のための職業活動の停止に伴う費用補償。育児休業制度にリンクしているため、子どもの数や休業の割合で受給期間や受給額が変わる。	全面休業392.09／50％休業253.47／50％〜20％休業146.21
保育方法自由選択補助手当	保育者の雇用にともなう費用補償。家族構成を勘案した所得要件がある。また専門機関を通しての雇用か否か、認定保育ママか否か、子どもの年齢が3歳以上か未満かによっても受給金額が変わる。	3歳未満175.07〜846.22／3歳以上6歳未満87.54〜423.12

189

第4章　海外に学ぶ子育て支援

ちの1.08%）などです。フランスの家族給付は、「子どもの扶養の負担を軽減するための給付」と「仕事と育児の両立を支援するための給付」に大別できます（図表15-2）。

2 子どもの扶養の負担を軽減するための給付

「子どもの扶養の負担を軽減するための給付」のなかで最も一般的な給付が、2子以上を養育する家庭に支給される「家族手当」です。この手当は、子育てを社会全体で担うという考え方から、これまで2人以上の子どもを育てているすべての家庭に等しく同じ金額が支給されてきました。しかし2015年7月から所得要件が導入され、大家族で所得が少ない家庭により手厚い支援が行えるよう制度を改革しました。

家族手当は子どもが20歳になるまで、子どもの数に応じて毎月決まった金額が支給されます。2017年度の受給額は、第2子で32.47〜129.86ユーロ、第3子で74.06〜296.24ユーロです。第4子以降は1子当たり41.60〜166.38ユーロの加算があります。また、子どもの年齢が高くなればそれだけ経済的な負担も大きくなるので、その点を考慮して、14歳以上の子どもに対しては16.23〜64.93ユーロの加算金が上乗せされます。

家族手当のほかにも、「出産手当」や「乳幼児基礎手当」などもあります。乳幼児基礎手当は、所得によって全額支給か部分支給になりますが、子どもが3歳になるまで、月々決まった金額が支給されます。なお、いずれも支給対象に家族構成を勘案した所得制限が設けられています。2017年の出産手当は923.08ユーロ、乳幼児基礎手当は、全額支給で184.62ユーロ、部分支給で92.31ユーロです。

3 仕事と育児の両立を支援するための給付

近年、フランスが特に力を入れているのが、育児にともなう**機会費用**[*]の軽減です。2004年、育児と仕事の両立支援をさらに発展させた「**自由選択補助手当**」が生まれました。この手当の特徴は、文字通り子育て家庭に選択の自由を提供している点にあります。職業活動を停止するかどうか、保育方法を個別にするか集団にするかなど、個人のライフスタイルに合わせた選択が可能になり、どのような選択をしても必ず経済的な支援が与えられます。

また、この**自由選択補助手当**には、子育てのために職業活動を一時停止する場合に支給される「育児分担手当」と、子どもを第三者である保育者（以下、**保育ママ**[*]）に預ける場合に支給される「保育方法自由選

✱ 用語解説

機会費用
ある経済行為を選択することによって失われるほかの経済活動の機会のうちの最大収益を指す。ここでは、育児を行うことによって失われる収益の損失をできるだけ低く抑えようとすることを、機会費用の軽減とよんでいる。

保育ママ
1994年以来、政府は家族雇用（家族内で主に女性が担ってきた家事や育児、老人介護などをアウトソーシング化するもの）政策の一つとして、保育ママの拡充を推進してきた。なお、認定保育ママ制度は、これまで闇労働となっていた乳母やベビーシッターを正規雇用とするための施策でもある。

択補助手当」の２種類があります。

育児分担手当は、2015年１月から「就業自由選択補助手当」に代わって、その運用が始まりました。これは、従来の就業自由選択補助手当と同様、育児休業制度に関連した手当で、出産後における育児休業の取得、短縮勤務への移行、退職の際に生じる所得喪失の補償を目的としているため、所得要件はありません。３歳未満の子どもをもつ親であれば、誰でもその恩恵にあずかることができます。受給金額は、全面休業、50%休業、20%〜50%休業など、職業活動の停止状況で異なり、受給期間は育児休業期間に対応しています。

保育方法自由選択補助手当は、子どもを保育ママに預ける場合に受給できる手当です。フランスでは公立保育所の充足率が低く、代替保育として保育ママの存在がきわめて重要になっています。保育方法自由選択補助手当を受給するには、子どもを預ける親は保育ママを正式に雇用する義務があります。そのための要件として、所得に下限が設けられています。保育ママは必ずしも認定を受けた保育ママである必要はありません。実際の支給額は前々年の収入や子どもの年齢、専門機関を通して保育ママを雇用するかどうか、認定保育ママかどうかなど個々の事情を勘案して決定されます。ただし、雇用費用の15%は自己負担となります。

4 その他の給付

図表15-2に示した手当のほかに、「障害児教育手当」「親付き添い手当」「積極的連帯所得手当」「新学期手当」「家族補足手当」などのさまざまな**ターゲット支援***があります。

①障害児教育手当

20歳未満の障害児を扶養する親に支給される手当です。支給金額の査定には、障害の度合い（障害率80%以上）のほかに、家庭の状況が考慮されます。たとえば、ひとり親家庭や介護者の雇用が必要となる場合には、加算金や補足金が上乗せされるしくみになっています。

②親付き添い手当

疾病児の看護に対する支援です。これは、病気や事故などで子どもの看病をするために親が職業活動を停止した場合、その休業にともなう所得の損失を補償するものです。受給には、医師が発行する付き添い必要証明書の提出が義務づけられています。

③積極的連帯所得手当

フランスでは離婚や事実婚解消の増加にともない、ひとり親家庭が増加しています。2011年、フランスには未成年の子どものいるひとり

✳ 用語解説
ターゲット支援
特別な状況にある対象者のみが利用できる（場合によっては利用しなくてはならない）サービスのこと。これに対して、誰もが利用できる（場合によっては利用しなくてはならない）サービスはユニバーサル支援とよばれる。

第4章 海外に学ぶ子育て支援

▶出典
†6 INSEE Première, (2015) Depuis combien de temps est-on parent de famille monoparentale ?. – mars, p. 1539.

✳用語解説
貧困ライン（貧困線）
統計上、それ以下の収入では一家の生活が支えられないぎりぎりの境界線。

等価可処分所得
→レッスン6

▶出典
†7 Observatoire national de la petite enfance, L'accueil de jeune enfant en 2014 – données statistiques (Rapport de 2015).

◆補足
ECEC
ECECとはEarly Childhood Education and Care の略で、乳幼児に対する教育・保育を一体的に提供するサービスを指している。

親家庭が150万世帯あり、そのうちの85%がシングルマザー世帯でした[6]。2012年のデータでは、ひとり親家庭で育つ6歳未満の子どもの51.7%が**貧困ライン**＊（**等価可処分所得**＊の中央値の60%）を下回る貧困状態にあります[7]。ひとり親家庭向けの手当としては、長く「単親家族手当」がありましたが、2009年6月からこれに代わって「積極的連帯所得手当」が導入されました。これまで「就職促進最低所得手当」と「単親家族手当」に分散していた貧困対策を統合することで、より包括的な助成を行っています。その特徴は、家族構成に関わらず、すべての低所得・無所得家庭が対象になっていること、3か月ごとの見直しをともないますが、支給期間が定められていないこと、支給額が固定化されることです。この手当は、住宅手当との併給も可能となっています。

④**新学期手当／家族補足手当**

文房具や教科書などの購入が必要な進級時期に支給される新学期手当や3人以上の子どもを養育している多子家族に支給される家族補足手当があります。いずれも所得上限が設けられていますが、手当によっては受給要件がゆるやかなものもあり、多くの家庭が恩恵を受けています。

以上で示したフランスの経済的支援（手当）の特徴は、「広く社会的な理解を得て、出産・子育てにかかる直接費用の補償や機会費用の軽減を行うことで子育てコストの軽減を図っている」「貧困家庭や貧困に陥りやすい家庭（多子家庭、障害児や疾病児のいる家庭）に対するターゲット支援を充実させている」の2点に整理できます。

4. 子どもの保育と教育を保障する支援

1 2段階の保育サービス

フランスの義務教育就学前の幼児教育・保育（ECEC）は、大きく2段階に分けられています。まず、0〜3歳未満の低年齢児を対象とする保育事業（連帯・保健省の所管）と3〜6歳未満の幼児を対象とする保育学校（国民教育省の所管）です。フランスでは多様な保育サービスが提供され、いずれの保育方法も社会に浸透していますので、日本のように「保活」に苦労する、預け先がなくて母親が職場復帰できないという問題はありません。

3歳未満児の保育は、労働時間の選択制度を取り入れた育児休業制度と組み合わせて、利用者の多様なライフスタイルやさまざまな要望にこ

レッスン15　西欧における子育て支援

たえられるように整備されています。一方、保育学校入学後は、保育学校と余暇保育（預かり保育）や家庭型個別保育との併用が一般的です。また、多様化したサービスを上手に選択するためのツールとして、全国家族手当金庫が開設したサイト「mon-enfant.fr」があります。0～12歳までの子どもを対象にした保育サービス関連の情報や最寄りの保育施設の検索ができ、保育費用のコストシミュレーションも可能となっています。

２　低年齢児の保育サービス──施設型集団保育

３歳未満児の保育サービスはきわめて多様ですが、それらは、集団保育を行う施設型、個別保育を行う家庭型、その両方を合わせた折衷型という３つのタイプに分けることができます（図表15-3）。

施設型集団保育には、最も一般的な**地域保育所**[*]に加え、**ミニ保育所**[*]、**親保育所**[*]、**企業保育所**[*]、一時託児所、**複合保育所**[*]、幼児園などがあります。全国家族手当金庫から運営交付金を受けている施設は全国に11,968か所あります[+8]。こうした施設では主に２か月～３歳未満の低年齢児を受け入れ、専門スタッフが食事や睡眠の世話、オムツ替え、遊戯、知的発育活動などを行っています。ただし、幼児園では、ほかの保育所に比べて子どもの知的発育をより重視した保育が行われることから、２～５歳児が対象となっています。

運営主体は自治体、非営利団体、民間企業などさまざまですが、各保育所は国の定める公共建築および幼児教育施設の基準にのっとって設計され、県の母子保護センターの監督のもとに開設されます。利用へのアクセスについては、自治体が運営する地域保育所やミニ保育所、一時託児所の場合は、居住地の役所に問い合わせ、民間の保育所の場合は直接保育所に申し込みます。

スタッフの構成は、施設の種類によって若干の差異があります。たとえば公立の地域保育所の場合、所長は５年以上の職業経験を有する**保育士**[*]、小児科医、または**乳幼児教育士**[*]が務め、スタッフは保育士、**准保育士**[*]、乳幼児教育士、職員、調理師などで構成されます。一方、親保

✳ 用語解説

地域保育所
市町村が運営する保育所。

ミニ保育所
受け入れ数が10人以下の小規模の地域保育所。

親保育所
親の会が運営する保育所。

企業保育所
一つまたは複数の企業が従業員のために、企業内または企業の近くに設置する保育所。

複合保育所
地域保育所に一時託児所や家庭保育所の機能をもたせるなど、異なるタイプの保育所の機能が合体した保育所。

▶ 出典

†8　Résultats du Rapport 2016 de l'Observatoire national de la petite enfance.

✳ 用語解説

保育士
保育士資格（国家資格）を得た、小児看護師または助産師。

乳幼児教育士
３年制の幼児教育の専門学校を卒業した乳幼児教育の教諭（国家資格）。

准保育士
１年制の准保育士養成課程を修了した有資格者（国家資格）。

図表 15-3　フランスの保育サービス（３歳未満児対象）

タイプ	内容
施設型集団保育	地域保育所、ミニ保育所、親保育所、企業保育所、一時託児所、幼児園、複合保育所
家庭型個別保育	認定保育ママ、自宅保育
折衷型保育	家庭保育所、保育ママの家

第4章　海外に学ぶ子育て支援

育所は親の会によって運営されるため、スタッフとして親の参加が認められています。保育士および保育補助員の配置基準は、歩行前の乳幼児5人に対して1人、幼児8人に対して1人の割合です。このほか、医師、心理カウンセラーや精神運動発達学の専門家などは、非常勤での勤務が認められています。幼児園の場合、保育所では義務づけられなかった乳幼児教育士の配置（児童15人に対して1人の教育士）が必要となります。

　利用時間は各保育所によって異なりますが、たとえば一般的な地域保育所の場合、土・日・祝日を除く毎日7時30分～18時30分です。近年では、6時から預かってくれる早朝保育や22時までの深夜保育を行っている複合保育所もあります。ただし、当日になって急に、深夜保育や早朝保育を申し込むことはできません。たとえば、契約書に「月曜日～金曜日8時～18時」と記されている場合、その時間帯以外の利用は原則的に認められないので、急に子どもを長時間預けなければならない事態が生じたときは、必要に応じてほかの保育方法を探さなければなりません。

　利用料は、公立の保育所の場合、全国家族手当金庫が規定する自己負担率に基づいて自己負担額（月の収入に自己負担率をかけた金額）が決定されます。自己負担率は、所得が低く家族の人数が多ければ、利用料が低く抑えられるように設定されています。1時間当たりの自己負担率は、養育する子どもが1人の場合0.06％、2人の場合0.05％、3人の場合0.04％、4人以上の場合0.03％となっています。民間保育所では運営者が料金を設定しますが、市町村に一定の保育枠を提供して公的補助を受け取る場合、前述の自己負担率の適用が義務づけられます。なお、いずれの場合でも、6歳未満の児童の保育費は所得控除の対象になります。

　施設型集団保育の利点は、何よりも保育料が安く、保育の質が保証されていることです。子どもの社会性が養われることからも人気が高い保育方法ですが、充足率は17％（2014年）と低く[9]、子どもを保育所に預けることが困難になっているという弱点があります。とはいえ、低所得家庭の子どもは優先的に受け入れられます。

③　低年齢児の保育サービス──家庭型個別保育

　家庭型個別保育には、2つのタイプがあります。認定保育ママを雇い、その保育ママの居宅で子どもを預かってもらう方式と、自宅に無認定の保育ママ（ベビーシッター）をよんで、子どもの面倒をみてもらう方式です。家庭型個別保育は施設型集団保育に比べて費用が高い、子どもの

◆補足
たとえば、課税申告所得（年収）が36,000ユーロ、養育する子どもが2人で、そのうち1人を月に150時間預けた場合、月額の利用料は、36,000ユーロ÷12か月×0.05％=1.5ユーロ/時間で、月額の利用料：1.5ユーロ×150時間=225ユーロとなる。

▶出典
† 9　Résultats du Rapport 2016 de l'Observatoire.

レッスン 15　西欧における子育て支援

社会性が育まれないなどのデメリットもありますが、急な延長保育、長時間や変則的な時間の保育など利用時間を柔軟に設定できること、子どもが病気になったときにも重篤な場合を除いて面倒をみてもらえることなど利点も多く、フランスでは利用する家庭の多い保育サービスです。

保育ママに子どもを預けることは、その保育ママを正式に雇用することを意味するので、親は給料のほかに保育ママの社会保障費も負担しなければなりません。賃金については、税込の時給が子ども1人当たり2.70ユーロ以上と定められています。「保育方法自由選択補助手当」や所得控除、社会保障費の減免措置が受けられるため、実際にかかる費用は大きく軽減されます。とはいえ、実際の雇用費の15%は自己負担となります。

①認定保育ママ

2015年現在、フランスでは33万7,000人の認定保育ママが稼働し、59万8,200人の3歳未満児を保育しています。充足率は33.1%（2014年）です[10]。認定保育ママになるには、120時間の研修と県議会による認定が必要になります。60時間の研修を終えた時点で子どもを2人まで預かることができますが、2年以内に残りの研修を終了することが義務づけられています。

認定保育ママは子どもを自分の居宅で預かるため、認定されると、全国家族手当金庫から設備費として300〜600ユーロが支給されます。また、自宅を改修する必要があれば、同金庫からリフォーム資金として1万ユーロを上限に実費の80%を無利子で借りることもできます。

認定保育ママは、3歳未満の子どもの場合、同時に最大4人まで自宅で預かることができますが、自宅のスペースや研修の状況に従って、認定時に保育できる子どもの数、年齢、時間などが厳密に定められます。認定保育ママはその認定証のコピーを雇用者に提出し、労働条件を話し合ってから契約を結びます。利用のアクセスは、民間の仲介業者から紹介してもらう、居住地の役所で認定保育ママのリストをもらう、**保育ママセンター***を訪ねるなどの方法があります。

②自宅保育

自宅保育の一般的な形態は、民間の仲介業者や知り合いから紹介してもらった無認定の保育ママ（ベビーシッター）を自宅により、子どもの面倒をみてもらうというものです。前述した認定保育ママの利点に加え、子どもの送り迎えがない、子どもの世話以外に家事も頼めるなど、利便性が高い保育方法です。しかし、認定保育ママの雇用に比べて、社会保障費の負担の減免率や「保育方法自由選択補助手当」の支給額が低く、

▶ **出典**

[10]　Résultats du Rapport 2016 de l'Observatoire.

✴ **用語解説**

保育ママセンター
全国家族手当金庫の主導で、多くの場合、地方自治体によって設立された情報提供および交流のための施設。全国に1,500か所ほど存在する。

第4章　海外に学ぶ子育て支援

ベビーシッターの交通費もかかるため、保育コストが高くなるというデメリットもあります。そのため1人のベビーシッターを複数の家庭でシェアするケースもよくみられます。

◼4 低年齢児の保育サービス──折衷型保育

　折衷型保育には、「家庭保育所」と2010年6月から新たに制度化された「**保育ママの家**[*]」があります。家庭型個別保育と施設型集団保育の両方のメリットを融合させたサービスで、利用家庭は、個別保育のもつ利点（時間の延長や病児の面倒などの柔軟性）と施設保育の利点（子どもの社会性や知的発育を促す集団保育、家庭保育所の場合の低額料金）をともに享受できます。

①家庭保育所

　別名、「家庭型保育サービス」とよばれるもので、施設型の保育所の充足率の低さを補うために考案された折衷型の保育方法です。認定保育ママが家庭保育所に登録して、そこで預かる子どもを紹介されるしくみです。日常的に子どもの世話をする場所は、家庭保育所ではなく認定保育ママの居宅です。ただし、子どもの社会性を養い知的発達を促すために、さらに認定保育ママと保育士・乳幼児教育士・医師とが連携してよりきめ細かな保育を実現するために、週に1～2回、家庭保育所への通所が義務づけられています。

　個人の認定保育ママに比べた場合のメリットは、「常時、専門家のサポートが得られるため子どもをより安心して預けられる」「雇用主に義務づけられる煩雑な事務作業が必要ない（認定保育ママの給料は家庭保育所から支給されるため）」「認定保育ママが病気のときは代わりの認定保育ママを手配してもらえる」ことなどです。家庭保育所の設置基準、受け入れ条件、利用までの手続き、利用料、利用時間などは、基本的に施設保育所と同じです。

②保育ママの家

　保育ママの家は、自宅が託児を行う場として基準を満たしていないため、認定保育ママとして稼働できない認定保育ママに就業の機会を与えるとともに、乳幼児保育全体の受け入れ枠を拡大することをめざして創設されたしくみです。保育ママの家を開設できるのは認定保育ママに限られるので、認定を受けていない場合は、開所までに認定を受ける必要があります。認定保育ママは、従来通り子どもの親による個別雇用となるので、原則として契約を交わした親の子どもだけをケアします。しかし親は、ほかの認定保育ママが一時的に担当の認定保育ママの代わりを

⊞ 用語解説

保育ママの家

認定保育ママが集まって、共同で託児を行う私設の託児所。1か所につき認定保育ママ（最大4人まで）が預かることができる子どもの数は1人当たり最大4人なので、保育ママの家では最大16人の子どもを託児できる。

レッスン15　西欧における子育て支援

することに同意しなければなりません。

　受給できる各種手当、所得税の控除、アクセスの方法、利用料金など
は、一般の認定保育ママの場合と同じです。このしくみのメリットは、
「数人の認定保育ママが共同で子どもを預かるため、子どもに目が行き
届き、家庭内事故が減少する」「利用時間をより柔軟に設定できる」「病
児保育にも対応してもらえる」「子どもたちの社会性や知的発育が促さ
れる」などです。デメリットは、施設の維持費（賃貸料、光熱費など）
が高くなることにより、保育料が増大することなどがあげられます。

5　義務教育就学前の教育──保育学校

　フランスでは、育児休業期間が終了する3歳児以上の保育は、「保育
学校」への就学と、有料の「余暇保育（預かり保育）」あるいは「家庭
型個別保育」の併用が中心となります。

　保育学校は、日本の幼稚園に相当するもので、国民教育省が所管す
る義務教育就学前の幼児教育施設です。住民登録をしている3歳以上
の子どもの就学が無償で100％保証されているため就学率は極めて高
く、2014年のINSEEのデータでは3歳児で98.0％、4歳および5歳児
で100％です[11]。保育学校は週4日（8：30〜16：30）なので、一般に
それ以外の時間は有料の余暇保育や家庭型個別保育などほかの保育サー
ビスを利用します。

　保育学校は約70％が公立校ですが、公立校も私立校も授業料は無料
です。施設に余裕があれば2歳児の就学も可能ですが、2014年の就学
率は11.8％程度にとどまっています[12]。しかし、近年、早期の就学が
学業の成功につながるとして、2歳児の就学者を増やす計画があります。
とりわけ、移民家庭や低所得家庭が多い**教育優先地区**[*]の保育学校では、
2歳児のためのクラスの設置が奨励されています。

　保育学校は小学校での学びを準備する就学準備型の教育機関として、
初等教育体系に位置づけられています。その多くが小学校に併設され
ているか、同じ敷地内にあります。国民教育省で定められた指導要領
に従って、「遊び」というよりも「学習」が行われます。授業時間数は
1年36週、週24時間、年間864時間です。8時30分始業、16時30分
（曜日によっては15時）終業です。週最大2時間の補習時間が設けられ、
必要な子どもに対し指導を行っています。授業時間数や終業時刻に変更
はないものの、2014 〜2015年度から時間割が変更になり、これまでの
週4日制から週5日制になりました。

　保育学校の教育内容は、「あらゆる次元で言語力を身につける」「身体

▶ **出典**

[11]　INSEE,《 Taux de scolarisation par âge en 2014 》http://www.insee. fr/fr/statistques/ 2383587/ #tableau-Donnes 7116

▶ **出典**

[12]　[11]と同じ

✳ **用語解説**

教育優先地区
Zone d'éducation prioritaire（ZEP）と表記される。貧困家庭が多く住む、社会的・経済的に恵まれない地域が指定される。この地区の学校は、財政面および教育面で特別な支援が受けられる。

活動を通して動き、表現し、理解する」「芸術活動を通して動き、表現し、理解する」「自分の考えを構築する」「世界を発見する」という5つの学習領域に分かれています。具体的には、数え歌、運動、粘土、お絵描き、物語の読み聞かせ、読み書きの練習や口頭表現の訓練などが、指導要領に沿って行われます。

保育学校教員の資格は、小学校教諭と同じです。クラスは「年少」「年中」「年長」と年齢によって分けられており、2016～2017年度の1クラス当たりの平均生徒数は25.5人です[13]。担任制で、1クラスを教師1名、補助職員1名で担当します。

6 義務教育就学前の教育──余暇保育

余暇保育は日本の保育サービスにたとえると、宿泊をともなわない放課後クラブや預かり保育、あるいは宿泊をともなう臨海学校や林間学校などに相当するもので、保育学校以上の就学児童を対象としたサービスです。運営主体は主に県の認可を受けた非営利団体や民間団体で、運営者やスタッフには専門の資格が必要となります。余暇保育は学校の長期休暇中も運営されていますが、本レッスンでは学期中の預かり保育、学童保育に限って紹介します。

学期中の余暇保育には、保育学校の子どものための預かり保育、小学生のための学童保育があります。預かり保育の所管は母子保護センターで、保育者には施設型保育の場合と同様、保育士の資格が必要となります。一方、学童保育は県の社会的結合局あるいは社会的結合及び社会的保護局の所管です。

保育時間は始業前と放課後、昼食時間、さらに学校のない水曜日の午後と土曜日です。施設は保育学校や小学校、地域の公民館や余暇センターなどが利用されます。スタッフの数は、原則として3～6歳未満の児童8人に対して1人、6歳以上の児童12人に対して1人が必要となります。預かり保育や学童保育の利用時間や料金については、運営主体や自治体よって多少の差異がありますが、一般的に、早朝の預かり保育は7時30分から始業まで、放課後は19時くらいまでです。料金は、自治体によっても異なりますが、**家族係数**[*]制度に基づいて算出されており、早朝保育は0.5～3ユーロ/人/日、放課後保育はおやつ代込みで0.5～5ユーロ/人/日、お昼の保育は昼食代込みで1～6ユーロ/人/日が目安となります。

▶ **出典**

†13 Ministère de l'Éducation nationale, Direction de l'évaluation de la prospective et de la performance,《l'Éducation nationale en chiffres 2017》.

✱ **用語解説**
家族係数
課税額を決める際の家族の状況を示す係数。

5. 終わりに

　本レッスンで紹介したのは、社会全体で保育と育児コストを担おうとする国、フランスの事例です。今後、日本でも女性の労働力をこれまで以上に有効に活用しなければならない時代がやってくるでしょう。そのときに、妊娠・出産・育児による就労の長期間にわたる中断を招くことのないよう、子育ての社会化と保育サービスの整備・拡充がより一層進められることが緊急の課題です。

　私たちがフランスの事例から真に学ぶべきことは、個別の政策というより、むしろ仕事と育児の両立が実現できる社会、男女間においてより公平なワークライフバランスを実現できる社会をめざして、政策努力を怠らないその姿勢にあります。こうした姿勢は、育児休業にクォータ制を導入した2014年の「育児休業法」の改正、施設型保育所の充足率の低さを保育サービスの多様化（安価な代替保育の確立）によって解決した保育政策などにみることができます。

　働く女性が安心して子どもを産み育てたいと思う社会こそが、真に公平な社会であり、子どもが暮らしやすい社会の姿です。このような社会の実現をめざして、今後は日本でも社会全体で子育て支援を考えていく必要があるでしょう。

演 習 課 題

①フランスの家族政策を参考に、日本で女性が働き続けるためには何が必要か、まわりの人と話し合ってみましょう。

②子育て費用の軽減のために、日本で実施されている支援を調べてみましょう。日本とフランスの支援を比べてみましょう。

③フランスのECECを参考に、日本の待機児童解消のためにどのような幼児教育・保育サービスが必要なのか、まわりの人と話し合ってみましょう。

第4章　海外に学ぶ子育て支援

参考文献

レッスン11

衛生福利部社会及家庭署　育児親職網「親向けの育児情報サイト」
http://babyedu.sfaa.gov.tw/mooc/index.php

翁麗芳ほか「保育フォーラム 保育制度の改革に保育学はどうかかわるか」『保育学研究』50（3）2012年

「上海市託児所・幼児園運営等級基準（試行）」
http://www.doc88.com/p-0032079465522.html

松本麻人「韓国——就学前教育無償化政策の実施及びその成果と課題」『諸外国における就学前教育の無償化制度に関する調査研究』平成26年度プロジェクト研究報告書　国立教育政策研究所　2015年

山岡テイ・翁麗芳・孔秉鎬・王美平ほか『子育て支援の研究』平成23～平成24年度 科学研究費補助金　研究成果報告書　2013年

山岡テイ『地域コミュニティと育児支援のあり方』ミネルヴァ書房　2007年

山岡テイ『多文化子育て』学研プラス　2007年

山岡テイ・神長美津子ほか『平成19年度 文部科学省委託事業 幼稚園における学校評価の推進に関する調査研究』研究調査報告書　日本教育工学振興会　2008年

幼児園の評価基準指標：幼児園基礎評鑑指標（2013～2017年）
http://tpcperc.kidedu.ntpc.edu.tw/ezfiles/2/1002/img/117/213574183.pdf

劉郷英・張燕「中国における現職保育者の質的向上への取り組みに関する——検討——『保育現場における教育・保育研究活動』を中心に」『福山市立大学教育学部研究紀要』（2）　2014年

レッスン12

青木麻衣子・佐藤博志編著『新版オーストラリア・ニュージランドの教育』東信堂 2014年

佐藤純子『親こそがソーシャルキャピタル—プレイセンターにおける協働が紡ぎだすもの』大学教育出版　2012年

汐見稔幸編著『世界に学ぼう！　子育て支援』フレーベル館　2003年

七木田敦・ジュディス・ダンカン編著『「子育て先進国」ニュージーランドの保育——歴史と文化が紡ぐ家族支援と幼児教育』福村出版　2015年

マーガレット・カー／大宮勇雄・鈴木佐喜子訳『保育の場で子どもの学びをアセスメントする—「学びの物語」アプローチの理論と実践』ひとなる書房　2013年

山岡テイ『多文化子育て——違いを認め、大事にしたい　海外の園生活・幼児教育と日本の現状』学研プラス　2007年

レッスン13

岡野聡子「カナダ・ネイバーフッドハウスにおける世代間交流の研究——舵手フロッグホローネイバーフッドハウスにおける世代間交流プロジェクトの事例から」『奈良学園大学研究紀要』3　2015年　9-27頁

小出まみ・伊志嶺美津子・金田利子編著『サラダボウルの国カナダ——人権とボランティア先進国への旅』ひとなる書房　1994年

日本カナダ学会編『史料が語るカナダ』有斐閣　2008年

福川須美「非営利・協同組合ネットワークの子育て支援のあり方に関する国際比較——カナダと日本をみる」『学術振興財団科学研究補助金基盤研究（c）報告書』2005年　9頁

福川須美「カナダのファミリー・リソース・センター」『こころの科学103』日本評論社　2002年　89-94頁

Andrew Armitage, (1996) *Social Welfare in Canada Revisited : Facing Up to the Future- third edition*, Oxford University Press.

Miu Chung Yan, (2002) *Recapturing the History of Settlement House Movement : Its Philosophy, Service Model and Implications in China's Development of Community-based Centre Services*, Asia Pacific Journal of Social Work. pp. 21.

Miu Chung Yan, (2004) *Bridging the fragmented community : Revitalizing settlement houses in the global era*, Journal of Community Practice. Vol.12, pp.51-69.

Miu Chung yan, Sean Lauer, (2008) *Social Capital and Ethno-Cultural Diverse Immigrants : A Canadian Study on Settlement House and Social Integration*, Journal of Ethnic & Cultural Diversity in Social Work. Vol.17（3）pp.229-250.

Statistics Canada, Labour Force Survey, 1976 to 2015.
　http://www.statcan.gc.ca/pub/11-630-x/11-630-x2016005-eng.htm

Régime québécois d'assurance parentale, RQAP / Quebec Parental Insurance Plan, QPIP（ケベック親保険制度）
　http://www.rqap.gouv.qc.ca/Index_en.asp
　http://www.frp.ca/index.cfm?fuseaction=document.viewDocument&documentid=8
　　32&documentFormatId=1448

Public Health Agency of Canada" Nobody's Perfect"
　http://www.phac-aspc.gc.ca/hp-ps/dca-dea/parent/nobody-personne/index-eng.php

レッスン14

スウェーデン社会保険事務所HP　www.fosakringskassan.se

スウェーデン学校庁HP　www.skolverket.se

高橋美恵子「スウェーデンの子育て支援──ワーク・ライフ・バランスと子どもの権利の実現」『海外社会保障研究』160　2007年　73-86頁

吉岡洋子・佐藤桃子「スウェーデンの子ども・子育て環境」岡澤憲芙・斉藤弥生編著『スウェーデン・モデル──グローバリゼーション・揺らぎ・挑戦』彩流社　2015年　125-150頁

Socialdepartementet "Föräldrastöd -En vinst för alla"（SOU 2008:131）2008

Socialstyrelsen "Barn och unga- insatser år 2014" 2015

レッスン15

浅野素女『フランス父親事情』築地書館　2007年

泉千勢・一見真理子・汐見稔幸『世界の幼児教育・保育改革と学力』明石書店　2010年

江口隆裕『「子ども手当」と少子化対策』法律文化社　2011年

OECD ／星三和子他訳『OECD保育白書──人生の始まりこそ力強く：乳幼児期の教育とケア（ECEC）の国際比較』明石書店　2006年
　OECD http://stats.oecd.org/

岡澤憲芙・小渕優子『少子化政策の新しい挑戦──各国の取組みを通して』中央法規出版　2010年

厚生労働省『2015年 海外情勢報告』2015年

佐藤清『フランス──経済・社会・文化』中央大学出版部　2010年
　全国家族手当金庫http://www.caf.fr

中島さおり『パリママの24時間──仕事・家族・自分』集英社　2008年

中島さおり『パリの女は産んでいる』ポプラ社　2005年

フランス国民教育・高等教育・研究省　http://www.education.gouv.fr

フランス国立統計経済研究所　http://www.insee.fr

労働政策研究・研修機構『労働政策研究報告書──ワーク・ライフ・バランス比較法研究〈最終報告書〉』151　2012年

（フランス語文献）

- Commission européenne, Eurydice – L'essentiel des politiques éducatives : éducation et accueil des jeunes enfants, 2014.
- Observatoire national de la petite enfance, L'accueil de jeune enfant en 2014 – données statistiques（Rapport de 2015）.
- Ined, Population et Société, « Les politiques familiales en France et en Europe : évolution récente et effes de la crise », numéro 512 – juin 2014.
- INSEE, INSEE Première Depuis combine de temps est-on parent de famille monoparentale ? No 1539 – mars 2015.
- INSEE, INSEE Première Bilan démographique 2016, No 1630 – janvier 2017.
- INSEE, TEF Tableau de l'économie française, Édition 2016.
- INSEE, Emploi, chômage, revenus du travail, Édition 2017.
- OECD, Chiffres clés sur l'éducaation et l'accueil des jeunes enfants en France, janvier 2015.
- Ariane Pailhé et Anne Solaz（2009）, Entre famille et travail, Éditions La Découverte.
- mon-enfant.fr et faire garder mon enfant devient plus simple ! http://www.mon-enfant.fr/

おすすめの一冊

中島さおり『パリママの24時間──仕事・家族・自分』集英社　2008年
　　フランス在住の著者が、働くフランス人ママの生の声を集めたインタビュー集。彼女たちが語るフランスの結婚・出産・子育て事情を通して、フランス人家庭のワークライフバランスの実像が見えてくる。

第5章

子育て家庭に対する
支援のあり方

本章では、子育て家庭に対する支援の具体的な方法について学んでいきます。個別的な支援である相談・助言の展開過程について理解したのち、事例をとおして支援の実際を学びます。

レッスン16　子育て家庭に対する支援の展開

レッスン17　子育て家庭に対する支援の実際

レッスン**16**

子育て家庭に対する支援の展開

本レッスンでは、地域で展開されている子育て家庭に対する支援のうち、主に個別的な支援である相談・助言に焦点を当てます。対象者である保護者や子どもが課題解決に取り組んでいけるよう、支援者はどのような段階を踏みながら、どのような態度で支援していけばよいのかを学びます。

1. はじめに

　地域における支援が必要な子育て家庭（主に保護者と子ども）は、どこで支援者と接点をもつことができるのでしょうか。

　2015（平成27）年より施行されている内閣府「子ども・子育て支援新制度」の「地域子ども・子育て支援事業」でいえば、利用者支援事業、地域子育て支援拠点事業、乳児家庭全戸訪問事業、子育て援助活動支援事業（ファミリー・サポート・センター事業）などがそれに該当します。ここでは、それらの事業のうち、相談支援が中心となる「利用者支援事業」における支援の展開を学びます。

　従来、福祉や保育に関わる支援は、以下の一連の過程で構成されます。①ケースの発見（問題が生じていることに支援者が気づく）、②受理面接、③アセスメント、④プランニング、⑤インターベンション、⑥評価（モニタリング／エバリュエーション）、⑦終結

　本レッスンではこの流れに沿って、子育て家庭に対する支援を考えていきます。第2節では①～③、第3節では④～⑦および支援の展開に必要な記録の書き方とカンファレンスのあり方について解説していきます。第4節では実際に相談・助言を行う支援者に求められる態度・技術について解説します。

2. 支援のニーズに対する気づき・理解とアセスメント

　子育て家庭がどのような支援を必要としているかを、ここでは「支援のニーズ」といいます。支援のニーズとは、保護者にとっては、充実感をもって親役割を遂行できないなどの状況から脱するために必要な「こ

と・もの」であり、子どもにとっては、生き生きと自分らしく成長していくことができないなどの状況から脱するために必要な「こと・もの」です。つまり、それら生活上の課題を解決するためには、支援者が彼らのニーズが何であるのかを的確に見極め、そのうえでどのような支援を提供すべきかを考えだすことになります。

ところが、保護者のなかには、支援のニーズがあることに気づいていない人や、それに気づいても何らかの理由で支援を求めない、求めることができない人もいます。**利用者支援事業**において、たとえば保護者が「保育所に入りたい」「認定こども園や幼稚園を知りたい」という明確な目的があって行政機関の窓口に相談にくる場合は、比較的ニーズがわかりやすいのですが、地域子育て支援拠点などでは、主な目的が子どもを遊ばせるためという保護者もいるので、何かを相談するということ自体思いつかない人さえいることでしょう。

拠点のスタッフ（たとえば、利用者支援専門員）が、「気になる親子」をみつけても、当事者からのアプローチがなければ支援は始まりません。しかし、少しのきっかけさえあれば、その家庭の子育てがもっと楽になる可能性がある場合、支援者は支援の押し売りにならないよう配慮しながら、その家庭に自らアプローチすることも必要です。親子が遊んでいる場にそれとなく入って、子どもの相手をしながら保護者と世間話などをするうちに、保護者から自然な形で相談を受け、支援のニーズの発見につながることもあるのです。

支援の始まりは、対象となる家庭がもつ支援のニーズを見いだすことですが、ニーズがあるかどうかの気づきは支援者のみでなく、支援者との関わりやコミュニケーションのなかで、「自分には支援のニーズがある」という対象者自身による気づきも重要です。そして、次の段階では、この支援のニーズを十分に理解したうえで、この支援者を自分のケースとして引き受けるかどうかを判断することです。ニーズの内容によっては、別の機関に所属する専門家に支援を委ねることもあり得ます。

ケースを担当する支援者は、これまでに得た情報を参考にしながら、アセスメントを実施することになります。本来、アセスメントは、人やものなどを評価・査定するという意味がありますが、子育て家庭をアセスメントする場合、その家庭が**ウェルビーイング**[*]からどの程度遊離しているかを判断基準とします。つまり、保護者と子どもの権利や彼らの自己実現が保障され、身体的・精神的・社会的に良好な状態、つまりその家庭の安全・安心が保たれ、保護者が保護者らしく子育てを有意義なものとして楽しめ、子どもが子どもらしくいきいきと暮らすことができ、

✦ 補足
利用者支援専門員
利用者支援事業の担当者は、利用者支援専門員とよばれ、「特定型」の専門員は行政機関の窓口に、「基本型」の専門員は拠点などに配置される。

✦ 補足
支援の始まり
第1節で示した支援の流れに対応させれば、この「気づき」が「ケースの発見」に相当し、「判断」が「受理面接」に相当する。一般に受理面接によって、ケースの主たる担当機関や担当者が決められることになる。

✳ 用語解説
ウェルビーイング（Well-being）
WHO（世界保健機関）は、健康とは、病気でないとか弱っていないということではなく、身体的、精神的、社会的に満たされた状態（well-being）にあることとしている。

第5章　子育て家庭に対する支援のあり方

さらに親子の関係がよりよいものであるかどうかが、評価（アセスメント）の目安となります。

インシデント①

　Ａくん（2歳6か月の男児）の母親Ｂさんは、幼稚園に入園するまでのＡくんの遊び場として、地域子育て支援拠点（子育てひろば）を利用していました。利用者支援専門員のＣさんは、この親子をひろばで見ているうちに、いくつか気づいたことがありました。Ａくんは言葉を発することがほとんどなく、おもちゃや絵本をだしては散らかしっぱなしでひろば内を動き回り、その片づけのためにＢさんは疲れた様子であとをついて回っていました。

　ひろば内のほかのスタッフやほかの母親たちがＢさんに声をかけても、Ｂさんはあいさつをする程度で、会話がはずむということはありません。さらに、Ａくんは、ときどき興奮してひろばの中を走り回るので、赤ちゃんやよちよち歩きの乳児の安全のために、ひろばのスタッフが気をつかう場面もみられました。

　こうした光景を何度か確認したＣさんは、Ａくんのそばに行き、絵本を読んであげることにしました。そして、2人のそばに近づいてきたＢさんに、「もし、子育てで困っていることや悩んでいることがあれば、いつでも相談してくださいね」と話しかけました。

　まず、この支援員は、これまでの親子の様子をみて、母親の疲労感、母親の孤立感、子どもの言葉の遅れ、子どもの落ち着きのない行動などから、この家庭には「支援のニーズ」があると判断し、自分にいつでも相談するようにと保護者に伝えています。つまり、自分がこのケースを担当するつもりがある（受理）とコミットしているので、アセスメントの段階へとすすむことになります。もちろん、ひろばでの観察によって一定の情報は得ていますが、さらに時間をとって面談を行い、保護者から（可能であれば、家族や関係者からも）多角的な視点から情報を収集し、それを根拠として事実確認をします。その際、往々にして家庭の弱い側面やできない側面に着目しがちですが、**保護者や子どもあるいは家庭の長所（強み）を見極める**ことも重要です。なぜなら、対象者の強みを理解していれば、それが、保護者や家庭が自身の問題を解決していくための力となり得るからです。また、こうした内容は、支援の次の段階である「支援の計画」にも生かすことができます。

　このようにして集めた情報を、対象者を取り巻く環境がどのような状

◆補足
長所（強み）を見極める
こうした態度を「ストレングス（strength）視点に立つ」とよぶ。

206

態にあるのかという観点から、整理してアセスメントシートに記入します。具体的な事項については、第4節「記録の種類と概要」でみていきます。

3. 支援の計画・介入・評価および記録・カンファレンス

1 支援の計画

アセスメントのあとは、すぐに支援を開始せず、アセスメントに基づいて「支援の計画」を立てること（プラニング）が必要です。その理由は、計画がないと、支援者の働きかけがその場の思いつきに流されやすくなってしまうからです。さらに、プラニングが必要な理由がもう一つあります。それは、支援を展開するなかでは、対象者の感情や考え方、あるいは対象者を取り巻く状況が変化することも多く、そうした変化を的確にとらえて対応するためには、計画どおりにすすんでいるかどうか（言い換えれば、目標にきちんとむかっているかどうか）を確認する必要があるからです。プラニングがなされていないと、こうした確認はできません。また、こうした目標に照らして行う**モニタリング***によって、必要に応じて当初の計画を適切に変更することが可能となります。

ここで、第4節で説明する「**バイステック***の7原則」のうちの（1）や（3）を参照してみてください。そこには、支援者の基本的態度として、どの対象者に対しても、それぞれに個別の援助を考える必要があること、支援者は情緒的に対象者に巻き込まれることなく冷静に対処しなくてはならないことが書かれています。こうした態度で臨むためには、何のために支援をするのか、どのような手順で支援を展開するのかを客観的に書き留めておく必要があります。その意味でも、支援の計画を立て、支援の準備をしておくことは必要です。

以上の理由から、「支援の計画」を立てることはきわめて重要なのですが、この段階では、可能な限り対象者である保護者が計画立案に加わることが望まれます（→第4節「バイステックの7原則」の（6）を参照）。

では、どのような事項を計画に盛り込めばよいのでしょうか。計画のなかで主要な要素は、対象者とその家庭がどのような状態にむかうのが望ましいのかを記した「目標」です。この目標は、**短期目標と長期目標**に分けて設定されることが多いようです。目標を設定する際には、アセスメントのときにも重視した「対象者の強み（ストレングス）」に着目して記載すること、さらに、そのストレングスを生かしながら目標を達

✳ 用語解説

モニタリング
支援の展開が目標にむけて計画どおりにすすんでいるかどうかをチェックすること。

👤 人物

バイステック
(Biestek, F. P.)
1914～1994年
アメリカ・イリノイ州で生まれる。司祭であり社会福祉学者（ロヨラ大学教授）であった。1957年の著書『ケースワークの原則』が有名。

✚ 補足

短期目標と長期目標
短期目標は、アセスメント後2～3か月程度経過したころの姿、長期目標は、アセスメント後おおむね1年程度経過したころの姿を記載したものである。ケースによっては、中期目標（半年程度）を設定することもある。

第5章　子育て家庭に対する支援のあり方

成するためには、どのような社会資源（制度やサービス、施設、機関などのフォーマルな資源、家族や近隣の仲間、子育てサークルの仲間などのインフォーマルな資源）を活用する予定なのかも「支援内容」として記載するとよいでしょう。その他の事項も含めて、この支援計画に記載すべき事項については、本節 **3** の「記録・カンファレンス」を参照してください。

2 介入と評価

　計画が決まれば、次の段階は、相談・助言を中心とした本格的な介入（支援）となります。

　介入（支援）は支援の計画に沿ってすすめることが基本ですが、目標にむけて介入が順調にすすんでいるのかどうかをチェックすること、また、一定の期間が過ぎた時点で一連の介入（支援）が効果的であったかどうか（目標が実現されたかどうか）をチェックすることが必要です。どちらのチェックも「**評価***」なのですが、前者をモニタリングといい、後者をエバリュエーションといいます。ここで、モニタリングとエバリュエーションの違いを理解するために、インシデント②と③の2つの事例を比較してみます。

✳ 用語解説
評価
事前評価としてのアセスメント、中間評価としてのモニタリング、事後評価としてのエバリュエーションがある。

インシデント②

　Xさんは、半年ほど利用していた地域子育て支援拠点の専門員に、夫婦仲がよくないこと、夫婦で激しい口論が起きると、子ども（Yちゃん、2歳、未就園）がおびえて、食事をしなくなるので、Yちゃんの成長、発達が遅れるのが心配だと訴えました。そこで専門員は、Yちゃんをよくかわいがってくれる隣市に暮らす祖母に頻繁にXさん宅にきてもらい、夫婦に対して情緒的な支援をすること、必要に応じてYちゃんの世話をすることをXさんと一緒に決めました。夫も納得し、祖母も喜んで協力を始めて1か月ほど経ったころ、Xさんの夫が急に離婚を前提に別居したいと言いだしました。

　このケースにおいて、専門員は、祖母の協力が開始されたあとも、毎週1回は、この家庭の様子を知ることができるようXさんと連絡を取り合っていた（モニタリング）ので、こうした家庭状況の急変を知ることができました。この場合、夫が離婚を切り出した理由も含めて、この1か月間に、何が起きたのかに関する情報を収集し（再度のアセスメント）、その情報に基づいて支援の計画を立て直すことになります。

レッスン 16　子育て家庭に対する支援の展開

インシデント③

　Xさんは、半年ほど利用していた地域子育て支援拠点の専門員に、夫婦仲がよくないこと、夫婦で激しい口論が起きると、子ども（Yちゃん、2歳、未就園）がおびえて、食事をしなくなるので、Yちゃんの成長、発達が遅れるのが心配だと訴えました。そこで専門員は、Yちゃんをよくかわいがってくれる隣市に暮らす祖母に頻繁にXさん宅にきてもらい、夫婦に対して情緒的な支援をすること、必要に応じてYちゃんの世話をすることをXさんと一緒に決めました。夫も納得し、祖母も喜んで協力を始めて1か月半ほど経ったころ、Xさんの元気のない様子に気づいた専門員は、その理由を尋ねたところ、Xさんは「夫が急に離婚を前提に別居したいと言いだした」と打ち明けました。

　このケースにおいて、専門員は、祖母の協力が開始されたあとも、毎週1回はこの家庭の様子を知ることができるようXさんと連絡をとり合っていたので（頻回のモニタリング）、こうした家庭状況の急変をタイミングよく知ることができました。この場合、夫が離婚を切り出した理由も含めて、この1か月間に、この家庭で生じたことの情報を収集し（再度のアセスメント）、その情報に基づいて支援の計画を立て直すことになります。支援は継続するので、エバリュエーションとはなりません。

3　記録・カンファレンス

　支援者は、支援の諸段階で、対象者とそれを取り巻く環境・状況に関するさまざまな情報を収集、記録します。そこで、こうした記録（記入用紙）にはどのようなものがあるのか、その種類と概要を酒井[†1]を参考にしながら、支援の過程（段階）に対応する形で列挙してみます。

▶ **出典**
†1　酒井美和「第1編 第Ⅱ部 第11章　保育の計画・記録・評価」西尾祐吾監修『保育現場で役立つ相談援助・相談支援』晃洋書房、2013年、95-96頁

・基本事項の記録用紙（フェイスシート）：対象者の基本的事項を記入する用紙。記載事項は、「相談日」「対象者（親と子）の氏名」「対象者（親と子）の性別」「対象者（親と子）の年齢」「住所」「家族構成」「生活歴」「職業・経済状況」「相談経路」「相談内容」など。

・事前の評価用紙（アセスメントシート）：支援計画を作成する前段階として、多様な視点から収集した情報を整理・分析した内容を記入する用紙。親と子どもの「身体状況」「精神状況」に加えて、「家族関係」「居住環境」「職場環境」「他者

第 5 章　子育て家庭に対する支援のあり方

　　　　との交流状況」「課題の整理」などの事項を記載する。

・支援計画の記録用紙（プランニングシート）：アセスメント
　シートに記載された情報に基づいて、これから展開する支援
　について検討した内容を記入する用紙。「対象者の主訴」「総
　合的な支援方針」「目標」「支援内容」「支援期間」「支援の担
　当者（連携する支援者も含む）」などを含める。

・経過の記録用紙（プログレスシート）：対象者と支援者との
　関わりを具体的に記入する用紙。この用紙に記載される分量
　は多く、内容も多岐にわたるので、記載すべき事項と記載不
　要な事項との選別も重要である。「支援日時」「支援内容と経
　過／結果」「支援者（連携する支援者も含む）」などの事項を
　記載する。

・中間評価の記録用紙（モニタリングシート）：定期的に支援
　を振り返った（モニタリングをした）結果を検討し、アセス
　メントシートやプランニングシートの内容に変更を加える必
　要があれば、それを記入する用紙。アセスメントシート、プ
　ランニングシート内の事項ごとに、変更か所があれば、再ア
　セスメントシート、再プランニングシートを作成する。

・全体評価の記録用紙（エバリュエーションシート）：支援の
　終結期に、支援過程全体を振り返って総合的に評価した結果
　を記入する用紙。アセスメントやモニタリングは適切であっ
　たかどうか、目標は達成されたのかどうか、支援に効果が
　あったのかどうかを評価した結果を整理する。

　以上が、記録の種類と概要ですが、各種の内容に応じたフォームが決
められているわけではありませんので、支援者が各自工夫することが求
められますが、多様な相談・助言の場で支援者が活用できるフォームを、
参考例として、支援の段階に沿って示しておきます（図表16-1〜16-6）。
　ここまで、支援の各段階に応じた記録の種類とその記載内容や記載形
式（記録用紙のフォーム）について学んできましたが、こうした記録は、
当然のことですが、支援の対象である保護者や子ども、あるいはその家
庭の最善の利益に資することを目的として積み重ねられるものです。そ
こで、酒井[†2]を参照しながら、「記録の意義」と「記録の目的」を整理
します。

▶出典
†2　†1と同じ、94-95
頁

・**記録の意義**：支援の過程で起きたことをすべて記憶しておく

レッスン 16　子育て家庭に対する支援の展開

図表 16-1 基本事項（フェイスシート）

NO.

			相談日　　年　　月　　日（　　）
相談者の氏名	性別	年齢（分かれば）	家族構成・支援者の有無等
会員番号（　　　　　　　　　）	女 ・ 男	歳位	（家族の職業・年齢なども）
連絡先	住所（居住地）		
職業／経済状況	相談経路		
子ども 1　名前	性別	年齢・月齢	所属（保育園・幼稚園など）
	女 ・ 男	年　　　月生 歳　　か月	
子ども 2　名前	性別	年齢・月齢	所属（保育園・幼稚園など）
	女 ・ 男	年　　　月生 歳　　か月	
相談内容および主訴			

記入者（　　　　　　　　　　　　　）

図表 16-2 評価記録（アセスメントシート）

NO.

作成日　　年　　月　　日（　　）

対象となる子どもの様子（身体面・精神面・社会面　等）	家族関係
保護者の様子（身体面・精神面・社会面　等）	居住環境／職場環境
支援の必要性があると思われる理由（いつ、どこで、どのような場面から）	他者との交流状況
課題の整理	
支援の方向性（対象者の強み　活用できる資源　連携すべき機関　配慮事項　等）	

記入者（　　　　　　　　　　　　　）

第 5 章　子育て家庭に対する支援のあり方

図表 16-3 支援計画 (プランニングシート)

NO.

	作成日　　年　　月　　日（　　）
総合的な支援方針	
長期目標　（いつ頃からいつ頃まで）	
短期目標　（いつ頃からいつ頃まで）	

支援計画（具体策）	支援の担当者（連携先の担当者も含む）

記入者（　　　　　　　　　．　）

図表 16-4 支援経過記録 (プログレスシート)

NO.

支援期間　　年　　月　　日 〜　　年　　月　　日

月日	支援内容	経過／結果（次回、留意するべきこと）
		記入者（　　　　　　　）
		記入者（　　　　　　　）
		記入者（　　　　　　　）

212

レッスン16　子育て家庭に対する支援の展開

図表 16-5 評価記録（モニタリングシート）

NO.

| | 作成日 | 年 | 月 | 日（ ） |

これまでの支援内容とその結果の要約

アセスメントシートにおいて変更すべき点

プランニングシートにおいて変更すべき点

記入者（　　　　　　　　）

図表 16-6 評価記録（エバリュエーションシート）

NO.

| | 作成日 | 年 | 月 | 日（ ） |

支援終結までの要約

目標のうち達成されたこと / 達成されなかったこと

支援によって得られた（目標以外の）効果

アセスメント / モニタリングの適切性

記入者（　　　　　　　　）

213

第5章　子育て家庭に対する支援のあり方

ことは難しいので、文字として残す必要がある。記録をみれば、「自分がいつ、どのような関わりをしたかを振り返ること」ができ、「支援が計画に照らしてどの程度すすんでいるのかを把握しながら支援を展開すること」ができる。相談支援において、保護者と子どもへの適切な支援を展開するためには、記録はきわめて重要な役割を担っている。

・**記録の目的**

（1）**情報共有のための記録**：必要に応じて対象者と情報を共有することで、対象者と支援者が一緒に問題解決にむかってすすむことができる。また、相談支援では、一人の支援者だけが関わるのではなく、多職種が関わることもある。関わる支援者間で記録を共有することで、チームアプローチの質も高まる。さらに、主たる担当者が交代するとき、記録は的確な引き継ぎのための貴重な資料となる。

（2）**評価・検討のための記録**：同僚やほかの専門職から自分の支援に関する評価を受けるために、記録を活用できる。また、支援の方向性に迷った場合の検討資料として記録を活用し、他者の多様な視点からの助言を受けることで、新しい気づきを得ることができるとともに、それによって支援者の資質が高まることも期待される。

（3）**調査・研究のための記録**：記録は、支援者が所属する組織の実績になるとともに、その円滑な運営のための資料にもなる。また、自身の所属に限らず、相談支援に関する諸課題を解決するための資料や相談支援に関する研究のための資料として活用できる。

　以上のように、記録は、さまざまな目的に活用できるのですが、対象者から開示を求められたときにはいつでも公開しなくてはなりません。また、記録にはさまざまな個人情報が記されているので、守秘義務を遵守するとともに、記録の保管についても慎重を期する必要があります。

　「記録の目的」の所で述べた内容のうち、「支援のあり方や方向性に関して同僚やほかの専門職から評価や助言を受ける」「相談支援が内包する課題を解決したり、相談支援のあり方を研究したりする」ためには、関係者が一堂に会して、特定のテーマをめぐって話し合うことになります。こうした機会を一般的には「カンファレンス（会議・協議）」といいます。

レッスン16　子育て家庭に対する支援の展開

カンファレンスには、保育・教育施設のなかで実施される「ケース会議」、複数の保育・教育施設のスタッフが共同して開く「研究会」や「研修会」、地域の多様な専門職などの関係者で構成される「**要保護児童対策地域協議会**[*]」など、さまざまなものがありますが、こうした場では、支援者が自分の行ってきた対象者との関わりについて、互いの記した記録をもとにしながら説明し合ったり、意見をだし合ったりします。こうしたカンファレンスの場においても情報を正確に参加者に伝えられるよう、ふだんから記録を重視し、その質を高めておくことが支援者には求められます。

✳ 用語解説
要保護児童対策地域協議会
2004（平成16）年の「児童福祉法」の改正により、虐待を受けた児童などに対する市町村の体制強化を固めるため、関係機関が連携を図り児童虐待などへの対応を行うことを目的として、各自治体に設置されている。

4．相談・助言のための基本的態度と基本的技術

相談を十分に展開させていくための大前提は、支援者と対象者との間の信頼関係です。はじめて相談をする場合は特に、支援者がどのような人なのか、どのように対応してくれるのかなどがわからないため、対象者は緊張したり不安になったりします。対象者に安心感をもってもらい、心を開いて相談してもらうためには、支援者の対象者に対する態度が重要です。こうした基本となる態度の重要性を私たちに教えてくれているのが、ソーシャルワークの分野で著名なバイステックと、カウンセリングの分野で著名なロジャーズです。ここでは、彼らの考え方を紹介したあと、相談・助言に求められる技術について学びます。

1 バイステックによるソーシャルワークのための7つの原則

以下に、バイステックの示した7つの原則をまとめます。

①個別化の原則

相手が抱える課題は、その人独自のものとしてとらえる。以前に経験した事例と似た事例に遭遇しても、それらは別々の人の問題であるので、同じ支援方法が有効とは限らない。一人ひとりの相談を、常に新しい課題・事例としてとらえるような真摯な態度で臨むことが大切である。

②意図的な感情表現の原則

相手が自分の気持ちを率直に表現できるよう、相手が表出する感情などを否定せずに、ありのままに受け止める。

③統制された情緒的関与の原則

相手が抱える課題があまりに深刻で悲惨な場合、支援者は往々にして、その人の感情・意図に巻き込まれたり惑わされたりしやすい。支援者は、

215

常に自分の感情・関わり方を冷静にコントロールするように心がける。

④受容の原則

相手の考えや行動が常識を外れている場合や一般的には望ましくない場合などでも、その考えや意見を否定せず、まずは、あるがままに受け止める。受け止められることで相手は支援者に心を開く可能性がでてくる。

⑤非審判的態度の原則

相手の考えや行動に対して、「それはよくないこと」「間違っている」などといった評価をくださない。つまり、一方的に、支援者自身の道徳観や価値観を相手に押しつけない。

⑥自己決定の原則

相手が解決の方法を自己決定し実際に解決ができれば、それが自信となって、新たな課題にも立ちむかい乗り越えられる可能性が高まる。相手がより望ましい方向へ自分の力でむかっていけるよう、自己決定を尊重するよう心がける。

⑦秘密保持の原則

相談を受けることは、相手のさまざまな個人情報を知り得ることである。相手のプライバシーを守ること、さらに相手との信頼関係を築く意味でも、守秘義務を守らなくてはならない。

以上の原則は、いずれも「保護者とその子どもの最善の利益」につながります。なぜなら、これら7つの原則は、おおむね相談のために支援者のもとを**訪れる対象者のニーズに対応**しているからです。

2 ロジャーズによるカウンセリングのための6つの態度条件

一般に、3つの態度条件として紹介されることがほとんどですが、実際にロジャーズ[*]が提示したのは6つの態度条件です。池田[†3]に従って、それらを書きだしてみます。ここでは、クライエントが対象者（相談者）のことで、セラピストが支援者のことです。

> （1）2人（クライエントとセラピスト）は、心理的な関係にある。
>
> （2）第一の人（クライエント）は、**不一致の状態**にあり、傷つきやすくて不安な気持ちでいる。
>
> （3）第二の人（セラピスト）は、クライエントとの関係のなかで、一致の状態にある、すなわち、（人格的に）統合した状態にある。

◆補足
原則とニードの対応
原則とニードの対応に関する詳細については、山本裕子による論文「『バイスティックの7原則』を現代から考察する」『西南学院大学人間科学論集』9（2）、2014年、167-178頁内の（資料2）を参照されたい。

▣人物
カール・ロジャーズ
（Carl Rogers）
1902～1987年
アメリカ・イリノイ州で生まれる。臨床心理学者。カウンセリングの手法として、来談者中心療法を創始したことで有名。

▶出典
†3 池田久剛『カウンセリングとは何か〈理論編〉』ナカニシヤ出版、2003年、128-129頁

◆補足
不一致の状態
「思い込んでいる自分」と「あるがままの自分」にズレがあること（心理的に不安定）であり、一致の状態とは、この2つの自分にズレがないこと（心理的に安定）である。

（4）セラピストは、クライエントに対して、無条件に肯定的な敬意を払わなくてはならない。

（5）セラピストは、クライエントが活用している内面の拠りどころを共感的にとらえ、そのことをクライエントに伝えようとしなくてはならない。

（6）セラピストが、共感的に理解していること、無条件な肯定的敬意を払っていることが、最低限クライエントに伝わっていなくてはならない。

これらのなかで、「心理的な関係にある」とは、バスの中で偶然乗り合わせるなどとは違い、「相談をする、相談を受ける」といった前提で2人が出会っているという意味です。支援者は、少なくとも面談の場面では安定的な心理状態であること、対象者に敬意を払い対象者の考えに共感することが基本的態度として求められるといえるでしょう。

以上、バイステックおよびロジャーズの考え方を紹介しましたが、こうした原則・態度条件が満たされていれば、支援者は自分を失うことなく冷静な状態で、対象者の存在を共感的に受容することができ、対象者は自分を人格ある一人の人間として受容されているとともに、自分の意思が尊重されていると感じることができます。つまり、このような原則・態度条件によって、対象者である保護者は、支援者に対して信頼を寄せることになります。

3 カウンセリングに求められる技法

ここからは、相談・助言（カウンセリング）を担う支援者に求められる基本的な技法について解説をしていきます。基本的な技法は、具体的な行動として観察可能なコミュニケーションの技法です。この技法について、中山[4]を参照しながら、整理していきます。

まず、カウンセリングに求められるコミュニケーション技法は、対象者との信頼関係のために、支援者が身につけておくべき対人スキルです。そして、その中心は、対象者の表現・表出したことに真摯にむきあい敏感に受け止めること（傾聴）と、表現・表出された意味を確認しながら対象者と分かち合うこと（受容）です。そして、この目的を達するための具体的な技法には、非言語的コミュニケーション技法と言語的コミュニケーション技法があります。

①非言語的コミュニケーション技法

この技法は、言葉以外の手段によるコミュニケーションを有効にカウ

▶**出典**
†4　中山智哉「第4章　相談支援の基礎」太田光洋編著『保育・教育相談支援』建帛社、2016年

第5章　子育て家庭に対する支援のあり方

▶出典
†5　†4と同じ。

ンセリングに活用することです。言い換えれば、体をとおして感情や感覚に訴えるスキルであり、言語によるコミュニケーションと相補的な関係にあると考えていいでしょう。中山[5]は、それらを「表情」「話し方（話す速度、声のトーン）」「相づち、うなずき、視線」「沈黙」に分けて説明しています。

（1）**表情**：これは、互いの感情を理解するうえでも、自分の印象やメッセージを伝え合ううえでも、非常に大きな役割を果たす。表情から、相手がどのような感情状態にあるかを推測する能力、そして、相手にむけて表情をとおして自分の感情や意図を伝える能力は重要である。

（2）**話し方（話す速度、声のトーン）**：ゆったりと安定した速さで話すことは、相手に安心感や落ち着きをもたせる。これは、相手が怒りなどから興奮していたり、緊張感などから早口で話の内容が要領を得なかったりする場合に特に効果がある。また、相手が感情を込めて話しているとき、それに波長（声のトーン）を合わせると、それが共感のサインとして相手に受け止められやすい。

（3）**相づち、うなずき、視線**：支援者がこれらをタイミングよく用いることによって、相手の話をしっかりと聞いている（傾聴）ことが相手に伝わりやすくなる。これが伝われば相手の安心感を高め、それが相手のさらに話そうとする原動力に結びつく。視線を活用する際には、じっと見続けることは避け、ごく自然な形でときどき目を合わせるようにするとよい。

（4）**沈黙**：面談中に沈黙が続くと支援者は焦りがちになり、次々と質問をしたり、無意味な話題を切りだしたりしがちである。しかし、これは、問題の本質に迫ることを妨げてしまう恐れが大きい。**沈黙**は、対象者があれこれと考えをめぐらせたり、考えたことを言葉に置き換えたりしている時間だととらえ、見守ることが大切である。

✚補足
沈黙
対象者が、面談の最初に何をどのように話せばよいかわからない、明らかに答えに窮しているときは、支援者が対話をリードすることも必要である。

▶出典
†6　†4と同じ。

②言語的コミュニケーション技法

　非言語的コミュニケーション技法とあわせて言語的コミュニケーション技法を用いることで、面談（カウンセリング）はより充実したものとなります。それらを、中山[6]は、「繰り返し」「言い換え」「開かれた質問・

218

閉じた質問」「要約」「解釈」という5点に分けて整理しています。

（1）**繰り返し**：これは、相手の言葉を支援者がそのまま繰り返す技法であり、これによって、支援者が相手の話をしっかりと受け止めていることが伝わる。また、繰り返した言葉の語尾を上げる（疑問形にする）ことで、話題になっている内容をさらに詳しく尋ねたり深めたりする効果も期待できる。しかし、相手の言葉を何でもすべて繰り返せばよいわけではなく、どの言葉を繰り返せばよいかは、慎重に選択する必要がある。

（2）**言い換え**：これは、相手の言葉が示している内容を、支援者がその意味を変えずに別の言葉で表現するという技法である。これにより、支援者が相手の言いたいことを十分に理解していることが伝わる。また、言い換えた内容が、対象者が伝えたい内容と「ズレ」ている場合、対象者がそれに関して訂正したり補足したりする機会にもつながる点から、この技法は両者の内容理解に関する確認作業になり得る。

（3）**開かれた質問・閉じた質問**：開かれた質問（「はい」「いいえ」では答えられない、答え方が限定されない質問）は、対象者が自分の気持ちや考えを自らの言葉にすることを促すので、対象者の自分自身の状況に関する気づきを深める機会へとつながる。これに対し、閉じた質問（「はい」「いいえ」で答えられる質問）は、面談をすすめるうえで必要な情報を的確に収集するのに効果的である。しかし、閉じた質問の多用は尋問のような雰囲気につながりやすく、重要な情報が得られなくなる危険性もあることに留意しなくてはならない。

（4）**要約**：これは、相手が話した内容を支援者が「つまり、～ということですね」とまとめて相手に返すという技法である。これは、「言い換え」と似ている。ただし、「言い換え」は対象者の言葉一つひとつを対象とするのに対し、「要約」は対象者によって語られた複数の内容が拡散しているまたは混乱していると支援者が判断したときに、それらを整理するために用いられる。これにより、相談内容の理解と焦点化がすすむとともに、対象者に話の内容

を支援者はよく聞き・理解していることも伝わる。

（5）**解釈**：これは、対象者が抱える悩みや課題の本質を支援者が十分に理解したうえで、対象者に対してわかりやすく説明するという技法であり、相手の現在の問題点に対する気づきや洞察を深めるという効果がある。支援者は、自分が解釈した内容が対象者の新たな気づきや洞察につながったかどうかを常にモニターしておかなくてはならない。

　以上で紹介してきた原則や態度条件およびいくつかの技法は、簡単に身につけられたり、即座に活用できたりするわけではありません。たとえば、ロールプレイングをとおして繰り返し練習をしたり、カウンセリングの専門職から指導を受けたり、日々の自分の実践を振り返ったりして、研鑽を積むことで徐々に身についていきます。

演 習 課 題

①インシデント①を読んで、この家庭にはどのような「支援のニーズ」があるのか、具体的に書きだしてみましょう。
②インシデント②と③のモニタリングのあり方を、グループで話し合って評価してみましょう。
③ロジャーズのカウンセリングにおける6つの態度条件にでてきた、一致の状態、不一致の状態について、もう少し詳しく調べてみましょう。

レッスン**17**
....

子育て家庭に対する支援の実際

本書レッスン6にもふれていますが、保育者は、特別なニーズをもっている家庭、特別な配慮が必要な家庭に対して支援していく役割が求められています。本レッスンでは、保育者の専門性を生かした保育相談支援の技術を意識的に使って保護者支援を行う方法を、実際の事例をとおして学びましょう。

1．はじめに

1 保育者が行う子育て家庭への支援とは何か

　保護者支援はカウンセラーやソーシャルワーカーによって行われることもありますが、保育者も保護者支援を行います。しかし、保育者による支援は、教育・保育施設以外でほかの専門職が行う支援とは少し異なります。保育者は日々の子どもと保護者の遊びや生活などを注意深く観察しながら「今、子どもと保護者に必要な援助は何か」を把握します。そのうえで、毎日の保育のなかで、発達援助や生活援助、子どもとの関係構築、保育環境の構成、遊びの展開などの保育技術を活用して、子どもと保護者に直接的・間接的な援助を行います。こうした保育者の専門性を生かした子育て家庭への支援の中心が「保育相談支援」です。

2 保育ソーシャルワークとは何か

　しかし、上述した支援だけでは障害のある子どもの支援や特別な配慮を必要とする家庭への支援としては不十分な場合があります。家庭全体に対する**アセスメント**[*]や関係機関に対するつなぎなどといった「保育ソーシャルワーク」の専門性が必要になる場合もあります。保育者の行うソーシャルワークは、単に保護者に保健師や子育てサークルなどを紹介することではありません。それは、保護者自身が必要に応じて社会資源を活用しながら子育てができるようになるきっかけを提供すること、また子どもの就学を見据えながらその後も適宜連絡調整を行っていくことです。

⊕ **用語解説**
アセスメント
事前評価、査定のこと。

221

2. 障害のある子どもおよび家庭に対する支援の実際

ここで取り上げるのは、0歳のときから保育所に入所している子どもで、1歳6か月児健康診査で「自閉スペクトラム症*の傾向あり」とされた男児とその家庭に対する保育所による支援の事例です。

1 事例の概要

①家族構成
父親　28歳（IT関連企業の研究職）
母親　25歳（大手企業の事務職）
本児P　男児　1歳8か月

事例は、家族3人ですが、サポートしてくれる親族も把握しておく必要があるため、保育所で聞きとった情報から、家族を取り巻く状況をジェノグラム*（図表17-1）で表しています。こうすることで、誰が家族のキーパーソンとなるかを確認することができます。

②保育所での様子
Pくんは、母親の産後・育児休暇後の生後6か月から、当保育所に入所しました。入所当時より、人工乳をよく飲みよく寝る手のかからない赤ちゃんでした。朝8時に父親がベビーカーで送ってきて、夕方5時半に母親が迎えにきます。週1回は両親とも会議などで遅くなるため、近隣に住む母親の妹が迎えにきます。

保育所にはお気に入りのベビーベッドがあり、Pくんはそこで一人でゴロゴロしながら過ごしています。保育士が抱っこしてフロアに座ると、

図表 17-1 ジェノグラム

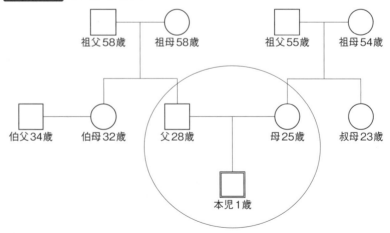

＊用語解説
自閉スペクトラム症
自閉症・アスペルガー症候群・特定不能の広汎性発達障害など、自閉症の特性を示す一群の発達障害を、重度から軽度まで境界のあいまいな、連続した一つの障害としてとらえる考え方。1980年代に、イギリスの児童精神科医のローナ・ウィングが提唱したもので、これにより自閉概念の拡大が図られた。

＊用語解説
ジェノグラム
3世代以上の家族の人間関係を図式化したもの。基本的な書き方として、男性は四角、女性は丸、年齢は図形の中か図形の下に書き入れる。関係性の理解を深めたい対象＝子どもを本児とよび二重線で表記する。図形を黒く塗りつぶす、またバツ印を書き入れることで死亡を表す。婚姻関係は図形同士を実線で結ぶ。子どもがいる場合は、結婚を表す線の下にぶら下げて書く。離婚は結婚線を斜めの二重線で区切る。生活をともにしている家族同士は、丸で囲む。このようにして、支援者は家族の関係性に関する理解を深めることができる。

レッスン 17　子育て家庭に対する支援の実際

反り返って嫌がり、まわりの子どもたちがハイハイするのを不思議そうに見ています。

　ほとんど動くことのなかったPくんは、11か月のときベビーベッドの柵につかまり立ちしたかと思うとあっという間につたい歩きを始め、自分の興味のあるものの方へ突進していくようになりました。特に丸い形が好きで、玉落としの玩具で集中してよく遊びます。

　離乳食が始まると、何でも嫌がらずに食べました。生まれ月は遅い方ですが、体は大きく体力のある赤ちゃんでした。

　1歳児クラスになり、10人を3人の保育士が担当することになりましたが、相変わらず人から構われることを好まず、一人で行きたいところへ突進していきます。まわりの子どもとぶつかったり、まわりの子を押しのけたりするので、けがをしないように制止しなければならない状況が増えました。言葉はでてくることはなく、行動を止められるとキイキイ奇声をあげて頭突きするので、保育士が一人Pくんについて回るという体制をとり、クラスのなかで「気になる子ども」とされていました。

③相談までの経緯

　保育所の運動会が終わったころに、Pくんは保健センターの1歳6か月児健康診査を受けました。そのときに、意味のある言葉がでていなかったこと、「積木を積んでごらん」という指示が聞けず走り回っていたことで、付き添いの母親は、保健師から個別の相談を受けるようにすすめられました。その場で、運動会のとき、まったくクラスの子どもたちと同じように並べずに一人保育士に抱っこされ、親子遊びも母親にしがみつくばかりで楽しめなかったということを話したところ、相談の小児科医から「自閉スペクトラム症の可能性があるかもしれない」と言われ、個別の療育を受けるようにすすめられたそうです。障害について、両親はインターネットで調べたところ、確かにPくんの行動にあてはまることがいくつかあり、どうしたらよいものかと悩んだようです。

　運動会後、Pくんの様子をみた保護者が気にしているのではないかと考えた保育士も、個別に話をする機会を探っていました。タイミングよく、母親からの相談を受けたので、夕方仕事を早めに切り上げた両親と、所長、主任、クラス担当の保育士の5名で話し合う時間を設定することになりました。

2 援助の過程

①両親との話し合い

　当日、沈んだ表情の両親に、所長は「忙しい時間を調整して、よく会

◆ 補足
保護者を援助する技術
保護者を援助する技術は、カウンセリングやソーシャルワークなどほかの援助技術から援用した技術と保育のなかで培われた技術とがある。前者は、支持・承認・解説・情報提供で、後者は、環境構成・行動見本の提示や体験の提供などである。保護者の支援においては「相談」や「助言」という言葉がよく用いられるが、実際には「助言」と表現される行為のなかに「情報提供」や「解説」「承認」が含まれていることが多い。事例のなかで、保育所側の言葉かけに注目して、どのような技術が用いられているか整理してみよう（柏女霊峰監修・編著「保護者支援スキルアップ講座」ひかりのくに、2010年、20-21頁）。

223

に出席してくれましたね」と優しく言葉をかけました。そして、「うちで1年お世話しているPくんですから、私たちと一緒にこれからどのようにしていけばよいか考えましょう」と横並びの姿勢を示しました。同席している保育士の優しい笑顔と真剣なまなざしに、両親も少し安堵の表情を浮かべました。そして、最近のPくんの様子について、母親が堰^{せき}を切ったように話し始めました。

赤ちゃんのときは、まったく手のかからないPくんでしたが、最近は家の中でも高い棚の上に上がろうとしたり、何でも食べていた離乳食を嫌がり哺乳瓶でミルクを飲みたがったり、お風呂を嫌がり大泣きして暴れ、それで目がさえるのか夜も寝なくなって、両親は睡眠不足気味とのことでした。外でもうろうろ自分勝手に行ってしまうので、ベビーカーに乗せて買い物するしかない状況でした。また、2～3日前から家の玄関から入るのを嫌がって大暴れするので、今は母方の実家に泊まっているとのことでした。父親が、「これが自閉スペクトラム症の**こだわり**[*]と**パニック**[*]というものでしょうか」と自分なりに調べた症状のことを話し、「今後、家族はどうなっていくのか、自分は家族を支えていくが、どうしたらよいかわからない」と不安を訴えられました。

両親の話を聞いた保育士は、「このような状況のなか、今日までよくがんばってこられましたね」と思わず母親の肩に手をかけました。母親は泣きながら「それでもPのあどけない寝顔を見るとかわいくて。私が仕事を優先し過ぎたせいではないか」と自責の念に駆られているようでした。「母親の育て方で自閉スペクトラム症になることはないと思いますよ。また、今が一番しんどいときです。保育所にも同じ診断を受けた子どもたちがいますが、最初は大変なときもありましたが、どの子も落ち着いてきていますよ」と、主任が少し先の発達を見通した話を伝え、過去よりもこれから先に両親の気持ちが向くようにしていきました。

最後に保育所として、「障害については両親と一緒に学びながら接し方を工夫していく。そのためにまずは、すすめられた個別療育を始めることと、母方の実家にも協力を仰ぎ、両親の生活リズムが大きく狂わないようにしていくこと」の2点を確認しました。

②**個別の支援計画の作成**

話し合いのあと、保育所でのPくんのできることと困っていることを整理し、個別の支援計画（図表17-2）を作成することにしました。家庭生活に比べ、保育所のパターン化された生活リズムは、Pくんにとって受け入れやすいようで、入所当時から使っていたベビーベッドでお昼寝はできており、給食にだされたご飯やおかずはほぼ口に入れることは

✳ 用語解説

こだわり

限られたものや行動、習慣にこだわり、同じことを何度も飽きずに繰り返したり、同じ遊びを繰り返したりすること。同じ日課・同じ食べ物・同じ道順など、決まった行動や興味のあるものにこだわりを示すことが自閉スペクトラム症では見られることがある。

パニック

自閉スペクトラム症では、自分の気持ちをうまく表現できないために、欲求が高まったり、慣れていないことをしたり、予定どおりにものごとが進まなかったりした時、混乱してパニック状態になる場合がある。自分の頭を壁などにぶつけたり、髪の毛を引っ張ったりという自傷行為などが見られることもある。

できていることがわかりました。「だめ」と行動を制止すると、自傷行
為がでたり大泣きして不安定になったりするので、保育士もできるだけ
禁止の言葉を使わずに、「～しよう」と促す言葉かけをすること、昼間
にしっかり外遊びをすることで、夜の睡眠のリズムが整えられるように
することなどを確認しました。家庭への支援として、両親に「一緒に乗
り切りましょう」という励ましとともに、「『のぼっていいよ』とはしご
を見せたら、『えっ、いいの？』って顔で私を見返したんですよ、可愛かっ

図表 17-2 Pくんの個別の指導計画（2歳児のとき）

作成年月日（　　　　　）　記入者（　　　　　）　○保育所　担当保育士○○

名前	P	住所			
生年月日		連絡先			
家族構成	父：28歳（IT企業の研究職） 母：25歳（大手企業の事務職）				
障害の状況	1歳半健診時　自閉スペクトラム症の可能性を示唆される				
療育手帳	有（　　年　月交付）・無				
関係機関との連絡情報 ・支援ネットワーク	教育機関	福祉機関	医療機関	地域活動	その他
	A療育園 （週1回：水曜日）	保健センター （担当：B保健師 Cケースワーカー）	D総合病院小児科 （主治医：E医師）		
諸検査の記録	脳波検査は異常なし				
家庭生活	・好き嫌いが激しい（家では哺乳瓶でミルクしか飲まない） ・お風呂に入るのを嫌がる ・就寝時間が遅い				
園での生活	・給食では、ムラがあるが、軟飯とみそ汁、肉団子は食べる ・手洗いや顔拭きは嫌がる ・いつものベビーベッドであれば1時間程度の午睡はする				
遊び	・壁にとり付けたおもちゃのハンドルを回すのが好き ・「ぞうくんのさんぽ」の大型絵本が好きで、「バシャーン」の場面を保育士が読むと笑う ・保育室の窓際の棚の上にのぼりたがる（窓から通りを走る車を見る） ・園庭では、柵に沿って溝蓋の上を歩いたり、すべり台の上にのぼりたがる				
その他の行動の特徴	・他の子どもを意識せずに行動するので、衝突や突き飛ばしに注意が必要 ・行動を制止すると、キイキイ奇声をあげ、頭突きする				
本児および家族の願い	・夜しっかり寝てほしい ・親や保育士と楽しく関わることができるようになってほしい				
1年間の目標	・生活リズムを整え、夜の睡眠時間が長くなるようにする ・規制を減らし、本児の好きな遊びを十分に楽しませる				
支援の内容	・保育所の生活リズムは変えないが、昼寝は1時間以内とする ・午前・午後には1回ずつ外遊びの時間を確保し、保育士がついて本児が自由に動けるよう見守る ・本児の好きなはしご遊びや気に入った絵本の読み聞かせを行い、「もう1回」の要求を引きだす				
評価	・リビングのソファーの上では眠るようになった ・好きなように動き回るが、保育士がついてくるか確認する様子がみられる ・絵本の読み聞かせを「もっかい」と言葉で言えるようになった				

評価年月日（　　　　　）　記入者（　　　　　）

第 5 章　子育て家庭に対する支援のあり方

◆補足

自閉症特有の感覚の過敏さ

感覚の過敏（触られるのが嫌、長袖シャツが着られない、大きい音が怖い、高いところにのぼることや頭より高い位置に手を伸ばすことが怖いなど）があり、そのためにイライラ・パニック・耳ふさぎ・その場から逃げだすなどの行動が生じやすい。

✳用語解説

感覚統合

アメリカの作業療法士のエアーズ（Ayres, A.J.）がまとめたもので、LDや自閉症を含めた発達障害のある子どもを対象としたリハビリテーションの一つ。

構造化

雑多な情報のなかで、子どもが必要としている情報のみに注意をむけさせ、それ以外の情報は与えないようにする方法。具体的には、掲示物や棚の置き物が目に入らないようにカーテンで覆ったり、周囲をついたてで囲ったりする。また、室内に仕切りをつくり、学習や食事、読書の場と目的に応じた場所づくりを行い、子どもが安心して活動できるように工夫すること。

作業療法士（略称：OT）

医療従事者の一員。理学療法士（PT）、言語聴覚士（ST）、視能訓練士（ORT）とともに、リハビリテーション職と称されるもののうちの一つ。厚生労働大臣の免許を受けて、「作業療法士」の名称を用いて、医師の指示のもとに、「作業療法」を行うことを業とする者をいう。

た」などとPくんのかわいさを伝えるようにしていきました。

③関係機関との連携

　両親との話し合いのあと、保育所から保健センターに連絡をとり、話し合いの経過を説明したうえで、再度面接した小児科医から両親に自閉症スペクトラム症についての話をしていただきました。両親は、「育て方のせいではないこと、**自閉症特有の感覚の過敏さがあること**」の説明を受け、納得したようでした。

　また、1か月後には、小児科医から紹介された個別の療育にも週1回通うことになりました。療育の送迎は、母親の妹がしてくれることになり、両親は療育の様子をビデオ映像と記録ノートで伝えてもらうようにしていました。

　そこでは、**感覚統合***を中心とした遊びの指導が、**構造化***された場所で行われていました。訓練の様子を保育士が参観に行ったとき、Pくんは体の固さがとれ、大きなセラピーボールにゆったりと身を任せ、**作業療法士***に揺らしてもらうのを楽しんでいました。もう1回してほしいときには、指を1本立てる、「おしまい」のカードを渡されると違う色のじゅうたんのところに行き、「ブロック」のカードをもらってブロック遊びを始めるなど、Pくんにわかりやすいルールの示し方がされており、保育所でもさっそくそうしたコミュニケーションのとり方を取り入れることにしました。

3　事例の振り返り

　3歳になったPくんは、少しずつ「開けて」などの要求を自分の言葉で伝えられるようになっています。家庭での偏食については、意外なことにテレビでおいしそうに食べているのを見て、口にできる食材が増えたそうです。感覚統合の遊びをヒントに、土日は父親がしっかり外遊びに取り組みました。土曜の昼下がり、ペダルのない2輪車にまたがって公園で思いっきり走っているPくんの生き生きした姿がみられました。

　個別の支援計画のなかには、3歳から友だちとの交流ができるように、お店屋さんごっこのようなパターンのあるやりとり遊びを取り入れるようにしました。日常生活のなかでも、買い物時に母親がついて、ほしいものとお金を自分で「ください」とレジで渡し、シールを貼ってもらい「ありがとう」という練習にも取り組んでもらいました。

　こうして、家庭と保育所が一枚岩となってPくんへの関わりを続け、Pくんなりの成長を確認していくことで、両親も最初の不安が薄れて、Pくんの子育てに手ごたえを感じられるようになりました。

3. 特別な配慮を要する子どもおよび家庭に対する支援の実際

　中華街のあるK市には、外国籍の家族が多く居住しています。中華同文やカナディアンスクールなど、それぞれの国出身の子どもたちが、母国語で学ぶことのできる教育施設もありますが、地域の幼稚園や保育所に子どもを入園させる家庭も少なくありません。本事例は、中華街に店を構える兄夫婦を頼って、中国から留学してきた両親とその子どもQちゃんが、幼稚園で受け入れられていく過程です。

1 事例の概要

①家族構成
父親　32歳（大学院生、土日は兄の店でアルバイト）
母親　32歳（大学の研究職）週2日勤務
本児Q　女児　4歳10か月（年中組4歳児クラス）

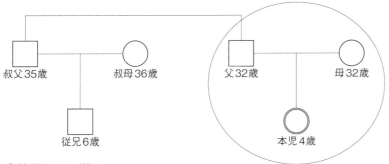

②幼稚園での様子
　年中組の秋から途中入園してきたQちゃんは、母親と同様に、日本語をほとんど話せませんでした。入園の手続きなどは、日本語が話せる父親が付き添い、2年間に必要な書類や持ち物の準備などの説明も母親に通訳し、何とか2学期の始業式までに間に合わせることができました。
　Qちゃんは、クラスでは、「よろしく」と父親に教えられたたどたどしい日本語であいさつはしましたが、表情は固く不安げでした。担任の幼稚園教諭は、「中国語では、『謝謝』っていうのよ」とクラスの子どもたちに中国語であいさつの言葉を教え、子どもたちが口々に「謝謝」と言うと、少しだけ笑ってくれました。
　園生活では、言葉でのやりとりは難しいものの、見てわかる生活面である手を洗う、トイレの使用、食事の準備や片づけ、持ち物の始末や着替えなどでは困ることはありませんでした。Qちゃんは、ほかの子どもたちがすることをよく見て理解しスムーズにこなしていました。

第5章　子育て家庭に対する支援のあり方

　2学期には、運動会や音楽会があり、同じ遊びの繰り返しが多いこともQちゃんにとっては理解しやすかったようで、玉入れや綱引きなどにも楽しく取り組んでいました。

③トラブルの発生

　園生活に慣れるに従い、家庭生活ではほとんど家に父親がいないうえ、母親も慣れない仕事に疲れているせいか、一人遊びの時間が増えたQちゃんは、園では声高にはしゃぎ回る様子がみられるようになりました。

　そのようなとき、ちょうど11月生まれのQちゃんは、お誕生会でほかの子どもたちと並んで、「大きくなったら何になりたいか」ということを話しました。TVのキャラクターのようになりたいということで、大きく足を振り回してポーズを決めようとしたときに隣の男の子をけって転ばせてしまいました。悪気はないのは見ている誰もがわかったので、Qちゃんを叱る人はなく、男の子に「大丈夫？」と司会の幼稚園教諭が声をかけ、男の子も立ち上がったのでそのまま会をすすめようとしたときです。誕生会に参加していたQちゃんの母親がとても怖い顔をして、壇上に詰め寄り、Qちゃんの足をビシッと叩き、中国語で声高にQちゃんを叱ったのです。皆があっけにとられているなか、Qちゃんの手を引っ張って、母親は家に連れて帰ってしまいました。

　そして、娘に恥をかかせたということで、園の対応にも不信感をもったとのことが、その後、父親から園への抗議の電話からわかりました。このあと、園と両親で話し合いの時間をもつことになりました。

2　援助の過程

①両親との話し合い

　両親と園長、主任、担任教諭の5名で集まり、まずはせっかくの誕生会で楽しみにこられた母親に不快な思いをさせてしまったことを幼稚園側が謝りました。また、Qちゃんが自然にクラスになじんでいったことに安心して、園での遊びの見方やQちゃんの友だちとの関わり方について、家庭に十分説明できていなかった点も謝罪しました。

　母親も、幼稚園生活で覚えた日本語で父親に話すQちゃんの様子をみて、母親一人が取り残されたような気持ちになっていたことを正直に語ってくれました。母親が「さびしい」「一人ぼっち」とたどたどしく伝える日本語には、母親の今の気持ちが込められていたことに、担任教諭は自分がしっかりと母親とむき合っていなかったことを反省しました。そして、Qちゃん親子と園内のほかの親子との関係づくりを援助してい

228

きたいと考えました。「お母さんも一緒にバザーのお手伝いをしてもらえませんか」と主任も母親に誘いかけをしました。出品する品物を仕分けて並べ、値札をつける仕事です。パソコンの得意な母親には、品物の入力をしてもらおうと考えたのです。

　ちょうど話し合いの途中に、バザーの役員が園長に確認したいことがあると連絡してきました。そこで、両親に紹介してよいか確認したところ、母親もやってみたいということで、役員に引き合わせることになりました。その役員は英語が堪能で、母親と英語でやりとりをすることができました。

②園での取り組み

　母親は、「Qちゃんを叩いてでもきちんとした礼儀作法を身につけさせたい」という願いをもっていることを受け止めつつ、「体罰に拠らずに子ども自身にふるまい方を考えさせ、自分でコントロールできるようになる」ことを目指している園の教育方針を説明し、子ども同士の話し合いの場面や、音楽会にむけ自分たちのクラスのがんばったところを伝えるアナウンスの練習風景なども意識して見てもらうようにしました。この時期になると、Qちゃんの日本語はますます流暢になり、「私たちは、サンタさんにこの歌を届けたいと思います。聞いてください」と音楽会本番に、クラス代表のあいさつをすることができました。姿勢を正し、きちんと一礼してマイクの前に立つQちゃんの様子に、両親は目を細めていました。

③保護者同士のつながり

　母親も、バザーの手伝いをするなかで、「湯のみ」「そうめん」などの言葉をパソコンで入力しながら日本語を覚えていきました。特に英語の話せる役員の親子と意気投合して、休日になると、お互いの家を行き来するようになっていました。そこから、母親の交友関係が広がっていったようです。

３　事例の振り返り

　Qちゃんの家庭支援をとおして、担任教諭は自分一人で何とかしようと考えた半面、言葉の壁を感じて積極的にコミュニケーションをとろうとしなかったことに気がつきました。母親の気持ちに寄り添い、その願いに耳を傾けることの難しさを知ることは、保育者が気負い過ぎないために重要なことです。保育者にとってのソーシャルワークは、このように自分だけで抱え込むのではなく、家庭での子育てを支えるために、人やものやサービスに対象となる子どもや保護者をつなぎ、助け合える関

第5章　子育て家庭に対する支援のあり方

✸ 用語解説
リソース
資源、財源。人間の生活や産業などの諸活動に利用される原材料。観光資源のような物的資源とスクールサポーターのような人的資源がある。

◆ 補足
家庭支援の理念
山縣文治は、「家庭支援の理念」として、以下の5点をあげている。①子どもへの適切な関心を高める②子どもと親が育ち合う関係を育てる③一人ひとりの生きる力を培う④地域とつながり地域の一員となる力を育む⑤まちをつくっていく基盤を固める（橋本真紀・山縣文治編『よくわかる家庭支援論』ミネルヴァ書房）。

係を構築することにあります。

　今回の事例では、母親からの強い発信を受けて、園側がサポート体制を構築しました。活用した**リソース**＊は、幼稚園内の行事でした。保育者は、きっかけづくり、場の提供などの後方からのサポートを行いました。また、バザーの準備には作業が含まれており、言葉だけのやりとりだけではないのでQちゃんの母親にとっても参加しやすい活動だったといえます。Qちゃんの母親を活動に導いてくれた役員の存在も大きかったのですが、日ごろから園がいろいろな人に園の活動に協力を求め、自然に助け合う雰囲気をつくり上げていた成果であるともいえます。「やってみませんか」という誘い方は、保護者自身の意思を確認する大切なポイントで、ソーシャルワークでは「自己決定の尊重」という基本姿勢の一つにあたります。

4　まとめ

　2つの事例をとおして理解できたと思いますが、保育者は特別なニーズをもつ子どもや親に対して、日ごろの保育や園全体の協力体制での取り組みをとおして支援し、関係機関と親子のつなぎ手としての役割を果たすことが重要です。

　このように、子育て家庭に対する支援は、保育者が「親も子も、地域も育てる」という**理念**をもって取り組むことが求められているのです。家庭支援の真の目標は、一人ひとりの子どもの健全な育ちの保障であり、親の育ちの熟成であり、親子関係への調整であり、子育てネットワークの構築にあるといえるでしょう。

演 習 課 題

①保育者が地域や家庭の実態をとらえるためには、どのようなことが必要でしょうか。まわりの人と話し合ってみましょう。

②特別な配慮を必要とする家庭は、虐待や障害、外国籍家庭だけではありません。ひとり親家庭やステップファミリー（再婚家庭）なども、特別な援助を必要とします。また、転職や介護など家庭状況の変化も関係してくるでしょう。それぞれの家庭の生活の不安はどのようなものがあるか想像してみましょう。

③泣きながら登園してきた子どもの保護者から、降園時「今日はどうでしたか」と聞かれたらどのように答えたらよいでしょうか。「大丈夫

でしたよ」の一言では保護者は安心できません。自分ならどのように答えるか、具体的に考えてみましょう。

参考文献···

レッスン16

倉石哲也・大竹智編著『相談援助』ミネルヴァ書房　2017年

澤田瑞也・吉田圭吾編『キーワードで学ぶカウンセリング　面接のツボ』世界思想社
　　1999年

レッスン17

上野一彦監修『ユーキャンの発達障害の子の保育　さいしょの1冊』ユーキャン学び
　　出版　2013年

子育て支援コンピテンシー研究会編著『育つ・つながる子育て支援——具体的な技
　　術・態度を身につける32のリスト』チャイルド本社　2009年

竹田契一監修『保育における特別支援』日本文化科学社　2013年

おすすめの一冊

柏女霊峰編著『保護者支援スキルアップ講座』ひかりのくに　2010年

　　保育者がふだん何気なく行っていることを意識して保育者の「専門性」を高めるヒント
　　が書いてある本である。保育のなかでよくある場面をイメージしながら読んで
　　みよう。

さくいん

●かな

あ

アイスブレイク・・・・・・・・・・・・・・ 170
アウトリーチ ・・・・・・・・・・・・・・ 98
アウトリーチ活動 ・・・・・・・・・・ 159
アクティブラーニング ・・・・・・・ 62
預かり保育 ・・・・・・・・・・・ 52,57
アセスメント ・・・・・・・・・・・・・ 221
新しい少子化対策について ・・・・ 22
アボリジニ ・・・・・・・・・・・・・・・ 149
アンガーマネジメント ・・・・・・・ 170

い

育児休業取得率・・・・・・・・・・・・ 12
育児休業制度・・・・・・・・ 183,187
育児不安・・・・・・・・・・・・・・・・ 14
育成支援・・・・・・・・・・・・・・・ 111
１号認定 ・・・・・・・・・・・・・・・ 72
1.57ショック ・・・・・・・・・・ 6,16
一般社会拠出金・・・・・・・・・・ 189
依頼会員・・・・・・・・・・・・・・・ 115

う

ウェルビーイング ・・・・ 101,160,205

え

駅型保育試行事業・・・・・・・・・・ 18
エコロジカル ・・・・・・・・・・・・ 134
エデュケア・・・・・・・・・・・・・・ 177
Ｍ字カーブ ・・・・・・・・・・・・・ 187
エンゼルプラン ・・・・・・・・・ 16,92
エンパワメント ・・・・・・・・・・・ 90

お

オケージョナルケアセンター ・・・・ 147
親付き添い手当 ・・・・・・・・・・・ 191
親であること ・・・・・・・・・・・・ 173
親保育所・・・・・・・・・・・・・・・ 193
オリニチブ・・・・・・・・・・・・・・ 133

か

外傷後ストレス障害・・・・・・・・・ 83
学前教育・・・・・・・・・・・・・・・ 135
可処分所得・・・・・・・・・・・・・・ 10
数え年・・・・・・・・・・・・・・・・ 133
家族係数・・・・・・・・・・・・・・・ 198
家族形態・・・・・・・・・・・・・・・・ 4
学校教育法・・・・・・・・・・・・・・ 57

家庭外ケア ・・・・・・・・・・・・・ 179
家庭型個別保育・・・・・・・・・・ 194
家庭型保育・・・・・・・・・・・・・ 159
家庭的保育・・・・・・・・・・・・・・ 35
家庭養護・・・・・・・・・・・・・・・ 81
感覚統合・・・・・・・・・・・・・・・ 226

き

キウイハズバンド ・・・・・・・・・・ 154
機会費用・・・・・・・・・・・・・・・ 190
企業保育所・・・・・・・・・・・・・ 193
虐待・・・・・・・・・・・・・・・・・ 82
虐待の種類・・・・・・・・・・・・・・ 82
教育・保育給付・・・・・・・・・・・ 31
教育優先地区・・・・・・・・・・・・ 197
協力会員・・・・・・・・・・・・・・・ 115
居宅訪問型保育・・・・・・・・・・・ 35
緊急保育対策等５か年事業 ・・ 17
近隣関係の希薄化・・・・・・・・・・ 6

け

ケア労働 ・・・・・・・・・・・・・・・・ 2
ケベック親保険制度 ・・・・・・・・ 162
現金給付（児童手当）・・・・・・・・ 31
言語的コミュニケーション技法
・・・・・・・・・・・・・・・・・・・・ 218
現物給付（教育・保育給付）・・ 31

こ

合計特殊出生率・・・・・・ 7,16,186
構造化・・・・・・・・・・・・・・・・ 226
コーナー遊び・・・・・・・・・・・・ 177
国際養子縁組・・・・・・・・・・・・ 172
子育てサークル・・・・・・・・・・・ 117
子育てサロン・・・・・・・・・・・・ 117
子育て支援・・・・・・・・・・・・・・ 70
子育て支援員研修・・・・・・・・・ 111
子育て支援総合コーディネート事業
・・・・・・・・・・・・・・・・・・・・ 21
子育て短期支援事業・・・・・・・・ 84
子育ての外注化・・・・・・・・・・・ 25
子育ての社会化・・・・・・・・・・・ 17
子育て広場0123吉祥寺・・・・・ 90
こだわり・・・・・・・・・・・・・・・ 224
子どもオンブズマン ・・・・・・・・ 174
子ども・子育て応援プラン ・・・・ 24
子ども・子育て関連3法・・・・ 29,30

子ども・子育て支援新制度
・・・・・・・・・・・・・・・・・ 43,67
子ども・子育て支援法 ・・・・ 30,106
子ども・子育て支援法及び就学前
の子どもに関する教育、保育等の
総合的な提供の推進に関する法
律の一部を改正する法律の施行
に伴う関係法律の整備等に関す
る法律 ・・・・・・・・・・・・・・・ 30
子ども・子育てビジョン ・・・・・・・ 26
子どものための給付 ・・・・・・・・ 31
子どもの貧困率・・・・・・・・・・・ 77
コハンガ・レオ ・・・・・・・・・・・ 151
婚外子・・・・・・・・・・・・・・・・・ 8
根拠法 ・・・・・・・・・・・・・・・・ 42
コンタクトパーソン ・・・・・・・・・ 180

さ

在宅サービス・・・・・・・・・・・・ 179
作業療法士・・・・・・・・・・・・・ 226
サムボ・・・・・・・・・・・・・・・・ 172
産業別就業者構成割合・・・・・・・ 2
３号認定 ・・・・・・・・・・・・・・・ 72

し

ジェノグラム ・・・・・・・・・・・・ 222
支援（サポート）・・・・・・・・・・・ 48
支援計画・・・・・・・・・・・・・・・ 224
ジェンダー ・・・・・・・・・・・・・ 149
支援のニーズ ・・・・・・・・・・・・ 204
支援の始まり ・・・・・・・・・・・・ 205
事業所内保育・・・・・・・・・・・・ 35
仕事・子育て両立支援事業 ・・ 31
次世代育成支援対策推進法
・・・・・・・・・・・・・・・・ 21,104
施設型給付・・・・・・・・・・・・・ 32
施設型集団保育・・・・・・・・・・ 193
施設養護・・・・・・・・・・・・・・・ 81
自宅保育・・・・・・・・・・・・・・・ 195
指定管理者・・・・・・・・・・・・・ 100
児童家庭支援センター ・・・・・・・ 85
児童館・・・・・・・・・・・・・・・・ 120
児童相談所・・・・・・・・・・・・・ 82
児童手当・・・・・・・・・・・・・・・ 31
児童の権利に関する条約 ・・・・・ 71
児童福祉施設・・・・・・・・・・・・ 42

さくいん

児童福祉法・・・・・・・・・・・・・ 42
児童養護施設・・・・・・・・・・・・ 80
児童養護施設の形態・・・・・・・・ 81
児童養護施設の職員配置・・・・ 84
自閉スペクトラム症・・・・・・・・ 222
社会サービス法・・・・・・・・・・・ 174
社会的養護・・・・・・・・・・・・・・ 80
社会的養護の施設・・・・・・・・・ 80
社会保障制度・・・・・・・・・・・・ 184
就学前の子どもに関する教育、保育
　　等の総合的な提供の推進に関す
　　る法律の一部を改正する法律 30
准保育士・・・・・・・・・・・・・・・ 193
小１の壁 ・・・・・・・・・・・・・・ 102
障害児教育手当・・・・・・・・・・・ 191
生涯未婚率・・・・・・・・・・・・・・ 8
小規模な施設・・・・・・・・・・・・ 179
小規模保育・・・・・・・・・・・・・・ 35
小皇帝・・・・・・・・・・・・・・・・ 130
少子化・・・・・・・・・・・・・・・・ 6
少子化社会対策大綱・・・・・・・・ 22
ショートステイ事業・・・・・・・・・ 85
新エンゼルプラン・・・・・・・・・・ 19
新学期手当・・・・・・・・・・・・・・ 192
人口置換水準・・・・・・・・・・・ 7, 186
人種差別撤廃・・・・・・・・・・・・ 157
人性教育・・・・・・・・・・・・・・・ 134

す
ステークホルダー・・・・・・・・・・・ 100

せ
性別役割分業・・・・・・・・・・・・・ 2
性別役割分業意識・・・・・・・・・・ 12
積極的連帯所得手当・・・・・・・・ 191
折衷型保育・・・・・・・・・・・・・・ 196
セツルメント運動・・・・・・・・・・ 158
全託・・・・・・・・・・・・・・・・・ 130

そ
早期教育・・・・・・・・・・・・・・・ 131
相談・助言（カウンセリング）・・ 217
組織化・・・・・・・・・・・・・・・・ 56

た
ターゲット支援・・・・・・・・・ 57, 191
待機児童解消加速化プラン・・・ 103
待機児童問題・・・・・・・・・・・・ 19

ダイバーシティ・・・・・・・・・・・・ 149
多文化・・・・・・・・・・・・・・・・ 138
多文化主義政策・・・・・・・・・・・ 157
短期目標・・・・・・・・・・・・・・・ 207
短時間勤務・・・・・・・・・・・・・・ 182
男性の育児休暇・・・・・・・・・・・ 162
男性の育児参加・・・・・・・・・・・ 12

ち
地域型保育給付・・・・・・・・ 32, 35
地域型保育（事業）・・・・・・・・ 31
地域支援機能・・・・・・・・・・・・ 96
地域子育て応援プラザ灘・・・・・ 98
地域子育て支援拠点事業・・ 91, 95
地域子育て支援センター ・・・・ 92
地域子育て支援センター事業・・ 92
地域子ども・子育て支援事業・・ 31
地域資源・・・・・・・・・・・・・・・ 38
地域保育所・・・・・・・・・・・・・・ 193
長期目標・・・・・・・・・・・・・・・ 207
沈黙・・・・・・・・・・・・・・・・・ 218

つ
つどいの広場事業・・・・・・・・・・ 92

て
デイケアセンター ・・・・・・・・・・ 147
テ・ファリキ ・・・・・・・・・・・・ 151
出前サービス・・・・・・・・・・・・・ 149

と
等価可処分所得・・・・・・・・・・・ 77
ドキュメンテーション ・・・・・・・・ 177
共働き世帯 ・・・・・・・・・・ 9, 161
トラウマ反応 ・・・・・・・・・・・・ 83
ドロップイン・センター ・・・・・・・ 90
トワイライトステイ事業 ・・・・・・ 85

な
ナショナルカリキュラム ・・・・・・ 151

に
２号認定 ・・・・・・・・・・・・・ 72
日本プレイセンター協会・・・・・・ 153
ニュージーランドの「教育法」・・ 151
乳児保育・・・・・・・・・・・・・・・ 49
入所理由・・・・・・・・・・・・・・・ 83
乳幼児期の教育とケア・・・・・・・ 175
乳幼児教育士・・・・・・・・・・・・ 193

認定こども園・・・・・・・・・・・・ 66
認定こども園の機能 ・・・・・・・・ 68
認定こども園法・・・・・・・・・・・ 74
認定保育ママ・・・・・・・・・・・・ 195

ぬ
ヌリ課程・・・・・・・・・・・・・・・ 134

ね
ネイバーフッドハウス ・・・・・・・ 165

の
ノーバディズパーフェクトプログラム
・・・・・・・・・・・・・・・・・・ 168
ノーマライゼーション ・・・・・・・・ 173
のびやかスペースあーち・・・・・・ 98

は
バイステック ・・・・・・・・・・・・ 207
パニック ・・・・・・・・・・・・・・・ 224
母親クラブ・・・・・・・・・・・・・・ 117
母親に優しい国 ・・・・・・・・・・・ 172
晩婚・晩産・・・・・・・・・・・・・・ 130

ひ
非言語的コミュニケーション技法
・・・・・・・・・・・・・・・・・・ 218
一人っ子政策・・・・・・・・・・・・ 130
評価・・・・・・・・・・・・・・・・・ 208
標準世帯・・・・・・・・・・・・・・・ 4
「ひろば」の原型・・・・・・・・・・ 93
ひろば事業・・・・・・・・・・・・・・ 91
貧困ライン ・・・・・・・・・・・・・・ 192

ふ
ファシリテーター ・・・・・・・・・・ 170
ファミリー・サポート・センター事業
・・・・・・・・・・・・・・・ 19, 114
ファミリーサポートプログラム・・・ 165
ファミリーリソースセンター
・・・・・・・・・・90, 100, 160, 163
不一致の状態・・・・・・・・・・・・ 216
複合保育所・・・・・・・・・・・・・・ 193
福祉専門職（ソーシャルワーカー）
・・・・・・・・・・・・・・・・・・ 178
ブランケット協会・・・・・・・・・・ 154
プレイグループ ・・・・・・・・・・・ 148
プレイセンター ・・・・・・・・・・・ 153
プレーパーク ・・・・・・・・・・・・ 124

233

プレスクール・・・・・・・・・・・・・・ 147
フロッグホローネイバーフッドハウス
・・・・・・・・・・・・・・・・・・・・・ 165

ほ

保育士・・・・・・・・・・・・・・ 42, 193
保育所・・・・・・・・・・・・・・・・・・・ 66
保育所保育指針・・・・・・ 42, 45, 69
保育相談支援・・・・・・・・・・・・ 221
保育ソーシャルワーク ・・・・ 61, 221
保育の長時間化・・・・・・・・・・ 44
保育ママ・・・・・・・・・・・・・・・ 190
保育ママの家 ・・・・・・・・・・・・ 196
保育ママセンター ・・・・・・・・・・ 195
保育臨床コーディネート ・・・・・・・ 61
放課後子供教室・・・・・・・ 102, 109
放課後子ども総合プラン・・ 102, 124
放課後児童クラブ・・・・・・・・・・ 110
放課後児童健全育成事業・・・・ 102
放課後児童健全育成事業の設備及
び運営に関する基準・・・・・・ 110
放課後児童支援員・・・・・・・・・ 111
放課後児童支援員認定資格研修
・・・・・・・・・・・・・・・・・・・・・ 111
保護者支援・・・・・・・・・・・・・ 221
母子保健・・・・・・・・・・・・・・・ 175

ま

マーシュ報告・・・・・・・・・・・・・ 159
マイ保育園制度 ・・・・・・・・・・・ 62
マルトリートメント ・・・・・・・・・・・ 82

み

ミニ保育所・・・・・・・・・・・・・・・ 193

む

6 つポケット・・・・・・・・・・・・・・ 130

も

モニタリング ・・・・・・・・・・・・・・ 207

よ

幼稚園・・・・・・・・・・・・・・・・・・ 66
幼稚園教育要領・・・・・・・・・ 51, 69
要保護児童対策地域協議会・・ 215
幼保連携型認定こども園 ・・・ 33, 67
幼保連携型認定こども園教育・保
育要領・・・・・・・・・・・ 67, 69, 74
余暇保育・・・・・・・・・・・・・・・ 198

予防の 3 段階 ・・・・・・・・・・・・・ 86

ら

ラーニング・ストーリー ・・・・・・・・ 152

り

リソース ・・・・・・・・・・・・・・・・ 230
理念・・・・・・・・・・・・・・・・・・・ 230
利用者支援機能・・・・・・・・・・ 96
利用者支援事業 ・・・・・・・ 96, 205
両親手当・・・・・・・・・・・・・・・ 183
両方会員・・・・・・・・・・・・・・・ 115

れ

レジリエンス ・・・・・・・・・・・ 90, 170
レッジョエミリアアプローチ ・・・・ 166
レッジョ・エミリア教育 ・・・・・・・ 131

ろ

労働運動・・・・・・・・・・・・・・・ 182
ロジャーズ, カール ・・・・・・・ 215, 216

わ

ワークライフバランス
・・・・・・・・・・・・・・・ 154, 182, 188

●欧文

A

ACT ・・・・・・・・・・・・・・・・・・ 148

C

CIPP モデル ・・・・・・・・・・・・・ 136

E

ECEC ・・・・・・・・・・・・・・・・・ 192

I

IB 教育 ・・・・・・・・・・・・・・・・ 142
ICT ・・・・・・・・・・・・・・・・・・・ 60

M

M 字カーブ ・・・・・・・・・・・・・ 187

P

PTA ・・・・・・・・・・・・・・・・・・・ 57

監修者

名須川知子（なすかわ ともこ）　兵庫教育大学　理事・副学長

大方美香（おおがた みか）　大阪総合保育大学　同大学院　教授

執筆者紹介（執筆順、＊は編著者）

伊藤篤[*]（いとう あつし）
担当：はじめに、レッスン3、レッスン7
神戸大学 教授
主著：『保育の心理学（MINERVAはじめて学ぶ子どもの福祉）』（編著）　ミネルヴァ書房　2017年
　　　『発達科学への招待』（共著）　かもがわ出版　2008年

岡野聡子（おかの さとこ）
担当：レッスン1、レッスン2、レッスン13
奈良学園大学 准教授
主著：『保育の心理学（MINERVAはじめて学ぶ子どもの福祉）』（編著）　ミネルヴァ書房　2017年
　　　『子どもの生活世界と環境づくり』（共著）　ふくろう出版　2013年

大方美香（おおがた みか）
担当：レッスン4、レッスン5
大阪総合保育大学　同大学院　教授
主著：『独自性を活かした保育課程に基づく指導計画――その実践・評価』（編著）　ミネルヴァ書房　2010年
　　　『乳児保育（基本保育シリーズ）』（編著）中央法規出版　2015年

大西晶子（おおにし あきこ）
担当：レッスン6
堺市職員

寺村ゆかの（てらむら ゆかの）
担当：レッスン8、レッスン10、レッスン16
神戸大学大学院 博士研究員
主著：『保育の心理学（MINERVAはじめて学ぶ子どもの福祉）』（共著）　ミネルヴァ書房　2017年
　　　『子育て支援の理論と実践（MINERVA保育実践学講座16）』（共著）　ミネルヴァ書房　2013年

植木信一（うえき しんいち）
担当：レッスン9
新潟県立大学 教授
主著：『新保育ライブラリ児童家庭福祉（新版）』（編著）　北大路書房　2018年
　　　『保育者が学ぶ家庭支援論（第2版）』（編著）　建帛社　2016年

山岡テイ（やまおか てい）

担当：レッスン11

情報教育研究所 所長・立正大学 同大学院 講師
主著：『多文化子育て』学研プラス　2007年
　　　『地域コミュニティと育児支援のあり方』ミネルヴァ書房　2007年

高畑芳美（たかはた よしみ）

担当：レッスン12、レッスン17

兵庫教育大学大学院
主著：『長所活用型指導で子どもが変わる Part4』（編著）　図書文化社　2015年
　　　『乳・幼児期の気づきから始まる安心支援ガイド──発達障害CHECK&DO』（共著）　明治図書出版　2010年

吉岡洋子（よしおか ようこ）

担当：レッスン14

頌栄短期大学 准教授
主著：『スウェーデン・モデル−グローバリゼーション・揺らぎ・挑戦』（共著）　彩流社　2015年

大場静枝（おおば しずえ）

担当：レッスン15

広島市立大学 准教授
主著：『世界の保育保障──幼保一体改革への示唆』（共著）　法律文化社　2012年
　　　『少子化政策の新しい挑戦──各国の取組みを通して』（共著）　中央法規出版　2010年

編集協力：株式会社桂樹社グループ
装画：後藤美月
本文イラスト：寺平京子
本文デザイン：中田聡美

MINERVA はじめて学ぶ保育⑫
子育て支援

2018 年 3 月 30 日　初版第 1 刷発行　　　　　　〈検印省略〉

定価はカバーに
表示しています

監 修 者	名須川	知	子
	大　方	美	香
編 著 者	伊　藤		篤
発 行 者	杉　田	啓	三
印 刷 者	坂　本	喜	杏

発行所　株式会社　ミネルヴァ書房
607-8494　京都市山科区日ノ岡堤谷町 1
電話代表　(075) 581 - 5191
振替口座　01020 - 0 - 8076

Ⓒ伊藤ほか, 2018　　　　　冨山房インターナショナル

ISBN978-4-623-07973-5
Printed in Japan

名須川知子/大方美香 監修

MINERVAはじめて学ぶ保育

全12巻／B5判／美装カバー

① 保育原理　　　　　　　　　　　　戸江茂博 編著

② 教育原理　　　　　　　　　　　　三宅茂夫 編著

③ 保育者論　　　　　　　　　　　　山下文一 編著

④ 保育課程・教育課程論　　　　　　卜田真一郎 編著

⑤ 保育内容総論(乳幼児の生活文化)
　　　　　　　　　　　　　　　　　鈴木裕子 編著

⑥ 保育内容の指導法　　　　　　　　谷村宏子 編著

⑦ 乳児保育　　　　　　　　　　　　馬場耕一郎 編著

⑧ 乳幼児心理学　　　　　　　　　　石野秀明 編著

⑨ インクルーシブ保育論　　　　　　伊丹昌一 編著　本体2200円

⑩ 保育所・幼稚園実習・幼保連携型認定こども園実習
　　　　　　　　　　　　　　　　　亀山秀郎 編著　本体2200円

⑪ 施設実習　　　　　　　　　　　　立花直樹 編著

⑫ 子育て支援　　　　　　　　　　　伊藤 篤 編著　本体2200円

―――――――――――――― ミネルヴァ書房 ――――――――――――――

http://www.minervashobo.co.jp/